ジェンダーの視点で学ぶ憲法入門

An Introduction to the Constitution of Japan: A Gender Perspective

川口かしみ 著

大月書店

はしがき

ジェンダー平等は世界的に避けることができない問題である。近年、性的少数者の問題もクローズアップされ、ますますジェンダー平等について人々は考えなければならない状態に置かれている。実際に、ジェンダー問題は、社会のあらゆる場面で生じているが、それはあまり可視化されてこなかったように思われる。

本書は、これから法学を学習していこうとする大学生を読者に想定して、日本国憲法（人権分野）とジェンダー問題をともに検討していこうとするねらいがある。つまり、法学部生ではないが、大学で法学を学ぼうとする学生を主な対象として、憲法とジェンダー問題の基礎を学習するためのものである。

日本国憲法の教科書は、これまで多く出版されてきた。また、ジェンダー法についての教科書も近年、徐々に増えてきている。しかし、憲法の基礎を学習して、あらためてジェンダー問題を検討する教科書はこれまでには出版されてこなかったのではないかと思われる。

そこで、本書は、それらをともに学習できるテキストとして出版されるものである。本書の特徴としてあげられるのが、憲法と同時にジェンダーについても学習できるテキストであり、その両者のつながりも考えることができることである。もちろん、仮に憲法かジェンダーのどちらかしか興味がない場合でも、その知識は習得できるものである。

なお、本書では紙幅の都合で、多くの条文について「〇条」としてのみ示しており、条文そのものについては載せることができなかった。したがって、読者のみなさんには気になった条文を自分で調べて確認してほしい。

また、本文中の注釈については、原則的に当該節全体を参考にしていることから、当該節の始めに注釈をつけていることが多いので、それもふまえて読んでいってほしい。

2025年1月

川口かしみ

附記

脱稿後に、辻村みよ子＝糖塚康江＝谷田川知恵＝高佐智美『概説　ジェンダーと人権〔第2版〕』（信山社、2025年）に接した。そのため、本書では、初版（辻村みよ子＝糖塚康江＝谷田川智恵『概説　ジェンダーと人権』信山社、2021年）を参考にしている。

目次

第4章　国民主権と天皇制　47

▸日本国憲法の概説

▸ジェンダー問題

第5章　平和主義　61

▸日本国憲法の概説

ジェンダー問題

第7章 基本的人権総論（2）：私人間効力論など 88

日本国憲法の概説

ジェンダー問題

第8章 幸福追求権 99

日本国憲法の概説

▸ジェンダー問題

第9章 法の下の平等 115

▸日本国憲法の概説

第15章 国務請求権と参政権 211

本書における判例略語表

最大決　最高裁判所大法廷決定
最大判　最高裁判所大法廷判決
最一小決　最高裁判所第一小法廷決定
第一小判　最高裁判所第一小法廷判決
最二小決　最高裁判所第二小法廷決定
最二小判　最高裁判所第二小法廷判決
最三小判　最高裁判所第三小法廷判決
高判　高等裁判所判決
地判　地方裁判所判決
民集　最高裁判所民事判例集
刑集　高等裁判所刑事裁判集
集民　最高裁判所裁判集民事編
下民集　下級裁判所民事裁判例集
下刑集　下級裁判所刑事裁判例集
裁時　裁判所時報
判時　判例時報
判タ　判例タイムズ
労判　労働判例
労民集　労働関係民事裁判例集

第1章 憲法とは何か

▸日本国憲法の概説

① 憲法とは

憲法は、国家のあり方を定める最高法規である。それは、国家の基本法でもあるし、また、国家の政治運営のあり方を統制する規範でもある*1。

日本国憲法も該当するが、近代的意味の憲法は、国民の権利や自由を擁護するために、権力を制限することを基本的価値として選択している。

つまり、憲法とは国家が国民を拘束するものではなく、国民の権利や自由を守るために国家を縛るものである。

② 憲法の概念

先に述べたように、憲法は国家の基本法である。「憲法」を英訳すれば 'Constitution'、ドイツ語に訳せば 'Verfassung' となる。これらの単語のみを見れば、「骨格」、「構造」、「構成」とすぐ日本語訳が出てくるだろう。つまり、憲法は国家の「骨格」、「構造」、「構成」を定めたものであるから、英語でもドイツ語でもそのような単語が充てられるのである。

では、その国家とは何か。国家とは、一定の領域を基礎に組織され、そこに住む構成員（国民）に対して一定の強制力をそなえた統治権を及ぼす集団である*2。その国家を構成する3大要素として、①領土、②国民、③統治権（主権）があげられ、近代以降では、国家は国民国家（nation-state）と位置づけられている。

③ 憲法の意味

憲法の意味には、形式的意味と実質的意味があるので見ていこう*3。

① 形式的意味

形式的意味としては、憲法と呼ばれる成文の法典を意味する。日本国憲法、アメリカ合衆国憲法がこれに当たり、文章で表されている憲法を意味する。

② 実質的意味

実質的意味としては、憲法は、特定の内容をそなえた規範を意味する。この実質的意味は、さらに2つの意味があり、1つは、国家の構成・組織および作用の基本に関する規範、すなわち、国家が存在するかぎり、この意味での憲法は存在するという意味である。

もう1つは、立憲的意味、すなわち、個人の自由を擁護するために権力の濫用を制限する憲法という意味である。1789年フランス人権宣言16条の「権利の保障が確保されず、権力の分立が定められていない社会は、すべて憲法を持つものではない」という規定が、その立憲的意味を端的に示している。

④ 憲法の分類

次に、憲法の分類についてみていこう*4。

1 存在形式

存在の形式として、近代的な憲法は①成文憲法と②不文憲法に分類できる。

① 成文憲法

成文憲法とは、実質的意味の憲法が成文されている憲法であり、日本国憲法やアメリカ合衆国憲法などがこれに該当する。

たとえば、日本国憲法の1条では「天皇は、日本国の象徴であり日本国民統合の象徴であつて、この地位は、主権の存する日本国民の総意に基く」と規定されているように、1条の規定、2条の規定、3条の規定……というように、条文が文字として表されている憲法のことである。

② 不文憲法

不文憲法とは、慣習や判例などの形式をなしている憲法であり、イギリス憲法などがこれに該当する。

たとえば、数百年前の人たちが、個々人で「毎朝6時に起床して、まず顔を洗って、次に歯を磨く」という習慣を実践していたとする。その個人レベルでおこなっていた習慣が、いつしか後世の人たちに引き継がれて、社会や地域における集団レベルで実践されていくようになり、その慣習が現在、憲法になったというイメージでとらえてほしい。このように、不文憲法は、それまでの社会的な慣習が憲法になったものであり、文字によって1条の規定は何であるなどとは書かれていない形式をもつ憲法である。

2 改正手続

改正手続としては、①硬性憲法と②軟性憲法に分類できる。

① 硬性憲法

硬性憲法とは、憲法典が通常の立法とは異なる特別の手続でのみ改変可能な憲法である。つまり、通常の立法と比較し、改正するための手続が厳格ということになる。このことからも、憲法が他の立法とは異なり最高法規であるという位置づけを示している。日本国憲法をはじめ多くの国の憲法が硬性憲法である。

② 軟性憲法

軟性憲法とは、端的に言えば、硬性憲法それ以外の憲法を指す。上記のイギリスのような不文憲法がこれに属するとされる。のちに統一されたイタリア王国の憲法である、1848年にサルデーニャのカルロ・アルベルト王によってサルデーニャ王国に付与された憲法（アルベルト憲法）が、軟性憲法の典型であるとされている。

3 制定権者

憲法を制定した権威の所在によって、①欽定憲法、②民定憲法、③協約憲法に分類される。

① 欽定憲法

君主が制定した憲法のことを欽定憲法と呼ぶ。明治憲法はこの欽定憲法として位置づけられる。

② 民定憲法

国民が制定した憲法を民定憲法と呼ぶ。現行の日本国憲法は、この民定憲法として位置づけられている。

③ 協約憲法

君主と国民が共同して制定した憲法のことを協約憲法と呼ぶ。

4 内容

国家のあり方に関係して憲法を分類することもある。

単一国憲法と連邦国憲法、君主制憲法と共和制憲法、近代型憲法と現代型憲法、資本主義型憲法と社会主義型憲法 という分類である。

⑤ 憲法規範の特徴

1 根本的価値選択の表明

憲法は国家の根本的価値選択を示す規範でもある*5。

ここで言う根本的価値とは、個人の権利・自由の擁護（その意味では、立憲的意味における憲法であるが）のことである。

また、憲法は立法、行政、司法等の国家の機関を組織化、それら機関の作用を定めている。その意味でも、憲法は組織規範や授権規範とも位置づけられる。

2 制限規範性と授権規範性

憲法が権利や自由を根本的価値であると表明することは、憲法は国家権力を制限する規範であるとイコールになる*6。

制限規範性とは、立憲的意味における憲法が、権力分立制を導入し国家機関間相互に抑制と均衡を働かせようとする企図のことである。また、根本的価値選択を示す規範とは、国法秩序の成立・維持を正当化できる実定法的規範のことである。国家秩序の階層、下位の法規範は上位に位置する規範から授権を受けて正当化される。憲法はこの階層の最上位に位置し、授権規範としての性格を有しているのである。

3 最高規範性

憲法は国法秩序においてもっとも強力な形式的効力を有している*7。それは、日本国憲法の最高法規性（98条）、硬性憲法性の宣言（96条）、最高法規の章で、本憲法が基本的人権の永久不可侵性を宣言したうえで（97条）、形式的最高法規性を規定していることからもわかる。

下の図のピラミッドからも憲法の最高規範性の意味を理解できるだろう。

■日本の法体系

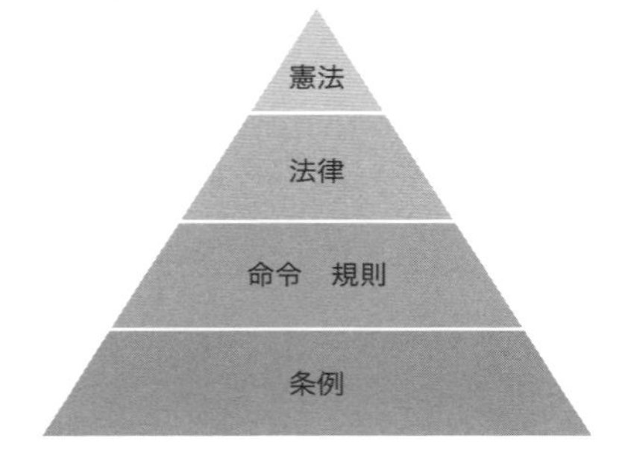

憲法：国会で単独でつくったり改正できたりするものではないので、厳密に言えば法律ではないとも言われている。しかし、憲法以下の法が、憲法の意味を受け継いで制定されていることから見れば、憲法は、法に該当することに異論はないだろう。
法律：国会が制定
命令：政府が制定（政令、省令等）
規則：議院、最高裁判所が制定（衆議院規則、裁判所規則等）
条例：地方議会が制定

⑥ 日本国憲法の基本原理

高等学校で社会科の政治・経済や日本史を選択していた人たちには、お馴染みのことであるかもしれないが、再度、確認しておこう。

① 国民主権

日本国民自ら「主権が国民に存することを宣言」する（前文）。

② 平和主義

日本国民が、「戦争の惨禍」の再発防止と、「恒久の平和」のために「平和を愛する諸国民の公正と信義」を信頼しての「安全と生存」の保持を決意。「全世界の国民」の「平和のうちに生存する権利」を確認（前文）。

戦争放棄・戦力の不保持に関する具体的規定（９条）。

③ 基本的人権の尊重

ポツダム宣言の「日本国政府ハ日本国国民ノ間ニ於ケル民主主義的傾向ノ復活強化ニ対スル一切ノ障礙ヲ除去スヘシ言論、宗教及思想ノ自由並ニ基本的人権ノ尊重ハ確立セラルヘシ」（10項）という明示的要請。

「自由のもたらす恵沢」の確保が、国民主権を宣言し憲法を確定する目的のひとつである（前文）。

個人の尊重を宣明したうえで、「生命、自由及び幸福追求に対する国民の権利」が国政の上で最大の尊重を要する（13条）。

ジェンダー問題

① 公私二元論とジェンダー規範

リベラリズムを基調とする近代憲法は公私二元論に基づいて制定されたものとたびたび位置づけられる。

公私二元論とは、国家・市場・公共圏を公的領域、家族を含む親密圏およびプライバシーを私的領域として二分する考え方である。その歴史は、西洋近代市民社会までさかのぼる。当時の近代市民社会は、公私にわたる男性同士の「友愛」を尊重するホモソーシャル（性愛をともなわない男性間の紐帯（ちゅうたい））な社会でもあった。その社会状況下では、多様な性は否定されて、男性同性愛は抑圧され（ホモフォビア＝同性愛嫌悪）、

憲法は左の
公的領域に注目
してきた。

男性	女性
公（国家・市場・公共圏）	私（家庭）
理性	感情
能動的	受動的

女性側では良妻賢母を志向する専業主婦が生まれたのである*8。

公私二元論は上の図のように、「公＝男／私＝女」という性別役割論と結びついていた。

19世紀以降の近代法学と近代法典においてはじめて公私二元論が前提となったとされる。

たとえば、妻子への家長権の濫用は禁止されたが、濫用に当たらない暴力はむしろ懲戒権として肯定されていた。この結果、私的領域の暴力は不可視化されるようになったのである*9。

この公私の峻別を特徴とする西洋近代のジェンダー秩序（公私二元的＝市民社会的ジェンダー秩序）の本質として、公＝男／私＝女という非対称的な性別役割規範（公私二元論的ジェンダー規範）にあること、公＝男／私＝女：男＝理性的・能動的／女＝感情的・受動的という対比とも結びつけられ、この区別は、身体的性差（自然的本性）に基づく合理的区別とみなされた*10。

この合理的とされてきた公私区分の公的領域に該当する市民社会（国家・市場・公共圏）において、男性の自由や平等が保障されたのに対して、私的領域（特に家族）において、女性は家事や育児といった無償労働の担い手として想定されてきたのである*11。

② 憲法で保障された「個人」とは

本章の冒頭部分でふれたとおり、憲法は、国家の基本法であり、国家の政治運営のあり方を規制する法である。それは、個人の自由や権利の保障を目的としたものであり、憲法は、国家と国民のあいだの関係を定めたものである。

近代市民社会においては、近代市民法の原則の1つに私的自治の原則があげられるように、国家は個人間（私人間）の関係には、原則として介入しない。それは、近代法が公的領域における一般的他者（市民）相互の客観的ルールであるために、私的領域（とりわけ家族）における具体的他者相互の関係には法的介入が抑制されていたことにも関連するだろう（例：法諺「法は家庭に入らず」）。

先ほどの公私二元論の話に鑑みると、つまるところ、国家は家庭という私的領域に介入することは許されないのである。そうすると、私的領域に属するとされる主に女性は、憲法の権利主体である「個人」にはみなされなかったことになり、憲法でその権利が保障されている「個人」とは、公的領域に属する男性であったと歴史的に批判されてきた。

これに関する批判は、人権宣言（1789年。正式名：人および市民の権利宣言〔Declaration des droits de I' homme et du citoyen〕）が出された当時のフランスですでに起こった。

「人権宣言」では、たとえば、その1条で「人は、自由かつ権利において平等なものとして生まれ、生存する。……」と規定されている。この文言だけ見れば、男性も女性も性的少数者の人々など、あらゆる人たちがその「人」に該当すると思われるだろう。

しかし、「人権宣言」の正式タイトルである「La Declaration des Droits de I' Homme et du Citoyen（人および市民の権利宣言）」のその人（homme）と市民（citoyen）のなかには女性が含まれていなかった。このことを批判したのは、女性劇作家のオランプ・ドゥ・グージュであった。

グージュは、市民革命期の「人権」にはジェンダー・バイアスがあることを批判し、彼女は、『女権宣言（女性および女性市民の権利宣言）』（1791年）を発表し、男女平等（男女同権）を訴えたのである。当時の女性は、父や夫の支配を受け（家父長制）、参政権を持たず、集会への参加も認められず、また、妻の財産は夫が管理していたからである[*12]。

オランプ・ドゥ・グージュ
（1748-1793年）

女性の無権利の状態に対するグージュの批判は、当時、過激なものとみなされ、彼女は、1793年11月に断頭台に送られた。

グージュの主張からわかるように、憲法の保障する

人権宣言	女権宣言
1条　人は、自由かつ権利において平等なものとして生まれ、生存する。……	**1条**　女性は、自由なものとして生まれ、かつ権利において男性と平等なものとして存在する。……
10条　何人も、その意見の表明が法律によって定められた公の秩序を乱さない限り、たとえ宗教上のものであっても、その意見について不安を持たないようにされなければならない。	**10条**　何人も、たとえそれが根源的なものであっても、自分の意見について不安をもたらされることがあってはならない。女性は、処刑台にのぼる権利がある。同時に女性は、その意見の表明が法律によって定められた公の秩序を乱さない限りにおいて、演壇にのぼる権利を持たなければならない。

「個人」には、男性だけではなく、本来、女性も含まれている。さらに、現在の社会状況に鑑みれば、性的少数者の人々や障害者なども含意しているものである。

つまり、憲法とは、特定の者（たとえば男性）のみを限定して保障するものではない。このように、男性のみならず、女性、性的少数者、障害者など一人一人を尊重して、彼／彼女たちの権利や自由を保障する規範こそが憲法である。読者は、このことを忘れないでほしい。

注

＊1　芦部信喜（高橋和之補訂）『憲法（第8版）』（岩波書店、2023年）3頁など参照。
＊2　芦部・前掲注（1）3頁など参照。
＊3　芦部・前掲注（1）4-5頁、安西文雄＝巻美矢紀＝宍戸常寿『憲法学読本　第４版』（有斐閣、2024年）6頁など参照。
＊4　芦部・前掲注（1）6-9頁、安西ほか・前掲注（3）7-8頁など参照。
＊5　芦部・前掲注（1）9-10頁など参照。
＊6　芦部・前掲注（1）10-11頁、安西ほか・前掲注（3）5-6頁など参照。
＊7　芦部・前掲注（1）10-13頁など参照。
＊8　三成美保＝笹沼朋子＝立石直子＝谷田川知恵『ジェンダー法学入門〔第3版〕』（法律文化社、2019年）38頁、本節における公私二元論については、主に三成美保「公と私をジェンダー論から考える」『学術の動向』（2007年）45-49頁など参照。
＊9　三成ほか・前掲注（8）45-49頁参照。
＊10　三成ほか・前掲注（8）45-49頁参照。
＊11　三成ほか・前掲注（8）45-49頁参照。
＊12　三成ほか・前掲注（8）38頁など参照。

※本章における注以外の参考文献
渡辺康行＝宍戸常寿＝松本和彦＝工藤達朗『憲法Ⅱ　総論・統治』（日本評論社、2020年）

第2章 憲法と立憲主義

‣日本国憲法の概説

① 近代憲法の内容と特質

1 憲法の歴史的背景

近代憲法（憲法）は、18世紀末の市民革命の結果生まれた。その背景を見ていこう。

中世社会では、封建的な身分制社会であり、人は生まれながらの身分、職業そして土地に縛りつけられていた。したがって、人はその身分に応じた権利しか認められなかったのである。

その後、18世紀末に市民革命（近代革命）が起こり、人々は君主による専制政治を倒した。それは、人間は生まれながらに自由かつ平等であり、一定の権利を有しているという思想（自然法思想）に基づくものであった。

市民革命を経て、その後、近代社会（近代国家）においては、国家権力の濫用を防止し、市民の自由・平等を保障するための法が必要とされた。このような要請に基づいて、憲法が制定されたのである。

2 憲法の基本原理：自由主義と立憲主義

では、その憲法の基本原理を確認しよう。

先ほど見たような歴史的背景を持つ近代憲法は、自由主義と立憲主義に立脚している。自由主義とは、個人の自由な思想や活動を可能なかぎり保障しようという考え方であり、立憲主義とは個人の自由を確保するために、国家の最高法規として憲法を制定し、国家権力を制限しようという考え方である。このため、近代憲法は「立憲主義的憲法」、「自由主義的憲法」とも呼ばれる。

3 憲法の内容：人権保障と権力分立

先ほど確認したように、近代憲法は自由主義と立憲主義を基礎としており、内容として、次の2つの部分から構成される。それは、①権利宣言（人権規定）と②統治機構である*1。

①権利宣言（人権規定）は、国民の基本的権利の保障について定めた部分である。②統治機構は、国家権力が人権を侵害しないように、国家権力の組織と作用を定めた部分であり、その統治機構の基本原理が権力分立制（権力分立原理）である。

ちなみに、権力分立制とは、国家権力が単一の国家機関に集中すると、権力が濫用され、国民の権利・自由が侵害されるおそれがあるので、国家の作用を立法・行政・司法に区別し、それぞれを異なる機関に担当させて、相互に抑制させ均衡を保たせる制度であり、これについては第3章で詳しく学習する。

これらをまとめると、①権利宣言と②統治機構は、目的と手段の関係なのである。

このような近代憲法の内容を端的に表現した文言が、**1789年フランス人権宣言16条**の規定である。

4 憲法の特質

近代憲法は、次の3つの特質を有している*2。

① 自由の基礎法

近代憲法は個人の自由を保障することを第一の目的とした法である。この考え方の背景にあるのが、第1章で学習したような「人間の尊厳」「個人の尊重」という思想である。

② 制限規範

近代憲法は個人の自由を保障するために国家権力を制限するための法である。この「制限」は国民ではなく、国家に課すものである。そのための制度が第3章で詳しく学習する権力分立制である。

③ 最高規範

憲法は国の法体系において最上位にあり、最も強い効力を持つ法である。その憲法の最高規範性を保障するための制度が違憲審査制である。ちなみに、「違憲審査制」とは、法律や行政行為などが憲法に違反するかしないかを裁判所が審査し、憲

条文

1789年フランス人権宣言16条：権利の保障が確保されず、権力の分立が定められていない社会は、すべて憲法を持つものではない。

法に適合しないと判断した場合には、その法律や行政行為を無効とする制度である。憲法を学習していくうえでとても重要な言葉であり、本書の以降の章でたびたび登場するのでここで押さえておこう。

5 法の支配

近代憲法は、個人の自由を確保する前に、憲法によって国家権力を制限するという立憲主義を基礎とする。この立憲主義は歴史的に法の支配の原理と密接に関連して発展してきた*3。ここで法の支配について、確認しておこう。

そもそも、法の支配とは、イギリスで発展した法原理であり、何人も正義の観念に基づいて正しい法以外のものには支配されないという原理である。これに対置する概念として「人の支配」がある。

この法の支配は、専断的な国家権力の支配を排斥して、国家権力を法で拘束することによって、国民の権利・自由を擁護することを目的とする点において、立憲主義思想と共通している。

法の支配と類似する観念に、戦前のドイツで発展した法治国家(法治主義)がある。法治国家とは、法によって国家を治めるという原理を指すが、ここでいう「法」とは議会の制定した法律のことを指しているのにすぎなかった。そうであるから、法律の内容の正当性は問われずに、人権を制限することも許されるという考え方(=形式的法治主義)が生まれたのである。つまり、法律の内容が、たとえば、個人の権利を侵害するものであっても、その法が議会によって制定されたものであれば法律として認められたということである。

この法治国家の観念は、戦前、ファシズムと結びつき、「法律に基づく圧政」を生み出した。

戦後は法治国家の思想も、法の支配とほぼ同じ意味を持つものと解されている。

② 日本国憲法制定史

1 明治憲法と日本国憲法の対比

現行の日本国憲法は、明治憲法(大日本帝国憲法)の改正条項に則って、明治憲法を改正する形で制定された。

しかし、明治憲法と日本国憲法のあいだには内容的に大きな違いがある。その違いを見ていこう*4。

■明治憲法と日本国憲法の比較

明治憲法		日本国憲法
1889年2月11日公布／1890年11月29日施行	公布／施行	1946年11月3日公布／1947年5月3日施行
欽定憲法	形式	民定憲法
天皇主権	主権の所在	国民主権
統治権の総攬者〔そうらんしゃ〕	天皇の地位	象徴
天皇が陸海軍の統帥権を保持。臣民の兵役の義務	戦争と戦力	戦争放棄。戦力の不保持。国の交戦権の否認
恩恵的な臣民の権利として保障。法律による制限可	人権	永久不可侵の基本的人権を保障
信教の自由は保障していたが、政教分離は置かず	**政教分離**[1)	信教の自由とともに、政教分離を規定
天皇の協賛機関。貴族院と衆議院で構成され、貴族院は天皇が任命する特権階級の代表	国会	国権の最高機関。衆議院と参議院の二院で形成され、どちらも国民の代表機関
憲法に規定なし。天皇の輔弼機関であり、天皇に対して責任を負う	内閣	行政権の統括機関。国会に対して連帯責任を負う
天皇の名において裁判をおこなう。違憲審査権なし	裁判所	独立して司法権を行使する。**違憲審査権**[2) を有する
天皇の発議後、国会の議決にかける	憲法改正の手続	国会の発議の後、国民投票にかける

1）**政教分離**とは、第10章で詳しく扱うが、信教の自由を保障するために、国家と宗教を分離し、国家の非宗教性、宗教中立性を要求する原則のことである。

2）**違憲審査権**とは、一切の法律、命令、規則または処分が憲法に適合するかしないかを決定する権限のことである。これは、違憲立法審査権、違憲法令審査権とも呼ばれる。

2 日本国憲法の成立過程

日本国憲法ができるまでの主要な出来事を時系列で追ってみる*5。

1945年7月26日	ポツダム宣言発表→日本における軍国主義の除去と平和的傾向を有する政府の樹立、基本的人権の尊重と確立を要請
8月10日	ポツダム宣言受諾決定
8月14日	日本政府、ポツダム宣言受諾を回答→無条件降伏→連合国軍総司令部（GHQ）による占領
8月15日	ラジオで天皇の「終戦の詔勅」を放送
10月4日	マッカーサーが近衛国務相に改憲を示唆
10月11日	幣原内閣に五大改革を提示→天皇の民主化の必要性を指摘
10月27日	憲法問題調査委員会（松本委員会）発足→明治憲法体制を極力維持することを確認
1946年1月1日	天皇の「人間宣言」→天皇の神格を否定
2月1日	毎日新聞が松本委員会の憲法改正案をスクープ→保守的な内容にGHQは衝撃を受ける
2月3日	マッカーサーがGHQ民政局にマッカーサー三原則に基づく憲法原案の作成を指示 ※マッカーサー三原則：天皇制の民主化、戦争の放棄、貴族制の廃止
2月8日	政府、天皇主権を謳った憲法改正要綱（松本案）をGHQに提出

2月13日	GHQは松本案を否定し、GHQ案（マッカーサー草案）を日本政府に手交→日本政府は松本案の再考を要求するがGHQは拒否
2月22日	閣議でGHQ案の受け入れを決定
3月2日	政府、GHQ案に基づく憲法改正案を作成
4月10日	女性にも選挙権を認めた新選挙法による衆議院議員選挙（戦後第1回）
6月20日	政府が帝国議会に憲法改正案を提出
8月24日	憲法改正案、衆議院本会議で修正可決
10月6日	憲法改正案、貴族院本会議で修正可決
10月7日	衆議院本会議、貴族院の回付案を可決
11月3日	日本国憲法公布
1947年5月3日	日本国憲法施行

3 日本国憲法の自律性に対する疑問:押しつけ憲法論

このような制定過程を見てみると、現行の日本国憲法は、その成立過程から見て、日本が自主的に定めた憲法ではないと言える*6。すなわち、日本国憲法は、連合国から押し付けられた非自主的な「押しつけ憲法」であり、全面改正をすべきであるとの意見がある。いわゆる「押しつけ憲法論」と呼ばれるもので、改憲論者が主張する意見である。

4 日本国憲法成立の法理

周知のとおり、日本国憲法は明治憲法を改正して成立したものである。

しかし、よく考えると、天皇主権を基本原理とする明治憲法を、国民主権を基本原理とする日本国憲法へ改正することは、可能だったのか。それは、憲法改正権の限界を越え、法的に許されないのではないかという議論がある*7。

ここで、憲法改正の限界について説明しておく。憲法改正の限界は、一般に、憲法改正には法的な限界があり、主権の所在や憲法の基本原則の改正は許されないとされている。このような考え方を憲法改正限界説と言い、憲法改正に関する通説となっている。

そこで、日本国憲法成立の法理をどのように説明するかをめぐって次のような学説が提示された。

学説

A　明治憲法全面改正説

この説によれば、憲法改正には法的限界はなく、日本国憲法は明治憲法の改定手続に基づいて成立したのであるから、それは明治憲法の全面改正であって、新憲法の制定ではない。
したがって、明治憲法と日本国憲法のあいだには法的連続性が認められ、日本国憲法は欽定憲法であって民定憲法ではない。

B　日本国憲法無効論説

この説によれば、明治憲法の改正によって日本国憲法を成立させることは、憲法改正の限界を越え、法的に許されない。よって日本国憲法はそもそも無効である。

C　八月革命説（通説）

この説によれば、憲法改正には一定の法的限界があり、明治憲法の改正規定によって、天皇主権と真っ向から対立する国民主権を定めることは、法的には不可能である。
しかし、ポツダム宣言は国民主権原理をとることを要求しているので、ポツダム宣言を受諾した段階で、法的には一種の革命が起こり、明治憲法の天皇主権は否定されるとともに、国民主権が成立したと解される。その結果、明治憲法は、改正条項も含めてポツダム宣言の趣旨と矛盾するかぎりにおいて失効したのであり、日本国憲法は、実質的には明治憲法の改正としてではなく、新たに成立した国民主権原理に基づき、国民が憲法制定権力を発動することによって制定した民定憲法である。

ここで**八月革命説**について確認しておきたい。八月革命は、国民主権への転換をもって旧憲法との法的連続性を否定しつつ、他方で旧憲法の改正手続を有効と解している*8。

確かに、その理論構成において難点があることは否めない。しかし、八月革命説のように理解しないと、日本国憲法制定以前になされた明治憲法の建前に反する行為について、合理的な説明をすることができない。それゆえ八月革命説が、日本国憲法成立の法理を説明する理論としては、最も妥当なものとされている。

前記のとおり、日本国憲法は、形式的には明治憲法を改正したものであるが、日本国憲法前文では、次のように規定されている。

> 日本国民は、正当に選挙された国会における代表者を通じて行動し、われらとわれらの子孫のために、諸国民との協和による成果と、わが国全土にわたつて自由のもたらす恵沢を確保し、政府の行為によつて再び戦争の惨禍が起ることのないやうにすることを決意し、ここに主権が国民に存することを宣言し、この憲法を確定する。そもそも国政は、国民の厳粛な信託によるものであつて、その権威は国民に由来し、その権力は国民の代表者がこれを行使し、その福利

は国民がこれを享受する。これは人類普遍の原理であり、この憲法は、かかる原理に基くものである。われらは、これに反する一切の憲法、法令及び詔勅を排除する。

日本国民は、恒久の平和を念願し、人間相互の関係を支配する崇高な理想を深く自覚するのであつて、平和を愛する諸国民の公正と信義に信頼して、われらの安全と生存を保持しようと決意した。われらは、平和を維持し、専制と隷従、圧迫と偏狭を地上から永遠に除去しようと努めてゐる国際社会において、名誉ある地位を占めたいと思ふ。われらは、全世界の国民が、ひとしく恐怖と欠乏から免かれ、平和のうちに生存する権利を有することを確認する。

われらは、いづれの国家も、自国のことのみに専念して他国を無視してはならないのであつて、政治道徳の法則は、普遍的なものであり、この法則に従ふことは、自国の主権を維持し、他国と対等関係に立たうとする各国の責務であると信ずる。

日本国民は、国家の名誉にかけ、全力をあげてこの崇高な理想と目的を達成することを誓ふ。(下線:筆者)

この憲法前文が示しているように、そもそも、憲法改正規定による憲法改正には一定の限界があり、その憲法の基本原理を改正することは憲法の根本的支柱を取り除くことになる。また、明治憲法73条の改正規定によって、明治憲法の基本原理である天皇主権主義と真っ向から対立する国民主権主義を定めることは、確かに法的には不可能になる。

しかし、ポツダム宣言は国民主権主義をとることを要求している。そうであるので、ポツダム宣言を受諾した段階で、明治憲法の天皇主権は否定されるとともに、国民主権が成立し、日本の政治体制の根本原理となったと解さなければならないとされる。

つまり、ポツダム宣言の受諾によって法的に一種の革命があったと解釈されるのである。もっとも、この革命によって明治憲法が廃止されたわけではない。その根本建前が変わった結果として、憲法の条文はそのままでも、その意味では、新しい建前に抵触する(触れる)かぎり重要な変革を被ったと解釈されなければならないのである。

したがって、日本国憲法は、実質的には明治憲法の改正としてではなく、新たに成立した国民主権主義に基づいて、国民が制定した民定憲法である。ただし、明治憲法73条による改正という手続をとることによって明治憲法とのあいだに形式的な継続性を持たせることは、実質上は便宜で適当であったのである。

‣ジェンダー問題

① 憲法24条の成立過程から考える押しつけ憲法論

改憲論者の主張の1つとして、日本国憲法は連合国総司令本部（GHQ）に押しつけられて制定したという、いわゆる「押しつけ憲法論」があげられる。押しつけ憲法論とは、先に学習したとおりである。

国民が性別によって差別されないことを規定した法の下の平等を保障する憲法14条や家庭生活におけるその平等を掲げた24条の憲法上の規定は、憲法制定当時から現在の日本社会において、重要な意義を持つものである。

これらの両規定は、日本側が積極的に作成したものではないことは、現在では明らかにされている。では、なぜそれらの条文は、日本国憲法上に規定されているのかと思われるかもしれない。それは、日本国憲法制定には、GHQが携わっており、特に、それらの条文を起草した民政局のベアテ・シロタ・ゴードンの存在があったからである。

改憲論者の言うように、日本国憲法がGHQから押しつけられて成立したものであるのであれば、それらの憲法条文も押しつけられた規定になるだろう。仮にそれらの条文が押しつけられたものであっても、それらの条文は日本のいまだ達成されていないが、ジェンダー平等達成のためには必要な条文である。

ここで少し、憲法24条の制定過程について確認しよう。

現在においては、明らかなことであるが、1946年2月4日から12日までの9日間、GHQによって日本国憲法の草案が作成された。憲法24条の草案は、GHQの民政局員の一人として日本に赴任した、当時22歳のシロタによって起草された。

シロタは、1946年2月4日、ローストとワイルズとともに人権に関する小委員会に配属され、日本の戦後憲法の人権に関する条項を書くことをホイットニーに割り当てられた。そこで、各国の憲法を読みながら、日本の女性の権利を憲法に書くにあたり、自身の日本で過ごした幼少期に照らし合わせていた。シロタは女性の権利について、次のように考えていた。

> 日本の女性が幸せになるには、何が一番大事かを考えた。……赤ん坊を背負った女性、男性の後をうつむき加減に歩く女性、親の決めた相手と渋々お見

合いをさせられる娘さんの姿が、次々と浮かんで消えた。子供が生まれないというだけで離婚される日本女性。家庭の中では夫の財布を握っているけれど、法律的には、財産権もない日本女性。「女子供」(おんなこども)とまとめて呼ばれ、子供と成人男子との中間の存在でしかない日本女性。これをなんとしなければいけない。女性の権利をはっきり掲げなければならない*9。

シロタは幼少時に日本に滞在して、実際に家制度下での女性の無権利状態であるジェンダー差別の実態を見てきた*10。その経験から、シロタは、北欧諸国や旧ソ連など各国の憲法を読みながら、日本の女性の権利を憲法に書くにあたり、自身の日本で過ごした幼少期に照らし合わせ、家制度の否定、ジェンダー差別を是正しようとした*11。そこで仕上がった、現在の憲法24条の原案は**シロタ草案18条**である。

シロタが書いたこの条文は、ローストとワイルズがそれぞれ分担して起草した条文と整理されたうえで、人権の章の試案として運営委員会との討議にかけられたが、その条文の内容が、憲法に入れるには細かすぎるため、原則を書いておくだけにとどめ、詳細は制定法によるべきだとするケーディスたちによってほぼ全面的に削られてしまった。

それに対し、家族と婚姻に関するシロタ草案は、「婚姻と家族とは、法の保護を受ける。婚姻と家族とは、両性が法律的にも社会的にも平等であることは当然である」という部分を、文章を簡潔にするように指示が出されたほかには、議論がなされなかった。それが、運営委員会による最終的な検討の結果、総司令部案(GHQ案)23条になり、1946年2月13日に日本政府に提出された。

その後、GHQ案は、1946年3月4日から翌5日まで続いた逐条審議、日本政府の憲法改正草案要綱の審議を経て、憲法改正草案22条として発表された。その憲法改正草案は1946年6月8日の枢密院の審議ののち、6月20日に帝国議会に提出され、衆議院、貴族院での審議を経て、1946年10月7日に可決、成立した。同年10月29日に枢密院の可決によって生まれた憲法は、11月3日に公布され、翌1947年5月3日に施行されたのである。

条文

シロタ草案18条:①家族は、人類社会の基礎であり、その伝統は、善きにつけ悪しきにつけ国全体に浸透する。それ故、婚姻と家族とは、法の保護を受ける。婚姻と家族とは、両性が法律的にも社会的にも平等であることは当然であるとの考えに基礎をおき、親の強制ではなく相互の合意に基づき、かつ男性の支配ではなく、個人の尊厳と両性の協力に基づくべきことを、ここに定める。
②これらの原理に反する法律は廃止され、それに代わって、配偶者の選択、財産権、相続、本居の選択、離婚並びに婚姻および家族に関するその他の事項を、個人の尊厳と両性の本質的平等の見地に立って定める法律が制定されるべきである。

以上のような経緯を経て成立した憲法24条であるが、この規定の成立にはシロタをはじめGHQ民政局の尽力があった。この憲法24条の成立の過程から、確かに、同条は日本側が起草したものではなく、GHQからの押しつけであると解釈する人もいるかもしれない。

しかし、当時、明治憲法の家制度下でジェンダー差別が構造化されてきた社会状況において、日本政府単独で、ジェンダー平等に関する規定が成立するとは、ほとんど考えられないだろう。むしろ、GHQという外からの提案でなければ、日本国憲法のなかにジェンダー平等は規定されなかったように思われる。

そのような意味からも、GHQからの外圧だと改憲論者はマイナスに解釈するが、GHQからの提案は、現在の私たちにとってジェンダー平等のために必要な指針（私たちにとって、よりよい社会になるための条文）を示しているというプラスに解釈できるものではないかと考えられるが、読者はどのように解釈するだろうか。

② ジェンダーの視点から考える立憲主義

立憲主義とは個人の自由を確保するために、国家の最高法規として憲法を制定し、国家権力を制限しようという考え方である。

立憲主義は、一人一人の個人を尊重するという意味で重要である。

日本国憲法の三大原則の１つである「国民主権」は、国民に国家の政治（国政）の最終的な決定権限があることを意味している。そのことから、国民自身で国政について決める、「私たちのことは私たちで決める」という民主主義が重要になる。

民主主義は、自分たちのことは自分たちで話し合って決めるというもので、この考え方を基本として、国家の政治（国政）が決められている。私たちの生活のなかでも、この民主主義の方法が用いられているだろう。たとえば、サークルの役割の決め方やクラスの委員会の決め方などは、サークルやクラスの話し合いで、多数決をとって決められていただろう。このように見ていくと、民主主義と言えば多数決とイメージされるかもしれない。多くの人が賛成しているのだからよいのではないかなどと、多くの人にプラスのイメージでとられやすいと思われる。

ここで、例を使って、民主主義と立憲主義の関係から、後者の意義を見ていこう。

少し前（約40年前）の日本もほとんどそうであったが、女性だからという理由で結婚して、家庭に入って家事や育児をおこなうことが当然視されていた。たとえば、ここにAさん（女性、社会人）がいたとする。Aさんは、結婚後もバリバリ仕事をしていきたいと思っている。

しかし、Aさんのパートナーになる B さんや B さんの家族、Aさんの親や兄弟姉妹が全員で、「Aさんは結婚したら仕事を辞めて家庭に入ってもらいたい」「それが理想の妻像だ」「夫にすべて尽くすのが妻の役目だ」として、Bさんも勝手にAさんの勤務する会社に行って「Aさんと結婚するので、Aさんを辞めさせてほしい」と頼みにきたとする。この影響もあり、Aさんの勤務先のC社の社長も、Aさんに向かって、「君は結婚するんだってね。今後、旦那さんを支えなければならなくなるし、子どもが生まれると働けなくなって大変だから退職してはどうかね？」「君の今やっている仕事は、同期のDさんにもうお願いしたから、働かなくてよいよ」と、C社は、Aさんの退職に向けて準備を進めて、Aさんに退職を促したとする。

これらのまわりの動きに対して、Aさんは「仕事を辞めるのは絶対に嫌だ」と言っている。

そうであれば、AさんはBさんと結婚しなければよいんじゃないか、ともちろん1つの結論が導き出されるかもしれないが、その結論はちょっと置いておき、ここではAさんはBさんと結婚するという設定で考えよう。

Aさんは「仕事を辞めない」と言っているのに、Bさん、Bさんの家族、Aさんの家族、C社の社長など、みんなが「Aさんは仕事を辞める」べきであると決めてよいのか、 という問題になる。もっとも、Aさんが納得して「私の人生はすべてBさんだから、仕事を辞める」という自己決定をしたのであれば問題は解決するかもしれない。

しかし、AさんはBさんを好きだけれど、仕事をしている自分も大切だとして「仕事を辞めない」と思っているので、まわりがみんなで、Aさんの辞職を決定して、無理やり会社を辞めて（辞めさせて）家庭に入る（入ってもらう）と決めるのは、Aさんの気持ちを無視していて、Aさんに不利益を被らせていることになる。したがって、特定の誰かに不当に不利益を被らせることは、いくらまわりの人たちが多数決でよしとしても、それはできないのである。ここでは、Aさん個人を大切にするということである。

このように、立憲主義は、Aさん個人を尊重していくこと（Aさんの意に反したものは、まわりの多数の人たちがよいとした多数決であるとしても、Aさん自身のことはAさんの意思を尊重するということ）が重要であるとしている。ここに立憲主義の意義があると言える。

注

＊1　芦部信喜（高橋和之補訂）『憲法（第８版）』（岩波書店、2023年）311頁、安西文雄＝巻美矢紀＝宍戸常寿『憲法学読本　第４版』（有斐閣、2024年）6-7頁など参照。

＊2　芦部・前掲注（1）9-13頁、安西ほか・前掲注（1）4-6頁など参照。

＊3　芦部・前掲注（1）13-15頁など参照。

＊4　芦部・前掲注（1）18-29頁など参照。

＊5　芦部・前掲注（1）22-26頁など参照。

＊6　芦部・前掲注（1）25-26頁など参照。

＊7　芦部・前掲注（1）27-30頁など参照。

＊8　芦部・前掲注（1）29-32頁など参照。

＊9　Gordon, Beate Sirota, *The Only Woman in the Room: A Memoir of Japan, Human Rights, and The Arts,* (Tokyo, New York, London: Kodansha International, 2014) p.108, ベアテ・シロタ・ゴードン＝平岡磨紀子構成／文『1945年のクリスマス』（朝日新聞出版、2016年）182頁。

＊10　*Ibid.*, p.108, ゴードン＝平岡・前掲注（9）182頁。

＊11　*Ibid.*, p.108, ゴードン＝平岡・前掲注（9）182頁。

※本章における注以外の参考文献
渡辺康行＝宍戸常寿＝松本和彦＝工藤達朗『憲法Ⅱ　総論・統治』（日本評論社、2020年）

第3章 権力分立の原理

▸日本国憲法の概説

① 権力分立原理の意義

第2章でもふれたとおり、近代憲法は、基本的人権を保障するために、国家権力を憲法によって制御し、権力の濫用を抑止するという考え方（＝立憲主義）に基づいて制定された法である。

よって、近代憲法は、権利宣言（人権規定）と統治機構という2つの部分から成る。大切なところなので再度確認しよう。権利宣言（人権規定）は人権のカタログを示し、その保障を規定した部分であり、統治機構は国家の組織や統治の基本原則を規定した部分である。

近代憲法は、人権保障を第一の目的とし、その保障に適した統治機構を定めるものであるので、権利宣言と統治機構の関係は、目的としての人権保障と、それを達成すべき手段としての統治機構ととらえることができる。

第2章で言及したように、統治機構に関する基本原理が、権力分立の原理である*[1]。権力分立とは、国家権力が1つの国家機関に集中すると、権力が濫用され、国民の権利・自由が侵されるおそれがあるので、国家の作用をその性質に応じて立法・司法・行政の三作用に区別し、それを異なる機関に担当させるように分離し、相互に抑制と均衡を保たせる制度である。

たとえば、多くの人は漫画の『ドラえもん』を知っているだろう。その登場人物であるジャイアン一人がすべての国家権力を有していたらどうなるのだろうか。ジャンアンが、のび太やスネ夫など他者に対して常に配慮ができれば問題はないのかもしれない。しかし、ジャイアンが常にそうであるとは限らない。機嫌が悪くて自分の利益しか考えられなくなってしまうときもあるかもしれない。そのような場合、国家権力をジャイアンに独り占めさせておけば、ジャイアンが暴走して、ジャイアンが恣意的に権力を行使するかもしれないし、他者の自由を平気で制限するような権力も行使するかもしれない。

そうすれば、ジャイアン以外の人たちは、ジャイアンの機嫌を損ねないように常にジャイアンの機嫌をとったり、ジャイアンを怒らせないために、自分たちの行動に制限をかけたりして、自由に行動できなくなってしまう。

そのような人々の自由や権利を侵害せずに保障するために、国家権力をジャイアンだけではなく、スネ夫やのび太たちにも分割して与え、それぞれが異なった仕事をするようにして、お互いが仕事をしっかりとしているのか、相互の調整が図られているのかをチェックしバランスをとっていくことが重要なのである。

ここで、権力分立を最初に唱えたとされるロックと三権分立を最初に唱えたとされるモンテスキューの主張をそれぞれ見ていこう。まず、ロックは、イギリス名誉革命を正当化するために、君主に執行権・連合権（外交権）の二権を残し、立法権は議会にあると主張した。次に、モンテスキューは、フランス絶対主義下の貴族であり、権力者は権力を集中すればするほど濫用し、腐敗することを見てきた。そこで、国家の諸権利を異なる機関や人に分割所属させ、それらの権力が相互に抑制・均衡することで、権力の濫用を防止させようとしたのである。

② 権力分立原理の歴史性

権力分立原理は、歴史的に形成されてきたものであり、各国の歴史によって異なった内容を持っている*2。

その内容として、①行政と司法の役割や相互の関係に関する違い、②立法権の位置づけに関する違いがあげられる。

① 行政と司法の役割や相互の関係に関する違い

たとえば、フランスやドイツでは、君主制の伝統が強く、裁判所に対する信頼が低い。したがって、司法権は民事・刑事の裁判のみを担当し、行政訴訟は行政権（行政裁判所）に属するものとされた。

それに対して、たとえば、イギリス・アメリカでは、法の支配の原理のもと、司法権は行政と対等あるいは同等の権威を持っていた。そのために、民事・刑事・行政すべての裁判が司法権に属する。

② 立法権の位置づけに関する違い

たとえば、アメリカは、植民地時代にイギリス議会や政府が支配を強化したために、それに反発して独立をめざしたことを発端として国が形成された。アメリカは、立法権への信頼が強く、三権対等な権力分立制を採用している。それは、イギリスでは、絶対君主を打倒したという意味で議会に対する信頼が強いが、アメリカは、いかなる政治機関も専制化しうるという強い不信感によるものである。そのために、アメリカでは、イギリスのような立法府と行政府を融合させて政治運営をおこなう議院内閣制を採用していない。

それに対して、たとえばヨーロッパ大陸諸国（特にフランス）では、議会が、君主と君主に従属して権力をふるった裁判所に対抗するなかで近代立憲主義が確立した。その背景から、三権は同格ではなく、立法権優位の議会中心主義的な権力分立制が発展した。

このような各国の権力分立制の歴史的差異は、通常裁判官の違憲審査権に対する態度の違いに現れている。

たとえば、アメリカでは、立法府への不信のうえに三権が同格の権力分立制をとっていることから、司法裁判所の違憲審査権を、権力分立を根拠に認める。

それに対して、ヨーロッパ大陸諸国では、裁判所への不信のうえに立った立法権優位の権力分立制であることから、司法裁判所の違憲審査権を、権力分立を根拠に認めない。

③ 日本の権力分立制

では日本の権力分立制はどうなっているのかと言うと、日本の権力分立制は国会を国権の最高機関と定め（憲法41条）、議院内閣制を採用している点においては、イギリスのような議会優位の権力分立制とも言えるが、司法裁判所の違憲審査権を認めている点においては、アメリカの権力分立制と言える*3。

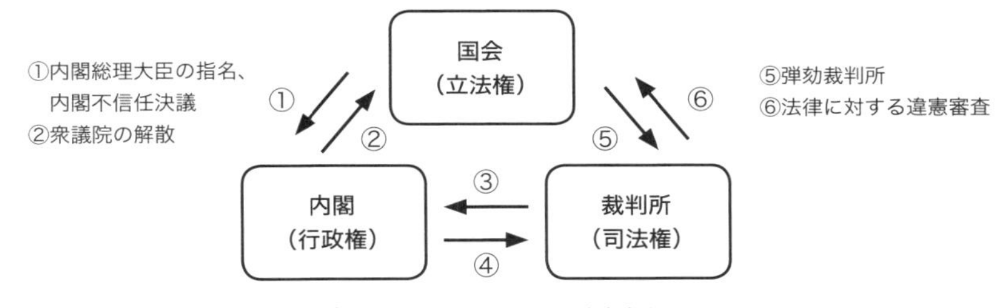

④ 権力分立原理の特性

権力分立原理は次のような4つの特性を持つ。

① **自由主義的**:権力分立制は、国民の権利・自由の侵害を防止するという自由主義的な制度である。

② **消極的**:権力分立制は、積極的に権力の濫用を抑止するものではなく、権力間の抑制と均衡という消極的な手段によって権力の恣意的行使を防ごうとするものである。

③ **懐疑的**:権力分立制は、国家権力およびそれを行使する人間に対する懐疑的な見方から生まれた制度である。

④ **中立的**:権力分立制自体は、君主制や共和制などいかなる政治体制とも結びつくものである。ただし、専制的よりも民主政になじみやすいと言える。

⑤ 権力分立原理と民主政との関係

権力分立原理は、第一義的には自由主義的なものであるため、それが民主政と矛盾する場合もある。つまり、権力分立原理を重視するか、民主政を重視するかで次のような対立が生じる。

① 権力分立原理を重視すれば……

たとえ民主主義的な正当性があっても、権力の集中や人権の侵害は許されない。したがって、個人の権利・自由を侵害するような立法や行政行為は、裁判所によって抑制されるべきである。

② 民主政を重視すれば……

民主的な正当性のある国家機関ほど、強い権力を持つべきものである。したがって、国民の信任を受けている議会や行政府の行為は、国民の直接的な信任をなんら受けていない裁判所が否定することは認められない。

民主政も究極的には人権の保障を目的とする制度である。そのために、実際の制度設計・制度運営においては、権力分立原理と民主政を矛盾させることなく、両者が融合して統治機構の基本原理を構成するようにしなければならない。これを「立憲民主主義」と言う。

⑥ 権力分立制の現代的変容

第二次世界大戦前後から現代にかけて、権力分立制は先述のような伝統的な、三権が相互に抑制し均衡を保つという意味から大きく変容していると言われる*4。

その変化をもたらした3つの要因として、行政国家現象、政党国家現象、司法国家現象がある。それぞれ見ていこう。

1 行政国家現象による権力分立制の変容

行政国家現象とは、20世紀的な福祉国家・社会国家の要請にともない、行政権の役割や権限が肥大化し、国家の基本政策の形成までを担うようになっている現象のことである。ちなみに、伝統的な意味における権力分立制では、国家の基本的な政策決定は、立法権の役割であった。

行政国家現象の具体的な流れとして、①官僚が国家の政策決定の中心として機能、②予算作成や条約締結などにおける行政権限の拡大、③内閣提出法案の増大、④委任立法の増加があげられる。

行政国家現象の弊害としては、行政権が肥大化すると、行政権による人権侵害の危険性が増し、国民の自由が脅かされることになる。また、官僚は直接的な民主的基盤を持たないので、過度の官僚主義は国民主権原理に反するのである。

その行政国家現象に対する是正策として、たとえば、①国会による行政権のコントロールを強化、つまり議会主義に再生する（例:予算や条約に対する修正権の拡充、国政調査権の活用、不信任決議の行使）、②裁判所による行政権のコントロールの強化（例:違憲審査権の積極的行使）、③国民による行政権のコントロールの強化、つまり行政の民主化（例:情報公開制度の活用、**パブリック・コメント制度**の充実、**オンブズマン（オンブズパーソン）制度**の導入、**首相公選制**の導入）などがあげられる。

2 政党国家現象による権力分立制の変容

政党国家現象とは、国家と議会を媒介する組織としての政党が発達し、政党が国家意思の形成に事実上主導的な役割を果たすようになっている現象のことである。

語句

パブリック・コメント制度…行政機関が政策の立案等をおこなおうとする際に、その案を公表し、市民からの意見や情報を募集する制度。行政機関は、提出された意見を考慮して、最終的な意思決定をおこなうが、意見にしたがう法的義務はない。日本では、1999年から閣議決定に基づいて実施されている。

オンブズマン〔オンブズパーソン〕制度…政府から独立した委員（＝オンブズマン〔オンブズパーソン〕）による苦情処理制度のこと。一般市民からの苦情に基づいて、オンブズマンが行政に対する調査や勧告をおこなう。

首相公選制…首相の指名を国会の議決に委ねるのではなく、国民の直接投票によって首相を選ぶという制度。

この現象の下では、伝統的な議会（立法権）、政府（行政権）の関係は、政府・与党と野党の対抗関係へと変化する。

政党国家現象の流れとして、①政策決定に対する与党の役割が増大し、②政党間の協議による政策決定の増加（公式な協議であれば問題ないが、非公式のいわゆる「談合」である場合には、権力分立や国民主権の観点から問題が多い）があげられる。

その政党国家現象の弊害として、議院内閣制をとる国においては、第一党が内閣を組織するので、政党国家現象によって議会と行政の関係は協力関係になってしまい、権力分立制の「抑制と均衡」の機能が、働かなくなってしまうことがあげられる。

その政党国家現象に対する是正策として、①議会主権の再生（例：議会の権限の強化、議会審議の活性化、野党の役割や発言権の充実化）、②首相公選制の導入があげられる。

3 司法国家現象による権力分立制の変容

司法国家現象とは、裁判所による違憲審査制が導入され、司法権が議会・政府をコントロールする権限を強めているという現象のことである。

司法国家現象の具体的な流れとして、ドイツなどのヨーロッパ大陸諸国や日本における違憲審査制の導入があげられる。

司法国家現象の弊害としては、違憲審査権がその行使の態様や度合いによっては、民主政に対する脅威にもなりうるというものである。しかし、司法国家現象により、権力分立制が阻害されているような国家は、今のところ存在せず、むしろ日本においては、より積極的な違憲審査権の行使を求める意見も多く出されている。

▸ジェンダー問題

① 行政国家の問題

日本国憲法86条は「内閣は、毎会計年度の予算を作成し、国会に提出して、その審議を受け議決を経なければならない」と規定しており、政府予算の作成は、内閣の役割とされている。

ここでは、ジェンダー予算について見ていこう。ジェンダー予算とは、政府予算、政策、事業が女性および男性に与える影響を評価し、予算編成や政策形成にジェンダーの視点を取り入れることである*5。ジェンダー予算は、歳入と歳出からなる公共予算が、ジェンダー平等を推進する形で計画・執行されるようになることを目的としている[*6]。予算は貨幣額で示されるため、ジェンダーに中立的に見えるが、多くの社会で男女の役割、責任、対応能力は異なり、予算の効果や影響も性別によって異なることが指摘されてきた[*7]。すなわち、それは従来、多くの国で予算編成・承認が男性中心でおこなわれてきて、女性のニーズが反映されてこなかった。そのため、ジェンダー格差や不平等が温存されてきたということである。

1995年の第4回世界女性会議（北京会議）で北京行動綱領が合意され、そこでジェンダー主流化が中心的方法となった。北京行動綱領は、ジェンダー主流化をジェンダー平等のもっとも有効な手段の1つとし、ジェンダー予算がその具体化とされた[*8]。国連の世界女性会議で、ジェンダー予算の重要性が議論されていき、2016年の時点で、世界の80以上の国と地域でなんらかの形態でジェンダー予算が導入されている[*9]。

ジェンダー予算の内容は国や地域、自治体、機関によって異なっている。たとえば、オーストリアなどは、ジェンダー予算を立法条件とすることで、大部分の政府事業および予算を対象としている。韓国などは、政府や自治体の広範囲の予算と決算を評価している[*10]。さらには、政府や行政機関ではなくて、民間団体や研究機関等第三者によって予算の評価がおこなわれる場合もある[*11]。

OECDの報告書によれば、日本はジェンダー予算を導入している。しかし、その実態は、ジェンダー予算の適用について助言する専門家や協議会を設置しているだけである。このことから、日本の場合はその制度下の水準がかなり低く、政府による厳密の意味でのジェンダー予算は導入されていないのが実状である[*12]。

最近では、2021年3月23日にあった東京都議会の予算特別委員会で「ジェンダー予算」の視点を採用する都予算作成が提案された[*13]。今後は、東京都議会以外でも政府予算レベルにおいてジェンダー予算の視点の導入の提案、さらにその実践が望まれるだろう。

② 政党国家の問題

請願とは、市民が「国又は地方公共団体の機関に対し、その職務に関する事項について希望や要望を申立てる制度[*14]」である。この制度は、「何人も、損害の救済、公務員の罷免、法律、命令又は規則の制定、廃止又は改正その他の事項に関し、平穏に請願する権利を有し、何人も、かかる請願をしたためにいかなる差別待遇も受けない」と規定する日本国憲法16条を根拠とするものである。この制度によれば、市民はさまざまな要望を嘆願の形で国会に直接伝えることができる。ただし、国会法79条によれば、市民が請願をおこなう際には国会議員の紹介を必ず経なければならないことになっている。このことから、議員は、国民と国会をつなぐ重要な役割をしており、議員のこの活動は議会活動の１つであると考えられる*15。

その請願については、女性議員の場合、男性議員と比較して、「女性の権利」に関する請願や「子育て」に関する請願を多く国会に紹介している。このことは、女性議員が男性と比較して、「女性の権利、生殖、健康、子育て・介護などのケア責任、女性に対する暴力といった政策*16」に熱心にとりくむと指摘されている。

このことは、国会議員に女性の比率が低いという現状（ちなみに、2024年の女性議員の割合は衆議院が10.8％、参議院が25.4％で、国会全体では19.0％であった*17）に対して、女性議員がなぜ必要なのかという理由にも通じる。

これまで、長いあいだ、男性に権力が集中して、普通選挙制の確立は男性権力者に限ってのことであるとされてきた。このような実状から、男性本位の政治慣行が根づき、「政治における女性の不在」がレジーム全体を貫くように構造化されていったのである*18。

その男性中心の政治では、男性の関心が政治争点化しやすく、このような構造から、男性の関心のみが政策に反映していった。その一方で、女性の関心事は男性の関心の陰に隠れてしまっていたのである*19。したがって、女性が主に必要としてきた仕事と子育ての両立を可能とする政策や子育て支援などの政策などの対応は不十分であった。

そのため、従来の男性本位の政治慣行が根づいた国会において、多様な視点を導入する手段として、女性議員の存在の重要性があげられよう。

③ 司法国家の問題

性の二重基準とは、男性の性的自由には寛容であるが、女性のそれには厳しいジェンダー・バイアスのことを言う*20。すなわち、女性は男性とは異なり貞淑であると思われているのである。

性の二重基準に該当するものに「強姦神話（rape myth）」がある。**強姦神話**とは、性暴力に関して、事実ではないにもかかわらず、広く信じられている偏見を言う*21。強姦神話は、女性が貞淑であることが要求される性の二重基準により、強姦の被害者（多くの場合が女性）自身に強姦被害の原因が自分の落ち度であると思わせる*22。つまり、被害者が貞淑な女性であれば強姦被害に遭わず、強姦に遭ったことは被害者がそのような女性ではないからということである。その影響で、捜査官も裁判官も被害者の落ち度を指摘して強姦事件を立件しない、起訴しない、または被告人に無罪を言い渡す、という司法におけるジェンダー・バイアスが存在していると言われている*23。

現在の裁判官の女性割合は、24.3%(2022年12月現在)である*24。従来、女性裁判官においても、「強く」「男のように」思考し行動することが求められて、それらを内面化しており、性被害に遭うような「弱い」「女のような」視点を持ち合わせていないことが指摘されていた*25。

その男性の視点で構築されてきた司法構造は、実は、男性の被害者の救済も困難にさせてきた。男性被害者は、強姦相当の性暴力の被害のみならずに、女性被害者とは異なる文脈で名誉が毀損されるとして同時に複合的な被害を受けることになる場合が多い。そのことが、男性被害者の性暴力被害の申告をより困難にしていると言われている*26。

このように、ジェンダー・ステレオタイプの見方による刑事司法構造は、男性の被害者をも苦しめてきた。性暴力の被害者の救済には、司法におけるジェンダー・バイアスの是正が急務の課題である。

④ 三権分立とジェンダー

以上から、三権分立は国民の人権を保障するために、国家権力を各機関に分割して、相互の役割/機能を監視して調整を図るもの(チェックアンドバランス)である。それをジェンダーの視点から見た場合、ジェンダー平等も備えた人権保障のためには、国家の各機関におけるジェンダー問題も当然に解決しなければならないということになる。

語句

強姦神話…強姦神話の内容には次のものがある。①強姦とは、異常な男が、暗く人通りの少ない道で、通りがかりの見知らぬ女性を、衝動的に襲うことである。②被害に遭うのは女性が悪いからだ。③夫婦間では強姦はありえない。④挑発的な服装の女性が被害に遭う。⑤女性が本気で抵抗すれば強姦は防げる。⑥本当に強姦があったなら女性は事件後ただちに泣きながら警察に届け出るはずだ。⑦女性は同意に基づく性交をしたあとになって、同意していなかったと嘘をつくものだ。⑧女性は本心では強姦されることを望んでいる。

注

＊1　芦部信喜（高橋和之補訂）『憲法（第8版）』（岩波書店、2023年）311頁など参照。
＊2　芦部・前掲注（1）312-323頁など参照。
＊3　芦部・前掲注（1）313頁など参照。
＊4　芦部・前掲注（1）313頁など参照。
＊5　村松安子「韓国の事例から学ぶジェンダー予算」『マンスリー北京JAC』（2009年）135-137頁参照。
＊6　大崎麻子「ジェンダー主流化の20年（7）～ジェンダー予算の例①～」『共同参画』（2018年）11頁参照。
＊7　村松安子「ジェンダー予算の歩みと課題」『経済と社会』32号（2004年）30頁など参照。
＊8　村松安子「東アジアにおけるジェンダー予算導入の現状」『ジェンダー研究』13号（2010年）59頁参照。
＊9　越智方美「男女平等を志向する予算制度：フィリピンにおけるジェンダー予算の事例」『NWEC実践研究』6号（2016年）148-149頁。
＊10　寺下和宏「ジェンダー予算とは何か：文献レビューと韓国の事例から」『六甲台論集．法学政治学篇』69巻2号（2023年）101頁参照。
＊11　大崎・前掲注（6）11頁参照。
＊12　寺下・前掲注（10）119頁参照。
＊13　立憲民主党の西沢圭太都議の発言。朝日新聞デジタル「『都にもジェンダー予算を』都議会で議論」（2021年3月24日）。https://www.asahi.com/articles/ASP3R7GS1P3RUTIL01W.html（最終閲覧2023年11月9日）
＊14　辻村みよ子＝山元一編『概説　憲法コンメンタール』（信山社、2018年）105頁（青井未帆執筆）。
＊15　五ノ井健＝小川寛貴「議会活動としての請願――議員のジェンダーと前歴による分析」『年報政治学2022－Ⅰ』（2022年）237頁など参照。
＊16　三浦まり「女性が議員になるということ」三浦まり編著『日本の女性議員――どうすれば増えるのか』（朝日新聞出版、2016年）41頁など参照。
＊17　内閣府男女共同参画局「政治分野における男女共同参画の状況」参照。https://www.gender.go.jp/kaigi/senmon/6th/shidai/pdf/01/6-1.pdf（最終閲覧2025年1月21日）
＊18　辻村みよ子＝糠塚康江＝谷田川知恵『概説　ジェンダーと人権』（信山社、2021年）120頁など参照。
＊19　辻村ほか・前掲注（18）121頁など参照。
＊20　三成美保＝笹沼朋子＝立石直子＝谷田川知恵『ジェンダー法学入門〔第3版〕』（法律文化社、2019年）106頁参照。
＊21　三成ほか・前掲注（20）106頁など参照。
＊22　辻村ほか・前掲注（18）235-239頁など参照。
＊23　三成ほか・前掲注（20）106頁など参照。
＊24　内閣府男女共同参画局「男女共同参画白書　令和6年版」ホームページ参照。https://www.gender.go.jp/about_danjo/whitepaper/r06/zentai/html/honpen/b1_s01_02.html（最終閲覧2024年10月17日）
＊25　三成ほか・前掲注（20）100頁以下など参照。
＊26　辻村ほか・前掲注（18）121頁など参照。

※本章における注以外の参考文献

渋谷秀樹＝赤坂正浩『憲法2　統治〔第7版〕』（有斐閣、2019年）
安西文雄＝巻美矢紀＝宍戸常寿『憲法学読本　第4版』（有斐閣、2024年）
渡辺康行＝宍戸常寿＝松本和彦＝工藤達朗『憲法Ⅱ　総論・統治』（日本評論社、2020年）

第4章 国民主権と天皇制

▸日本国憲法の概説

① 国民主権の位置づけ

国民主権の原理は、基本的人権の尊重と平和主義にならぶ日本国憲法における3つの基本原理の1つである*1。

国民主権のもとで初めて人権保障が確立するという意味で、基本的人権の保障と不可分に結びついており、国民主権原理は国民がすべて平等に人間として尊重されて初めて成立する。これは、「人間の尊重」というもっとも基本的な原理に由来している。

② 主権の意味

「主権」という言葉は、当初、統治権を持っていた中世封建領主に対して国王が国家支配の正当性を持っていることを説明するために用いられた。つまり、その当時の「封建領主」対「国王」の対立において最初に用いられた言葉であり、主権の最初の登場は君主（天皇）主権であった。

しかし、絶対君主制が倒れると人々は身分制から解放され、市民が政治の主人公になり、そのとき唱えられたのが国民主権の理論である*2。つまり、この国民主権の理論は、君主主権に対抗するために登場したものである。国民主権の原理は、近代市民改革の成立以降に、国家統治の基本原理として近代立憲主義憲法で広く採用されている。

ここで「主権」の意味を確認しておこう。

① 国家の統治権

統治権としての主権国家権力そのもの（国家の統治権）と言うときの主権である。

たとえば、ポツダム宣言8項では「日本国ノ主権ハ本州、北海道、九州及四国並ニ吾等ノ決定スル諸小島ニ局限セラルヘシ」と規定されている。

② 最高独立性

国家への主権の集中（最高独立性）と言うときの主権である。

たとえば、日本国憲法前文3段では、「政治道徳の法則は、普遍的なものであり、この法則に従ふことは、自国の主権を維持し、他国と対等関係に立とうとする各国の責務であると信ずる」と規定されている。

③ 最終決定権

国家における主権の所在（国政の最終決定権）と言うときの主権である。これは、国の政治のあり方を最終的に決定する力または権威という意味である。

これが国民に存することを国民主権と言う。

たとえば、日本国憲法前文1段では、「日本国民は、正当に選挙された国会における代表者を通じて行動し、われらとわれらの子孫のために、諸国民との協和による成果と、わが国全土にわたつて自由のもたらす恵沢を確保し、政府の行為によつて再び戦争の惨禍が起ることのないやうにすることを決意し、ここに主権が国民に存することを宣言し、この憲法を確定する。」と規定されている。

③ 国民主権の二面性──「権力的契機」と「正当性の契機」

国民主権の原理には、「権力的契機」と「正当性の契機」という2つの要素が含まれている。

権力的契機とは、国家の政治（国政）のあり方を最終的に決定する権力を国民自身が行使することである。一方、正当性の契機とは、国家の権力行使を正当づける究極的な権威が国民にあることである*3。

この二面性のどちらを強調するかにより、国民主権のとらえ方が異なってくる。

国民主権の権力的契機を強調すれば、実際に政治的意思をおこなえる人々が主権者たる国民ということになる。よって、主権者たる国民は、有権者（選挙人団）に限定される。このような国民主権のとらえ方は、直接民主制と密接に結びつく。

一方、国民主権の正当性の契機を強調すれば、国政の正当性はなるべく広範に根拠づけられるべきとされるので、主権者たる国民は、全国民であるとされる。このような国民主権のとらえ方は、代表民主制、特に議会制と結びつく。

国民主権の観念には、この二面性が併存しており、これらが密接に結びついているとされている*4。したがって、国家権力の正当性の淵源としての国民は「全国民」を指し、すべて「国家権力は国民から発する」ことになる。同時に、国民（有権者）が国の政治のあり方を最終的に決定する権力性を有しており、このように考えれば、憲法96条において憲法改正の是非を最終的に決定する制度として定められている国民投票制は、国民主権の原理と不可分に結合するものであると解される。

④ 国民主権のとらえ方

ここで、国民主権とはどのような意義を有する原理であるのか、および、そこで言うところの「国民」や「主権」の意味をどのようにとらえるかをめぐっては、学説が対立しているので一つ一つ確認していこう。

学説

A　国民主権の権力的契機を重視する見解（権力性説）

この説によれば、主権すなわち国政の最終決定権とは、究極的には憲法を制定することである。つまり、主権とは憲法制定権のことであり、これは有権者の持つ権能である。よって、主権の主体である「国民」とは、有権者の総体のことであり、国民主権とは、有権者が憲法制定権を持っているということを意味する。

B　国民主権の正当性の契機を重視する見解（正当性説、従来までの有力説）

この説によれば、主権とは、究極的には憲法制定権のことであるが、憲法制定権は憲法が制定された段階で消滅してしまう。よって、国民主権原理は権力の正当性の根拠を示すものにすぎず、国民主権に言う「国民」とは、国民全体と考えるべきである。したがって、国民主権とは、国家の権力行使を正当化づける究極的な権威は、国民全体から発するべきであるということを意味する。

C　二元説（折衷説、近年の有力説）

この説によれば、主権とは、究極的には憲法制定権のことであり、この意味における主権は有権者の権能である。しかし、いったん憲法が制定されたあとは、憲法制定権は憲法改正権として憲法のなかに制度化されてしまい、国民主権は基本的には正当化の契機としての側面しか持たなくなる。よって、そこで言う「国民」は、全国民のことを意味する。だが、憲法改正の場面においては、国民主権の権力的契機としての側面が現れ、そこにおける「国民」は、有権者の総体を意味する。

D　プープル主権説（人民主権説）

この説によれば、主権とは、国家権力そのもの（＝統治権）のことである。よって、国民主権に言う「国民」とは、国家権力を行使することができる個人、すなわち政治的意思決定能力を持った個人の集合体（＝人民〔プープル〕）のことを意味する。
この説を日本国憲法に照らせば、憲法改正のための国民投票や、最高裁判所裁判官の国民審査といった直接民主主義的な制度を導入している日本国憲法は、プープル主権に基づく憲法であると理解されることになる。したがって、日本国憲法の原則は直接民主制であり、憲法が明確に間接民主制を採用している場合以外は、直接民主制的制度を採用することも可能となる。

ちなみに、フランスでは、近代以降、どのような主権原理を採用するかをめぐって、ナシオン（nation）主権とプープル（peuple）主権という2つの主権概念が対立してきた[*5]。プープル主権説は、この対立におけるプープル主権の概念を基礎としている。

ナシオン主権は、観念的・抽象的な国民をナシオンと呼び、主権はそのようなナシオンに存するととらえるものである。この考え方は、代議制に帰結する。

一方、プープル主権は、政治的意思決定能力者の総体としての人民（＝プープル）に主権が存するととらえるものである。この考え方は、直接民主制に帰結する。

⑤ 国民主権と直接民主制

日本国憲法は前文で間接民主制の採用を宣言しているが、その一方で直接民主制的な制度も設けている。その直接民主制的制度は、①憲法改正の国民投票（96条）、②最高裁判所裁判官の国民審査（79条）、③地方特別法制定の住民投票（95条）であり、憲法の間接民主制の不備を補完する機能をもつものであると位置づけられている。

⑥ 象徴天皇制の成立

現行憲法で採用されている象徴天皇制の成立の経緯やその特徴について、ここで確認しておこう[*6]。

1 成立の経緯

第2章でも学習したように、1945年8月15日、日本政府はポツダム宣言を受諾した。ポツダム宣言は、天皇制の命運について、直接言及していなかった。

翌1946年2月3日、マッカーサー司令官が総司令部民政局に手交した「マッカーサー・ノート」の第一原則で天皇の地位について定めた方針にしたがい、民政局が、天皇の地位を「日本国及び日本国民統合の象徴」とする草案を作成した。その10日後の2月13日、その草案は日本政府に提出された。結局、日本政府は、やむなくこれを受け入れ、政府案として象徴天皇制を採用したのであった。

2 象徴制の特徴

明治憲法と比較した場合の象徴天皇制の特徴として次のものがあげられる。

① 主権者から象徴へ

明治憲法においては、天皇は主権者であり、元首であり、統治権の総攬者（そうらんしゃ）であったが、日本国憲法においては、象徴としての役割を果たすにすぎない。

② 神勅主権から国民主権へ

明治憲法においては、天皇の地位の根拠は天皇の祖先たる神の意思にあるとされていたが、日本国憲法においては、天皇の地位の根拠は国民の総意にある。

③ 二元主義から一元主義へ

明治憲法においては、皇室典範に基づく皇室自律主義と憲法との二元主義がとられ、宮務と国務が分離されて二元主義をとっていたが、日本国憲法においては、皇室典範は単なる法律であって、皇室自律主義は存在しないことから一元主義だとされる。

④ 大権から名目的機能へ

明治憲法では、天皇は主権者として多くの大権（実質的権限）を有したが、日本国憲法では、天皇は憲法の列挙する国事行為と公的行為をおこなうに限られ、それは名目的機能にすぎないものになった。

⑤ 責任政治の確立

明治憲法においては、内閣は、政治に全責任を負うことができなかったが、日本国憲法においては、行政権が内閣に属し、天皇の国事行為には内閣の助言と承認が必要とされ、すべての責任が内閣にあることが明示された。このことから、責任政治の確立と特徴づけられている。

⑦ 天皇の地位

1 象徴としての天皇

天皇は、日本国の象徴であり日本国民統合の象徴であって、この地位は、主権の存する日本国民の総意に基づく*7。

① 象徴の意味

そもそも象徴とは、抽象的・無形的、非感覚的なものを具体的・有形的・感覚的なものによって具象化する作用ないしはその媒介物を言う（例：平和の象徴は鳩であるなど）。

君主制国家における君主は、象徴としての地位と役割を有する。明治憲法下における天皇も、当然象徴であった。もっとも、明治憲法下での天皇は、統治権の総攬者としての地位を有していたので、象徴としての地位は観念するまでもなかった。

これに対し、日本国憲法下での天皇は、統治権の総攬者としての地位が否定され国政に関する権能を全く持たなくなった結果、象徴としての地位のみが残った。

② 天皇と裁判権

天皇の私的行為に対する法的責任に関して、刑事責任については、天皇の象徴としての地位の特殊性、摂政について在任中刑事訴追を免除している皇室典範21条等を理由に、それを否定するのが通説である。

一方、民事責任については、最高裁は「天皇は日本国の象徴であり、日本国民統合の象徴であることに鑑み、天皇には民事責任権が及ばないと解するのが相当である」と判断している（記帳所事件〔1989年〕）。ただし、この判例が述べているのは、天皇には民事裁判権が及ばないということであり、民事責任を負わないとは限らないことに注意が必要である。

2 君主としての性格の有無

君主とは、対外的に国家を代表し、統治の重要な部分（少なくとも行政権）を担任する世襲的な独任機関で、国の象徴としての役割を持つものを言う。このことから、日本国憲法の下で、天皇は、伝統的な意味での君主ではない。

3 元首としての性格の有無

元首とは、主として対外的に国を代表する資格を持つ国家機関を言う。通常は、君主国では君主が、共和国では大統領がこれにあたる。このことから、日本国憲法の下では、天皇は元首ではないが、実際上外国から元首として扱われることはある。

4 機関としての天皇

天皇のおこなう行為には、日本国憲法６条と７条に定める国事行為と、私人（個人）としておこなう私的行為がある。さらに、公的色彩を有する天皇の行為がある（例：国会の開会式に出席して「おことば」を述べる行為、国内を巡幸し、外国元首を接受ないし接待し、親書・親電を交換する等の行為もおこなっている）。

5 皇位の継承

皇位とは、国家機関としての天皇の地位を言う。その継承とは、それまで天皇の地位にあった人にかわり、新しい人がその地位に就くことである。

日本国憲法2条は、皇位の継承につき世襲制をとることだけを定め、詳細は「国会の議決した皇室典範の定めるところ」に委ねた。

① 皇位継承の諸原則

皇室典範は皇位継承の原因を、天皇の死去（崩御）に限定し、生前退位を認めていない。天皇が崩じたときは皇嗣（こうし）すなわち皇位継承の第一順位者が法律上当然に即位し（皇室典範4条）、なんら手続なしに天皇の地位に就く。皇位は皇統に属する男系の男子が継承する（同1条）。皇位継承の順序は、皇長孫、その他皇長子の子孫などの順序で詳細に定められている（同2条）。

平成天皇の退位は、2017年6月に成立した皇室典範特例法に基づきおこなわれたものである。

② 皇室制度

皇室とは、天皇を含めた天皇一族の集団、つまり、天皇および皇族を指す。

皇族の範囲は、皇室典範5条、6条が定める。天皇および皇族は養子をすることができず（同9条）、また、立后および皇族男子の婚姻は、皇室会議の議を経ることを要する（同10条）。

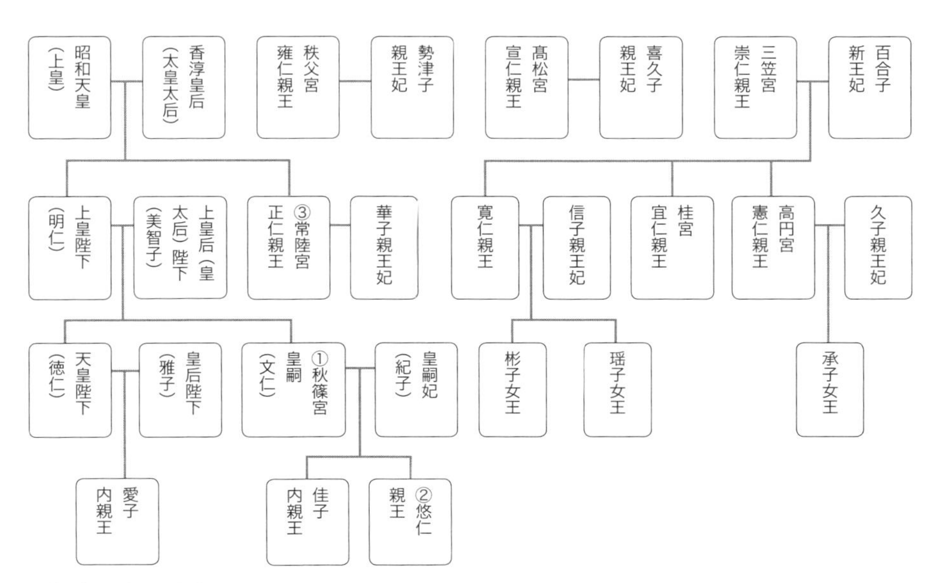

※①〜③：皇位継承順位

皇室典範5条：皇后、太皇太后、皇太后、親王、親王妃、内親王、王、王妃及び女王を皇族とする。

皇室典範6条：嫡出の皇子及び嫡男系嫡出の皇孫は、男を親王、女を内親王とし、三世以下の嫡男系嫡出の子孫は、男を王、女を女王とする。

（出所）駒村圭吾編著『プレステップ憲法〈第4版〉』（弘文堂、2024年）64頁参照。

⑧ 天皇の権能

1 総説

日本国憲法は、機関としての天皇の権限として、「国事に関する行為」をおこなうことを認めた。この国事行為につき、憲法は、まず3条で、「天皇の国事に関するすべての行為には、内閣の助言と承認を必要とし、内閣が、その責任を負ふ」と定め、4条1項で、「天皇は、この憲法の定める国事に関する行為のみを行ひ、国政に関する機能を有しない」と定めた。そして、その両条文の定めた基本原則のもとに、6条、7条が具体的な国事行為を列挙している*8。

2 国事行為の性質

日本国憲法4条の言う「国事に関する行為」と「国政に関する機能」の区別は、言葉のうえでは必ずしも明らかではない。

しかし、憲法に列挙されている国事行為の内容を吟味し、象徴天皇制の趣旨等を勘案すると、国事行為とは、政治（統治）に関係のない形式的・儀礼的行為を言うと解されている。

3 内閣の助言と承認

天皇の機能の範囲が国事行為に限定されたことと並んで、天皇の国事行為が厳格な規律の下に置かれていることもまた、重要な特徴とされる。

日本国憲法3条は、「天皇の国事に関するすべての行為には、内閣の助言と承認を必要とし、内閣が、その責任を負ふ」と定めているとおり、天皇のすべての国事行為に対して内閣の「助言と承認」が必要とされることから、その行為の結果については内閣が自ら責任を負うとともに、天皇は無答責（責任を負わないこと）とされる。

内閣の助言と承認をめぐる問題のうちでもっとも議論されているのは、「助言と承認」と行為の実質的決定権との関係である。

天皇のおこなう国事行為は、「認証」、「接受」、「儀式」のように、それ自体が形式的・儀礼的行為であるものと、行為の実質的決定を他の国家機関がおこなうことが憲法で明記されている*9ことの結果、形式的・儀礼的行為になるものとに大別される。国事行為のうち国会の召集（7条2号）、特に衆議院の解散（同3号）は、それ自体政治性の強い行為であるにもかかわらず、憲法上実質的決定権の所在が（臨時会の招集に関する53条を除くと）明確でないからである。

4 国事行為の代行

天皇が成人に達しないとき、精神もしくは身体の重患または重大な事故により、天皇自ら国事行為をおこなうことができないときは、摂政によって代行される（憲法5条、皇室典範16条以下参照）。

摂政を置くまでに至らない場合（たとえば海外旅行や長期にわたる病気の場合）は、「国事行為の臨時代行に関する法律」により、臨時の代行が国事行為をおこなう（憲法4条2項）。臨時代行の順位は摂政の場合（皇室典範17条）と同じである。

⑨ 皇室経費

日本国憲法の施行とともに、天皇の財産および皇族の財産は、「国に属する」ことになった[*10]。したがって、天皇および皇族の活動に要する費用は、「すべて……予算に計上して国会の議決を経なければならない」（88条）。

予算に計上される皇室経費には、3つの区別がある（皇室経済法3条）。

① 内廷費

天皇や皇族の「日常の費用その他内廷諸費に充てるもの」で、「別に法律で定める定額を、毎年支出するもの」とし（皇室経済法4条1項）、「御手元金」となるものとし、「宮内庁の経理に属する公金としない」（同2項）。たとえば、静養・私的な旅行、大規模災害の見舞金、個人的な食費などを指す（2024年度は3億2400万円だった）。

② 宮廷費

「内廷諸費以外の宮廷諸費に充てるもの」で「宮内庁で、これを経理する」（同法5条）。これは、儀式、国賓・公賓などの接遇、行幸啓（ぎょうこうけい）、外国訪問など皇室の公的な活動等に必要な経費、皇室用財産の管理に必要な経費、皇居などの施設の整備に必要な経費などを指す（2024年度は95億5381万円だった）。

③ 皇族費

「皇族としての品位保持の資に充てるために、年額により毎年支出するもの」、「皇族であつた者としての品位保持の資に充てるために、皇族が……その身分を離れる際に一時金額により支出するもの」がある（同法6条）。これは、宮家に支給されるプライベートなお金のことを指す。なお、皇族費には、皇族が初めて独立の生計を営む際に一時金として支出されるものと皇族がその身分を離れる際に一時金として支出されるものもある（2024年度は2億6372万円だった）。

ジェンダー問題

① 天皇制と男系男子主義

日本国憲法2条（天皇の世襲制）と皇室典範1条（男系男子主義）が示しているように、日本では男系男子のみが天皇になることが定められている。男系男子とは、天皇の血筋を父方から引き継いだ男子である。

男系男子のみという条件から、母方に天皇の血筋を持つ男子「女系男子」や男系でありながらも女子「男系女子」であれば、天皇になることが認められていない。（天皇の地位の断続性を認めないかぎり、）皇室典範が改正されなければ女系または女性の天皇が誕生することはないのである。

したがって、現在の天皇家の長女である愛子さまは、「男系女子」に当たるために、現行法の下では天皇になることが認められていない。現在、皇位継承の資格を持つ次世代の皇族は秋篠宮家の悠仁さまだけになっている*11。

現在の世論調査では、7割超が女性天皇を容認している結果が発表されている*12。その一方で、女性・女系天皇の誕生に反対する者は、「天皇は男系による万世一系で、日本の誇るべき伝統である」ことを理由としてあげる*13。

日本国憲法の前身である大日本帝国憲法（1889年公布、1890年施行）と旧皇室典範（1889年制定）においても「男系男子継承」が明記されていたが、明治の初めまでは女系を除くような、皇位継承を男系男子に限定する議論も明文もほとんどなく、それまでは男系や女系などは問題にされていなかった。

戦後、旧皇室典範は改正され、皇位継承は正妻の子である「嫡出」とする条件が新たに加わり、「嫡出」の男系男子が皇位継承の資格とされたのである。

② 皇室典範と平等原則

このような男系男子にしか皇位継承を認めていない皇室典範は、憲法14条の平等原則に違反するか否かという議論がある。

従来の通説によれば、男系男子主義をとる皇室典範は合憲であると理解されている。その根拠としては、明治憲法と異なり、男性だけが皇位継承資格を持つことは、憲法上の要請ではなく法律上の要請にとどまること、そもそも天皇制自体が基本的人権保障の例外であることなどがあげられている*14。

それに対して、男系男子主義の皇室典範の違憲性を主張する学説もある。この説によれば、例外を拡大する方向で、世襲制に合理的にともなう差別以外の差別を認めるべきではないとする*15。この違憲性を主張する根拠としては、次のものがあげられる。すなわち、世襲原則は当然に性差別を内包するものではないこと、象徴としての天皇はさまざまな国家機関の1つであり、平等原則が貫徹されるべきこと、皇室典範の男女差別が旧憲法下の神権天皇制の伝統や家制度、それらと結びついた男尊女卑思想を助長するおそれがあることなどがあげられる*16。この根拠は、「女子に対する差別となる既存の法律、規則、慣習及び慣行を修正し又は廃止するためのすべての適当な措置（立法を含む。）をとること」と差別となる既存の法律の修正や修正を求める女性差別撤廃条約2条（f）にも違反するものともされている。

最近では、2021年の岸田文雄政権下において「『天皇の退位等に関する皇室典範特例法案に対する附帯決議』に関する有識者会議」による報告書が提出された。この報告書によると、悠仁さま以外の未婚の皇族が全員女性であることをふまえ、悠仁さまが皇位を継承されたときには、現行制度の下では、悠仁さまの他には皇族がいなくなることなどから、まずは、皇位継承の問題とは切り離して、皇族数の確保を図ることが喫緊の課題とされた。

これに関して、同報告書では①女性皇族は婚姻後も皇族の身分を保持すること、②皇族には認められていない養子縁組を可能とし、皇統に属する男系の男子を皇族とすること、の2つの案が示された。①については、女性皇族が婚姻後も皇族の身分を保持していくことになれば、女性皇族が現在おこなっているさまざまな公的活動が継続的におこなわれていくことにつながり、担われる公務の発展が期待され、関わっている行事や団体などの継続的発展の観点からも望ましいとされる。②については、現行制度では、婚姻により女性が皇族となること、および皇族の夫婦から子が生まれること以外に皇族数が増加することはない。養子を迎えるのを可能とすることは、特に男子を得なければならないというプレッシャーの緩和にもつながりうるのかもしれない*17。

③ 皇室制度と職業選択・婚姻の自由

皇室典範5条と6条で皇族の範囲が規定されている。

たとえば、自分が皇族男子に生まれた場合、将来就きたい職業を自由に選択でき、一般の国民と同じような生活ができるのだろうか。

皇室典範1条には、「皇位は、皇統に属する男系の男子が、これを継承する」と予め定められていることからも、皇族男子は皇位が継承されるので、基本的には皇族男子で生まれた場合は、一生、皇族として過ごすことになる。したがって、日本国憲法上で、国民に対して自己決定権（13条）や職業選択の自由（22条）が規定されていても、それらは皇族男子には保障されていないと解するのが一般的だろう。

皇族男子は、通常、婚姻して独立して生計を立てる際に、天皇から「宮家」の称号が与えられる*18。たとえば、秋篠宮様の「宮」は、この「宮家」を意味している。そして、皇室典範15条に「皇族以外の者及びその子孫は、女子が皇后となる場合及び皇族男子と婚姻する場合を除いては、皇族となることがない」と規定されているように、皇室男子と婚姻した女性は皇族になる。

皇族男子に対して、皇族女子の場合は、皇室典範12条に「皇族女子は、天皇及び皇族以外の者と婚姻したときは、皇族の身分を離れる」と規定されているように、皇室女子は、皇族以外の男性と婚姻をした場合には、皇室から離脱することになっている。たとえば、黒田清子さんや小室眞子さんを思い出していただきたい。このことが示すとおり、皇族男子と異なり、皇族女子が一般の男性と婚姻をした場合は、その男性が皇族となることはないのである。

一般国民と異なり、皇族の婚姻に関しては、皇室典範10条で定められているように、立后および皇族男子の婚姻には、皇室会議の議が求められている。このことから、当人同士だけの意思で婚姻を決定することが許されていない。立后および皇族男子の婚姻には、皇室会議の議を経なければならないことから、秋篠宮文仁皇嗣と現在の皇嗣妃紀子様との婚姻に関して、つぎのようなエピソードがある。それは、秋篠宮文仁親王が当時、紀子様との婚姻が皇室会議で認められなければ、自分は皇族から離脱すると言ったというものである。ご存じのとおり、結果として、皇室会議の議を経て（紀子様との婚姻が認められたことで）お二人は1990年に婚姻をされたわけである。

このエピソードが物語るように、立后および皇族男子の婚姻については、一般国民には保障されている「婚姻の自由」（日本国憲法24条1項）が、認められていないと解することもできる。このことから、彼らの婚姻は、一般国民の婚姻よりもハードルが高いものとも位置づけられるかもしれない。

天皇や皇太子に対する敬称

私たちの多くは、何気なく「雅子さま」、「紀子さま」のように、皇族に「さま」という敬称で呼んでいる。

しかし、皇室典範23条には「①天皇、皇后、太皇太后及び皇太后の敬称は、陛下とする。②前項の皇族以外の皇族の敬称は、殿下とする」と定められており、天皇以外の皇族に「さま」を使って呼ぶことは、法に基づくものではない。

この「さま」を使う呼び方は、ときをたどれば、各マスコミ機関の自主的な判断によるものである。それは、平成以降に、「開かれた皇室」「親しみやすさ」をイメージして判断されたことから始まったものである。実際に、共同通信社編著『記者ハンドブック』(共同通信社、第14版、2022年)では、皇室用語の扱い方について「……記事上、『陛下』は天皇だけに使う。天皇、皇后と併記する際は『両陛下』とする。『殿下』はできるだけ使用せず、皇后や皇太子など皇族は『さま』を使う。……」(546-547頁)と書かれている。

実際に、2019年5月1日の新天皇の「即位の日」以降、産経新聞社に「新天皇ご即位。せめてこの日は皇太子殿下と正式な呼称で表すべきです」などと読者からの批判が寄せられたそうである。

現在の日本社会のなかで、皇族の「さま」の敬称が、ほとんど違和感なく使われているのは、マスコミの影響を物語っているのかもしれない。

【参考】
「『上皇陛下…「さま」はないです』(4月25日～5月8日)皇室の敬称」(「産経新聞」web版2019年5月13日)など参照。https://www.sankei.com/article/20190513-BRDPXMMCLZPVVAETI6U2NPBHDA/
(最終閲覧2024年11月10日)

注

＊1　芦部信喜（高橋和之補訂）『憲法（第８版）』（岩波書店、2023年）35頁など参照。

＊2　芦部・前掲注（1）39頁、渡辺康行＝宍戸常寿＝松本和彦＝工藤達朗『憲法Ⅱ　総論・統治』（日本評論社、2020年）65頁、毛利透＝小泉良幸＝淺野博宣＝松本哲治『憲法Ⅰ　総論・統治（第3版）LEGAL QUEST』（有斐閣、2022年）69頁など参照。

＊3　芦部・前掲注（1）41-42頁、渡辺ほか・前掲注（2）65頁、毛利ほか・前掲注（2）69頁など参照。

＊4　芦部・前掲注（1）42-43頁、渡辺ほか・前掲注（2）69頁、毛利ほか・前掲注（2）72頁など参照。

＊5　芦部・前掲注（1）42頁、渡辺ほか・前掲注（2）69頁、毛利ほか・前掲注（2）72頁など参照。

＊6　芦部・前掲注（1）44頁以下など参照。

＊7　芦部・前掲注（1）45-47頁、渡辺ほか・前掲注（2）75頁以下、毛利ほか・前掲注（2）102頁など参照。

＊8　芦部・前掲注（1）47-52頁、渡辺ほか・前掲注（1）90頁、毛利ほか・前掲注（1）109頁など参照。

＊9　国事行為の実質的決定権の所在：たとえば、内閣総理大臣は「国会の指名」（6条1項・67条1項）、最高裁判所長官は「内閣の指名」（6条2項）、憲法改正は国民投票（96条）、法律は両議院の可決（59条1項）、外交関係の処理・官吏に関する事務・政令の制定は内閣（73条2号・4号・6号）、条約は内閣と国会（73条第3号）、国務大臣の任免は内閣総理大臣（68条）によって、実質的に決定される。

＊10　芦部・前掲注（1）52-53頁など参照。

＊11　高森明勅「日本本来の皇位継承は男系も女系も容認の「双系」——動き出した女性天皇論議」（nippon.com）。https://www.nippon.com/ja/in-depth/d00954/（最終閲覧2024年1月11日）

＊12　毎日新聞社と埼玉大学社会調査研究センターが共同でおこなった世論調査「日本の世論2021」の結果による。「日本の世論2021　毎日新聞・埼玉大調査　女性天皇容認、7割超　『女系』も5割」（「毎日新聞」2022年2月24日、https://mainichi.jp/articles/20220224/ddm/002/010/031000c〔最終閲覧2024年1月11日〕）。また、2019年にNHK放送文化研究所がおこなった「皇室に関する意識調査」によれば、74%の人々が女性天皇を賛成しているという結果がある。NHKホームページ「平成から令和へ　新時代の幕開け」参照（https://www3.nhk.or.jp/news/special/japans-emperor6/〔最終閲覧2024年1月11日〕）。

＊13　高森・前掲注（11）参照。

＊14　渋谷秀樹『憲法〔第３版〕』（有斐閣、2017年）55-56頁など。

＊15　横田耕一「皇室典範をめぐる諸問題」『法律時報』48巻4号（1976年）43頁。

＊16　辻村みよ子『憲法と家族』（日本加除出版、2016年）114-116頁、三成美保＝笹沼朋子＝立石直子＝谷田川知恵『ジェンダー法学入門〔第３版〕』（法律文化社、2019年）52-53頁など参照。

＊17　「『皇族数を確保』皇位継承有識者会議報告書の要旨」（「産経新聞」2021年12月22日、https://www.sankei.com/article/20211222-3BMDQDKZMVLVNPSSIFVYI6EFJ4/〔最終閲覧2024年1月11日〕）、「（社説）皇位の報告書　これで理解得られるか」（「朝日新聞」2022年1月13日、https://digital.asahi.com/articles/DA3S15169845.html〔最終閲覧2024年1月11日〕）などの記事を参照。

＊18　かつては、独身のまま宮家が作られたこともあるそうだが、きわめて稀なケースであろう。

※本章における注以外の参考文献

渋谷秀樹＝赤坂正浩『憲法２統治〔第７版〕』（有斐閣、2019年）

松井茂記『日本国憲法〔第４版〕』（有斐閣、2022年）

第5章 平和主義

▸日本国憲法の概説

日本国憲法9条

①日本国民は、正義と秩序を基調とする国際平和を誠実に希求し、国権の発動たる戦争と、武力による威嚇又は武力の行使は、国際紛争を解決する手段としては、永久にこれを放棄する。

②前項の目的を達するため、陸海空軍その他の戦力は、これを保持しない。国の交戦権は、これを認めない。

① 平和主義の内容

第1章でも学習したように、平和主義は日本国憲法の3つの基本原理の1つである。

近時、憲法改正問題において、憲法9条が大きな争点となっているので、関心を持っている人も多いかもしれない。

日本国憲法は、平和主義を基本原理として採用し、戦争の放棄を宣言している（前文・9条）。この平和主義を採用した理由は、悲惨な戦争体験と戦争に対する深い反省にある*[1]。

日本国憲法は、

① **国権の発動たる戦争、武力の行使、武力による威嚇**の放棄（9条1項）

② 戦力の不保持（9条2項前段）

③ **国の交戦権**の否認（9条2項後段）

語句

国権の発動たる戦争…国際法上の戦争のこと。

武力の行使…国際法上の手続を経ないでおこなわれる相手国に対する事実上の武力行使全般のこと。

武力による威嚇…武力を背景にして自国の要求を相手国に強要すること。

国の交戦権…国際法上、交戦国に認められる権利（＝敵国領土の占領や敵国兵力の破壊をおこなう権利、船舶を臨検・拿捕〔だほ〕する権利など）のこと。ただし、交戦権とは文字どおり国家が戦争をする権利そのものを意味すると解する説もある*[2]。

という3点を明文で規定したほか、憲法全体の構成上も、宣戦布告や国家防衛の規定を置いていないなど、徹底した平和主義原理を採用している。

実は、日本国憲法の戦争放棄条項それ自体は新しいものではない。憲法条項として最初に採用されたのはフランス1791年憲法であり、そこでは「フランス国民は、征服の目的をもっていかなる戦争を行うことをも放棄し、かつ、いかなる国民の自由に対しても決してその武力を行使しない」と規定されていた。

その後、ブラジル（1891年）、スペイン（1931年）、イタリア（1947年）、ドイツ（1949年）などの各国の憲法で同様の条項が採用されたのである。

このような流れのなかで戦争放棄を定める日本国憲法9条1項は立憲主義の嫡流だとも言える。

ここで憲法9条の構造を見ていこう。

まず、日本国憲法9条1項では、正義と秩序を基調とする国際平和を誠実に希求し、国権の発動たる戦争、武力による威嚇、武力の行使を、国際紛争を解決する手段としては永久に放棄している。次に、同条2項では、前項（1項）の目的を達するため、戦力は保持しない。国の交戦権は認めないとしている。

② 憲法9条の法規範性

憲法9条については、それが公権力を直接拘束する法規範性を有するか否かが問題となる。通説は、法規範性肯定説がとられており、これは、憲法9条が憲法本文に掲げられている以上、法規範として公権力に対する拘束力を有すると主張するものである。

そのほかにも、憲法9条は国家の理想を示した「理論的規範」にすぎず、国政政治のマニフェストであり、公権力を直接拘束する現実的規範ではないとする「政治的マニフェスト説」や、憲法9条が公権力を有する法規範であることは認めるものの、そこには高度の政治的判断をともなう理想が込められており、裁判所がその規範的意味を確定することは困難だとして、憲法9条は裁判規範性のきわめて希薄な政治規範であり、その規範内容の確定は国会等の政治的な場でおこなわれるべきであるとする「政治規範説」がある。

③ 憲法9条によって放棄された「戦争」の意味

過去には、不戦条約（1928年）やジュネーブ条約（1949年）などによって戦争の制限ないし禁止がなされるようになると、それをかいくぐるために、宣戦布告をしないで戦闘行為をおこなう、いわゆる事実上の戦争（満州事変、支那事変）が登場した。

こうしたこともふまえて、憲法9条1項では、戦争のみならず「武力の行使」、「武力による威嚇」も放棄の対象としている*3。

そこで、憲法9条によって放棄された「戦争」とは、どのような形態の戦争なのか、あるいは憲法9条によって自衛戦争や制裁戦争も放棄されたのかという問題をめぐって、これまで学説が対立してきたのでここで確認しよう。

学説

A　限定放棄説

この説によれば、憲法9条1項で放棄された「国際紛争を解決する手段」としての戦争とは、侵略戦争のことである。憲法9条2項の「前項の目的」とは、侵略戦争を放棄するということであり、よって侵略戦争を目的としない戦力は保持できる。したがって、侵略戦争以外の戦争、すなわち自衛戦争や制裁戦争などは否定されていない。

B　遂行不能説（通説・政府見解）

この説によれば、憲法9条1項で放棄された「国際紛争を解決する手段」としての戦争とは、侵略戦争のことである（この点ではA説と同じ）。憲法9条2項の「前項の目的」とは、9条1項の「正義と秩序を基調とする国際平和を誠実に希求」することであり、その結果、一切の戦力の保持は否認される。したがって、自衛戦争や制裁戦争をおこなうことは事実上不可能になり、結局、すべての戦争が禁止されることになる。

ただし、政府見解では、自衛に必要な最小限度の実力は憲法が保持を禁止する「戦力」には該当しないので、戦力に至らない自衛力の保持や行使は認められると解されている。

C　放棄説（有力説）

この説によれば、自衛戦争を区別することはできないから、「国際紛争を解決する手段」としての戦争とは、自衛戦争を含むすべての戦争のことである。したがって、「前項の目的」の意味内容にかかわらず、すべての戦争が禁止される。

	A 限定放棄説	B 遂行不能説	C 放棄説
国際紛争を解決する手段	侵略戦争	侵略戦争	自衛戦争を含むすべての戦争
9条2項の「前項の目的」	侵略戦争の放棄	9条1項の「正義と秩序を基調とする国際平和を誠実に希求」	意味内容を問わない
放棄された「戦争」	侵略戦争	すべての戦争	すべての戦争

④ 自衛権の概念

自衛戦争の是非にかかわらず、日本国憲法でも自衛権は放棄されていないと解されている*4。この自衛権とは、外国からの急迫または現実の不当な侵害に対して、自国を防衛するために必要な一定の実力を行使する権利のことである。

しかし、自衛権が認められるということと、自衛戦争や自衛のための戦力の保持が認められることは別問題である。そこで、憲法上、どのような自衛権の行使が許されるかについて、学説に争いがある。

学説

A　自衛力肯定説（政府見解）

この説によれば、自衛権は国家が有する固有の権利であり、憲法9条によっても放棄されていない。したがって、国家の固有権としての自衛権が放棄されていない以上、自衛のために必要な最小限度の自衛力の保持・行使は認められる。

B　非武装自衛権説（通説）

この説によれば、自衛権は国家が有する固有の権利であり、憲法9条によっても放棄されていない。しかし、憲法9条2項で一切の戦力を放棄した結果、武力行使をともなう自衛権の発動はおこなえないことになる。したがって、憲法上、行使が許される自衛権は、外交交渉や警察力、民衆による抵抗などの「武力によらざる自衛権」のみである。

C　自衛戦争肯定説

この説によれば、自衛権は国家が有する固有の権利であり、憲法9条によっても放棄されていない。かつ、自衛権に基づく自衛戦争も憲法上認められる。この説は先ほどの③で述べた学説Aの限定放棄説に基づくものである。

⑤ 憲法9条で禁止された「戦力」の意味

憲法9条2項は「陸海空軍その他の戦力」の保持を禁止しているが、ここで言う「戦力」の意味が、自衛隊の合憲性ともあいまって問題となった[*5]。ここで学説を見てみよう。

学説

A　潜在能力説

この説によれば、戦力とは、戦争に役立つ可能性を持った一切の潜在能力のことである。したがって、軍事組織のほかに、港湾施設、航空機など軍事転用が可能なすべてのものが戦力に含まれる。

B　警察力を超える実力説（超警察力説、通説）

この説によれば、警察力を超える目的と実態を持つ実力、すなわち軍隊および有事の際にそれに転化しうる程度の実力部隊が戦力に当たる。ちなみに、この見解にしたがえば、現代の自衛隊は「戦力」にあたり憲法に反することになる。政府も憲法制定当初はこの見解をとっていたが、1952年の保安隊の発足にともなって政府見解を変更し、次の学説Cを採用したのである。

C　近代戦争遂行能力説（1952年当時の政府見解）

この説によれば、戦力値は、近代戦争遂行に役立つ程度の装備・編成を備えるものである。ちなみに、この見解は、保安隊と警察隊の発足（1952年）ののちに、それらの合憲性を確保するために政府が打ち出したものである。

D　自衛に必要な最小限度を超える実力説（超自衛力説、現在の政府見解）

この説によれば、戦力とは、自衛のために必要な最小限度の実力を超えるものである。自衛のために必要な最小限度の実力の範囲は、その時々の国際情勢や国際環境によって決定される。したがって、自衛のための必要な最小限度の実力組織である自衛隊は、憲法が禁止する戦力には当たらない。ちなみに、この見解は、自衛隊発足（1954年）ののち、自衛隊の合憲性を確保するために政府が打ち出したものである。

ここで自衛隊に関連する**長沼事件最高裁判決（1982年）**を学習しよう。

■自衛隊の設立経緯

1945年	敗戦→武装解除・軍隊の解体
1947年	憲法施行→戦争放棄・戦力の不保持を謳う
1950年	朝鮮戦争勃発→GHQが「再軍備」を指令→警察予備隊発足
1952年	サンフランシスコ平和条約発効→占領終了・独立回復
	日米安保条約締結→警察予備隊を保安隊（陸上部隊）と警備隊（海上部隊）に改組・増強
1954年	日米相互防衛援助協定（MSA協定）締結→保安隊・警察隊を自衛隊に改組

判例 長沼事件最高裁判決［最一小判1982年9月9日民集36巻9号1679頁］

【事件の概要】

本件は、自衛隊のミサイル基地建設に反対する住民が、自衛隊の違憲性と平和的生存権の侵害を理由に、基地建設のためにおこなわれていた保安林の指定解除処分の取消を求めた事件である。

【判旨】

まず、第一審の**札幌地裁判決（1973年）**は、憲法が禁止する権力とは、「外敵に対する実力的な戦闘行動を目的とする組織体」であると定義し、自衛隊はこの「戦力」にあたり違憲であると判示した。

これに対し、次の控訴審、**札幌高裁判決（1976年）**は、統治行為論によって憲法判断を避けた。続く最高裁判決（1982年）は、原告には訴えの利益がないとして訴えそのものをしりぞけ、自衛隊の憲法適合性については判断を下さなかった。

この判決のように、自衛隊違憲訴訟に対する最高裁の態度については、これまでに自衛隊の憲法適合性を問う数々の訴訟が提起されてきた（たとえば長沼事件、恵庭事件、百里基地訴訟など）が、最高裁は自衛隊の問題についてふれることを避け、自衛隊が違憲なのか合憲なのかについて、明確な判断は下していない。

仮に最高裁がこの問題を取り上げたとしても、統治行為論などを用いて、判断を回避することが予想される。

統治行為論とは、国家統治の基本に関する高度に政治性のある国家行為（外交、防衛など）については、その合法性が問題になったとしても、事柄の性質上、裁判所の審査権は及ばないとする理論である。次節の「日米安保条約に基づく駐留米軍の合憲性」をめぐっても裁判所は、統治行為論を使った。

⑥ 日米安保条約に基づく駐留米軍の合憲性

日本には、日米安保条約に基づいてアメリカ軍が駐留しているが、駐留米軍が憲法9条の戦力不保持規定に反しないかが問題となっていた[*6]。

判例と学界の立場が分かれているが、判例は合憲説に立ち、憲法9条2項で保持が禁止されている「戦力」とは、日本の軍隊のことであり、外国軍は「軍隊」に当たらない、とする。一方、学界の通説は、日米安保条約は日本の平和主義に反する疑いがあり、駐留米軍も日本の意思に基づいて駐留している以上、憲法9条2項でその保持が禁止されている「戦力」に当たるという見解である。

ここで、日米安保条約に関する重要な判例として、**砂川事件最高裁判決（1959年）**を学習しよう。

判例 砂川事件最高裁判決［最大判1959年12月16日刑集13巻13号3225頁］

【事件の概要】

本件は、東京都砂川町（現在の立川市）の米軍飛行場の拡張工事に反対するデモ隊が、旧安保条約に基づく刑事特別法違反で起訴された事件である。被告人らは、駐留米軍は憲法の平和主義に違反すると主張した。

【判旨】

第一審の**東京地裁判決（1959年）**が、駐留米軍は違憲であると判示したため、国側は最高裁に**跳躍上告**した。最高裁は、外国の軍隊は「戦力」に当たらないとし、また安保条約は高度の政治性を有するので、一見きわめて明白に違憲無効ではないかぎり、司法審査にはなじまないと判示したのである。

⑦ 自衛隊の海外派遣の合憲性

自衛隊はその発足以来、演習を除いて海外に派遣されることはなかった。だが、1990年代以降、自衛隊の海外派遣を可能にするための法律が相次いで成立した。集団的自衛権の問題ともからんで議論となっている[*7]。

ここでは、自衛隊の海外派遣に関する法律を見ていこう。

語句

跳躍上告…通常は①地方裁判所→②高等裁判所→③最高裁判所の順で裁判がおこなわれる。跳躍上告は①地方裁判所→③最高裁判所の順で、つまり、②高等裁判所を通り越して、①地方裁判所のあとすぐに③高等裁判所で事案を審議することを指す。

① PKO協力法（1992年）

PKOとは、「Peace-Keeping Operations」（国連平和維持活動）の略称である。

この法律によって、自衛隊の海外派遣が初めて可能となった。ただし、派遣ができるのは平時のみで、かつ国連決議に基づかなければならなかった。

2015年の平和安全法制（安保法制）制定時の本法改正では、安全確保業務や駆けつけ警護などが可能となった。これらに際しては、任務遂行のための武器使用が認められた。また、国連が関与しない「国際連携平和安全活動」についても、PKO参加5原則を満たしたうえで特定の要件が存在する場合におこなえることとなった。

② 周辺事態法（1999年／2015年、安保法制の整備にともない改正され、重要影響事態法に改称）

この法律によって、戦時の自衛隊派遣が可能となった。ただし、派遣ができるのは日本の安全に影響がある場合のみで、日本周辺地域か公海上でなければならないとされる。

③ テロ対策特別措置法（2001年／時限立法、2007年11月失効）

この法律によって、当事国の同意があれば、戦時に外国領域にも自衛隊を派遣することが可能になった。また、日本の安全に直接影響がなくてもよいとされた。

④ イラク復興支援特別措置法（2003年／時限立法、2009年8月に失効）

この法律によって、当事国（イラク）の同意がなくても、米英の占領行政機関の合意があれば、イラクに自衛隊を派遣することができるようになった。それによって、イラクの占領行政に間接的に関わることになった。

なお、その他にも、武力攻撃事態対処関連3法（2003年）*8、武力攻撃などを受けた有事における自衛隊の行動に関する法律が整備されたとする、有事事態対処法制関連7法（2004年）*9、防衛省設置法（2006年）国際平和協力活動等が自衛隊の本来任務とされた、自衛隊法改正（2006年）、海賊行為に対する武器使用などを許容し、日本関連船舶以外の船舶の警護も可能になった、海賊行為の処罰及び海賊行為への対処に関する法律（2009年）などもある。

⑧ 集団的自衛権の合憲性

自衛権は、個別的自衛権を集団的自衛権に区分することができる*10。

前者の個別的自衛権とは、ある国家から攻撃された国家が、これに反撃をするために行使する自衛権を指し、後者の集団的自衛権とは、ある国家から攻撃されてはいないが、自国と同盟関係にあるなど、密接な関係のある国家が攻撃を受けた場合、その攻撃を自国への攻撃と同視して、攻撃をした国に対して反撃するために行使する自衛権のことである。

たとえば、自分と仲のよいAちゃんという友人がいたとする。AちゃんはBちゃんからいじめを受けていたが、自分はいじめを受けていなかった。そこで、自分はAちゃんが受けているいじめを自分が受けていることと同視して、Bちゃんに自分の自衛権を行使して抵抗（攻撃）するということである。

集団的自衛権に対して、個別的自衛権は、国家の有する自然権的な権利として古くから認められていたが、集団的自衛権は、戦後になって**国連憲章51条**によって初めて導入された概念である。

2014年7月、当時の安倍晋三政権は、①日本と密接な関係にある他国に対する武力攻撃が発生し、②日本国民の生命、自由および幸福追求の権利が覆される明白な危険がある場合において、③国民を守るためにほかに適当な手段がないときに、必要最低限度の実力を行使することは憲法上可能であるとの解釈を閣議決定し、集団的自衛権行使の解禁に踏みきった。そして、2015年に、この閣議決定に基づき、安保法制が制定されたのである。

ジェンダー問題

① 戦争と性暴力

1 戦争と性奴隷

戦争があれば性奴隷が必要なのか。慰安婦制度は、戦時中、日本兵たちのストレス解消や、戦意を高めるためなどとして、日本の植民地の女性たちに性の相手をさせてきた*11。日本軍の慰安婦として強制動員されたのは、韓国、台湾、中国、インドネシア、東ティモール、フィリピン、オランダ、そして日本の女性たちであった。日本軍の慰安婦は、研究者によって見解は分かれているが、およそ4万～20万人だとされる。日本軍の慰安婦制度は、1937年からの日中全面戦争以降に本格的に運営さ

条文

国連憲章51条：この憲章のいかなる規定も、国際連合加盟国に対して武力攻撃が発生した場合には、安全保障理事国が国際の平和及び安全の維持に必要な措置をとるまでの間、個別的または集団的自衛の固有の権利を害するものではない。

れていき、1945年の敗戦までそれが続いた。日本軍は、占領した中国をはじめアジア太平洋の各地に、日本軍専用の慰安所をつくったのである[*12]。

戦時だけではなく戦後直後も、女性に対する性的搾取の社会構造があった。1945年8月17日に成立した東久邇宮(ひがしくにのみや)内閣は、兵士のための性的慰安所の設置を閣議決定し、これを受けて、全国の知事や警察に対して連合国軍進駐先に性的慰安所の設置を通達した。東京では接客業者を集めて特殊慰安施設協会（RAA: Recreation & Amusement Association）を発足させたのである[*13]。慰安所施設は米軍専用のものであり、東京だけで33か所あり、慰安婦は350人であった。ひとりの女性が最高で一日60人を相手にしたという証言もあった[*14]。

1946年3月になると、GHQは占領軍内に性病が蔓延(まんえん)したために将兵たちにRAAへの立入禁止令を出し、1949年4月には、RAAが正式に解散された。これによって、RAAで慰安婦として働いていた女性たちは、「パンパン（ガール）」と呼ばれる街娼(がいしょう)になり、自らが街頭に立ち客を誘う者も多くいた[*15]。

1950年に朝鮮戦争が勃発すると、全国の米軍基地周辺では売買春が増加していった。同時に、米軍側は、米兵の「安全な買春」を確保するために、女性に対する性病予防を徹底させていたとされる[*16]。その際、女性が性病に感染していれば「占領行政の邪魔をした」として軍事裁判にかけられ、6か月間の重労働に課せられたりしたのである。

2 沖縄と日米地位協定[*17]

米軍は、日本本土に上陸するための武器や食料・燃料の補給基地として沖縄を占領する必要があり、沖縄を攻撃した。1946年3月26日から降伏文書に調印した同年9月7日まで、地上戦がおこなわれた沖縄戦である。沖縄戦では20万以上もの人々が犠牲になり、そのうち日本兵の戦死者は約6万6000人、アメリカ兵の戦死者は約1万2500人であった。沖縄県民の犠牲者は一般住民が約9万4000人（推計）、沖縄出身の軍人・軍属が約2万8000人で、合計約12万2000人であった。朝鮮半島から連れてこられた人々も少なくとも300人以上が犠牲になり、軍人や軍属よりも一般の犠牲者が上回ったことが、沖縄戦の大きな特徴だと言われている[*18]。

戦時中の沖縄には約10万の日本軍が駐留していた。1952年の対日講和条約発効後に日本各地に米軍基地がつくられたが、その75%は沖縄に集中している。

沖縄が1972年に返還されて以降、2023年末までのアメリカ軍関係者の刑法犯の検挙件数は6235件にのぼっている。沖縄県警察本部のまとめによれば、1972〜2021年の復帰後50年で、米軍構成員等（米軍人、軍属、その家族）の刑法犯による摘発は6109件、摘発者は6018人にのぼる。その期間の刑法犯による米軍構成員等の摘発のうち、米軍人の摘発は4789件、4843人と全体の約8割を占めた。殺人や強盗、強制性交等の凶悪犯の摘発は584件、757人にのぼり、このうち強盗が398件、553人ともっとも多かった。次に、強制性交等が134件、157人となっており、いずれも約9割は米軍人による犯行である*19。実際には、強制性交等は暗数が多いと考えられるため、実数はさらに多いと思われる。

米軍による凶悪犯罪であっても、米軍関係者は捜査や起訴を免れることが多い。その背景にあるのが、米軍の特権を定めている日米地位協定である。その17条によれば、米軍人や軍属が公務中に犯した犯罪は、第一次裁判権がアメリカ側にある。他方で、米軍人や軍属が、公務外で犯した犯罪については、第一次裁判権は日本側にあるとされているが、事件を起こした米軍人や軍属が基地内に逃げ込み、アメリカ側が先に身柄を確保すれば、日本側が起訴するまでその身柄が引き渡されないのである。

1995年の沖縄少女暴行事件以後、地位協定の運用が改善されたが、日米同盟が優先される状況は変わっていないとされる。米軍占領後1945～1949年のあいだに米兵士による殺人・傷害・強姦事件は76件に及び、1955年、6歳の少女が米兵に強姦され殺害された事件（由美子ちゃん事件）*20は大規模な抗議集会を引き起こした。

この事件は、石川市（現在のうるま市）に住んでいた当時6歳だった永山由美子ちゃんが、当時、米軍嘉手納（かでな）基地所属の軍曹だったアイザック・J・ハートによって誘拐され、強姦されたあとに殺害された事件である。沖縄で米軍の犯罪が大きく取り上げられた最初の事件とされている。

殺害された由美子ちゃんは、嘉手納の米軍部隊のゴミ捨て場に捨てられており、発見されたときには、由美子ちゃんは唇をかみしめて、左手に数本雑草を握りしめていたそうである*21。由美子ちゃんの遺体が発見された1週間後、ハートは逮捕された。彼は、軍法会議（1955年）とアメリカの軍事上訴裁判所（1958年）から死刑判決を受けたが、当時のアメリカのアイゼンハワー大統領の裁決や、アメリカ上院やフォード政権の司法長官宛に送った嘆願書の影響により、重労働刑への減刑は、仮釈放をしないことを条件とする重労働45年に減刑された。しかし、1971年、彼は、当時のアメリカのフォード大統領の裁決によって仮釈放されている*22。

② 女性兵士問題

女性も男性と同様に兵士になることも平等なのか。実際に、女性にも男性と同様に、兵士になるという選択肢が開かれているべきだと主張するリベラル・フェミニズムの立場もある。

国際的な平和・安全保障におけるジェンダー主流化は、女性と平和と安全に関する安保理決議1325号（2000年）が大きな契機になった。同決議は、紛争予防や紛争解決、PKO活動を含む平和と安全に関するすべての事項におけるジェンダー主流化を図ろうとするものであり、この分野における国連の重要な指針である。

2026年には、法改正を経てデンマークが女性も徴兵の対象に加える。国防予算の増加とともに、軍の強化の一環のためである。今回の女性の徴兵は、欧州では2015年のノルウェー、2018年のスウェーデンに続いて3か国目であるという。フレデリクセン首相は「戦争がしたいからではなく、回避するために軍部を再編する」と述べた。これは、ロシアの脅威の高まりを受けたことからである[*23]。

現在もなお、緊迫するウクライナでは女性兵士が22％であり、欧州でもきわめて高い割合であると言われている[*24]。イスラエル軍も、女性は18歳になったら2年徴兵されている。

ウクライナやイスラエルに限らず、世界で軍事・国防分野への女性の進出が拡大しつつあると言われる。1990年代後半以降、多くの国で女性兵士が増えている。たとえば、大西洋条約機構（NATO）加盟国の軍隊における女性の割合は平均で13％である。北欧のノルウェーやスウェーデンなども多様性の推進を理由として、女性の徴兵を義務化した。日本においても防衛相は、女性自衛官の割合は現在、全自衛官の約8.9％（2024年3月末）であり[*25]、これを2030年までに12％以上に増やそうとしている。

しかし、女性自衛官の人数を増やせばジェンダー平等は達成されるのだろうか。このような女性自衛官をはじめ、軍事や国防分野への女性の進出拡大の促進に関しては「隠れた動機」があることに注意が必要であるとされる[*26]。その動機とは、少子化の下での兵力維持とプロパガンダのために女性の動員を拡大しようとするものである。

前者については、少子化が進む国や戦闘が長期化している国では、軍隊が男性だけでは賄えなくなっている実情がある。たとえば、韓国では合計特殊出生率が0.78人と少子化が進み、兵力の維持が困難となっている。

後者については、ウクライナ政府公式交流サイトでは、武器を持ってウクライナに残るという女性兵士の画像や動画が投稿されている。その姿は、総動員令で国外避難が原則禁止された男性にとって、「女が戦っているのに逃げるのか」という言外の圧力とするプロパガンダとしても機能すると言われる。

注

＊1 芦部信喜（高橋和之補訂）『憲法（第8版）』（岩波書店、2023年）54-57頁、渡辺康行＝宍戸常寿＝松本和彦＝工藤達朗『憲法Ⅱ　総論・統治』（日本評論社、2020年）131頁、毛利透＝小泉良幸＝淺野博宣＝松本哲治『憲法Ⅰ　総論・統治（第3版）LEGAL QUEST』（有斐閣、2022年）133頁など参照。
＊2 芦部・前掲注（1）69頁、渡辺ほか・前掲注（1）138頁、毛利ほか・前掲注（1）139頁など参照。
＊3 芦部・前掲注（1）56-58頁など参照。
＊4 芦部・前掲注（1）59-62頁など参照。
＊5 芦部・前掲注（1）62-65頁、渡辺ほか・前掲注（1）134頁、毛利ほか・前掲注（1）136頁など参照。
＊6 芦部・前掲注（1）69-70頁、渡辺ほか・前掲注（1）141頁、毛利ほか・前掲注（1）151頁など参照。
＊7 芦部・前掲注（1）66-68頁など参照。
＊8 安全保障会議設置法の一部を改正する法律、武力攻撃事態等における我が国の平和と独立並びに国及び国民の安全の確保に関する法律（武力攻撃事態対処法）、自衛隊法及び防衛庁の職員の給与等に関する法律の一部を改正する法律。
＊9 武力攻撃事態等における国民の保護のための措置に関する法律（国民保護法）、武力攻撃事態等におけるアメリカ合衆国の軍隊の行動に伴い我が国が実施する措置に関する法律、武力攻撃事態等における特定公共施設等の利用に関する法律、国際人道法の重大な違反行為の処罰に関する法律、武力攻撃事態における外国軍用品等の海上輸送の規制に関する法律、武力攻撃事態における捕虜等の取扱いに関する法律、自衛隊法の一部を改正する法律。
＊10 芦部・前掲注（1）60-62頁、渡辺ほか・前掲注（1）147頁以下など参照。
＊11 琉球朝日放送報道制作局「戦後70年 遠ざかる記憶 近づく足音 伊江島にあった慰安所が問うもの」（2015年11月17日）。https://www.qab.co.jp/news/2015111774886.html（最終閲覧2024年1月17日）
＊12 アクティブ・ミュージアム「女たちの戦争と平和資料館」（wam）ホームページ「『慰安婦』Q＆A」など参照。https://wam-peace.org/ifaq/ifaq（最終閲覧2024年3月22日）
＊13 平井和子「日本占領をジェンダー視点で問い直す――日米合作の性政策と女性の分断」『ジェンダー史学』10号（2014年）8頁など参照。
＊14 貴志謙介「終戦わずか2週間後「東京の慰安婦」は米軍のいけにえにされた」（現代ビジネスホームページ2018年8月15日）。https://gendai.media/articles/-/56962（最終閲覧2024年3月21日）
＊15 村上勝彦『進駐軍向け特殊慰安所RAA』（筑摩書房、2022年）など参照。
＊16 平井・前掲注（13）9頁参照。
＊17 本節以下は三成美保＝笹沼朋子＝立石直子＝谷田川知恵『ジェンダー法学入門〔第3版〕』（法律文化社、2019年）74-75頁などに大きく依拠している。
＊18 琉球新報「沖縄戦って、どんな戦争だったの？」など参照。https://corp.ryukyushimpo.jp/okinawasen/sensou01（最終閲覧2024年4月17日）
＊19「復帰後50年、米軍関係の摘発は6018人　性的暴行後絶たず　軍属女性殺害から6年」（「琉球新報」2022年4月28日）など参照。https://ryukyushimpo.jp/news/entry-1509237.html（最終閲覧2024年3月22日）
＊20 1955年9月3日、沖縄本島の嘉手納村（現在の沖縄県中頭郡嘉手納町兼久）で発生した強姦殺人事件。
＊21 佐野眞一『沖縄 だれにも書かれたくなかった戦後史』（集英社インターナショナル、2008年）656頁、「草を握りしめた幼い手『鬼畜にも劣る残虐な行為』　沖縄の人々の怒りを呼ぶ」（沖縄タイムスプラス2021年9月23日）。https://www.okinawatimes.co.jp/articles/-/835342（最終閲覧2024年4月17日）
＊22「刑期の半分以下『異常だ』　仮釈放されていた幼女殺害の米兵　『沖縄で起きたことだからか』怒りの声」（沖縄タイムスプラス2021年9月23日、https://www.okinawatimes.co.jp/articles/-/835340〔最終閲覧2024年4月17日〕）、「死刑の米兵、仮釈放されていた　沖縄の幼女殺害『政治の犠牲』と主張　米政府は墓石を提供」（同2021年9月23日、https://www.okinawatimes.co.jp/articles/-/835298〔最終閲覧2024年4月17日〕）、「死刑→重労働45年『減刑は権限逸脱』　大統領決裁に軍法務部が抗議　55年の由美子ちゃん事件」（「琉球新報」2021年9月3日、https://ryukyushimpo.jp/news/entry-1386446.html〔最終閲覧2024年4月17日〕）など参照。
＊23「デンマーク、女性も徴兵へ　欧州3カ国目、男女平等・軍強化理由に」（朝日新聞デジタル2024年3月14日）。https://www.asahi.com/articles/ASS3G1GP8S3FUHBI03F.html（最終閲覧2024年3月22日）
＊24「ウクライナ軍を変えた『見えない大隊』　女性兵士たちが闘った相手は」（「朝日新聞」2022年7月14日）。

https://digital.asahi.com/articles/ASQ7F5VDSQ75UHBI04G.html（最終閲覧2024年4月17）

＊25「令和6年版　防衛白書」によれば、2024年3月末の時点で約2万人である。https://www.mod.go.jp/j/press/wp/wp2024/html/n420302000.html（最終閲覧2025年1月21日）

＊26 佐藤文香の発言による。本節の多くは「軍事とジェンダー『隠れた動機』見落とすまい」ヒロシマ平和メディアセンターホームページ参照。https://www.hiroshimapeacemedia.jp/?p=137572（最終閲覧2024年1月18日）

※本章における注以外の参考文献

佐藤文香『女性兵士という難問――ジェンダーから問う戦争・軍隊の社会学』（慶応義塾大学出版会、2022年）
渋谷秀樹＝赤坂正浩『憲法2統治〔第7版〕』（有斐閣、2019年）

第6章 基本的人権総論（1）：国内基準から国際基準へ

▸日本国憲法の概説

① 人権の歴史

本章では、はじめに、近代憲法が保障する人権の歴史を概観する*1。この歴史的展開についてここで理解しよう。

1 人権概念の成立（18世紀後半）

まず、18世紀後半、**自然権思想**や**社会契約説**を背景として、近代市民革命が起こされるとともに、個人の自由と平等を基調とする近代的・個人主義的な人権概念が成立した。

たとえば、ヴァージニア権利章典（1776年）では、「すべての人は、生来等しく自由かつ独立しており、一定の生来の権利を有するものである」と規定されている。アメリカ独立宣言（1776年）では、「すべての人は平等に作られ、創造主によって、一定の奪いがたい天賦の権利を付与されている」と規定されている。さらに、フランス人権宣言（1789年）では、「人は自由かつ権利において平等なものとして出生し、かつ生存する」と規定されている。このような規定から、近代的で個人主義的な人権概念が成立したとわかる。

2 自由国家の成立（19世紀）

次に、人権が憲法に実定化されるとともに、自由国家が成立した。この自由国家においては、「国家からの自由」という性質を持った自由権が重視され、なかでも経済的自由権が尊重された。その経済的自由権が尊重された結果、人々の経済活動が活性化し、経済規模の拡大や資本主義を促した。

語句

自然権思想…人間は生まれながらに自由かつ平等であり、一定の権利（生来の権利：自然権）を有しているという思想。
社会契約説…自然権思想を前提として、国家や政治社会は、自由な諸個人の契約によって成立するという考え方。

また、「国家への自由」という性質を持った参政権が拡大した。

3 自由権から社会権へ（19世紀後半〜20世紀初頭）

その後、産業革命を経て資本主義が高度化すると、貧困や失業といった資本主義の弊害が露呈し、社会的弱者の救済が求められるようになった。そこで、20世紀になって制定された各国の憲法は「国家による自由」という性質を持つ社会権を規定し、労働者や社会的弱者の権利を保障するようになったのである。

たとえば、ワイマール憲法（1919年）151条1項では、「経済生活の秩序は、すべての者に人間に値する生活を保障することを目的とする正義の原則に適合しなければならない」と規定された。

4 法律による保障から憲法による保障へ（20世紀半ば）

19世紀のフランスやドイツにおいては、形式的な**法治主義**に基づいて、人権は法律によって保障されるという考え方がとられていた。

しかし、**形式的法治主義**は、ナチズムやファシズムの台頭を防げなかった。

そこで戦後は、人権は法律によっても侵されないという「人権の法律からの保障」が強調され、「憲法による人権保障」が定着していった。

たとえば、ドイツ（西ドイツ）基本法（1949年）1条3項では、「以下の基本権は、直接に適用できる法として、立法、行政及び裁判を拘束する」と規定されたし、日本国憲法（1947年）11条においても、「この憲法が国民に保障する基本的人権は、侵すことのできない永久の権利として、現在及び将来の国民に与へられる」と規定されている。

5 国内的人権保障から国際的人権保障へ（20世紀半ば以降）

そして、人権思想の発展にともなって、人権を国際的に保障していこうとする傾向が強まり、とりわけ第二次世界大戦後、各種の人権条約が締結された。たとえば、世界人権宣言（1948年）14条1項では、「すべて人は、迫害を免れるため、他国に避難することを求め、かつ、避難する権利を有する」と規定されている。

語句

法治主義…第2章でも学習したが、イギリスで発展した法原理であり、何人も正義の観念に基づいて正しい法以外のものには支配されないという原理である。
形式的法治主義…戦前のドイツで生まれた考え方であり、法律によりさえすれば人権を制限することも許されるという考え方である。法律の内容が個人の権利を侵害するものであっても、その法が議会によって制定されたものであれば法律として認められたということである。

特に1960年代以降、各種の個別的人権を保障するための条約が相次いで成立し、こうした条約を通じて、いかなる国家でもしたがわなければならない一定の国際人権基準がつくられていった。たとえば、人種差別撤廃条約（1965年採択）、国際人権規約（1966年採択）、女性差別撤廃条約（1979年採択）、拷問等禁止条約（1984年採択）、子どもの権利条約（1989年採択）などの条約が採択された。

② 人権の類型

人権はその内容によって①自由権、②参政権、③社会権、④国務請求権（受益権）というように大別される*2。これらを順に説明していく。

① 自由権

国家が個人の領域に対して権力的に介入することを排除して、個人の自由な意思決定と活動を保障するための人権である。

自由権は、内容的に精神的自由権、経済的自由権、人身の自由に分けられる。

② 参政権

国民が国政（国の政治）に参加する権利。国民が自由であるためには、国政に参加していくことが望ましいので、参政権は自由権に仕える権利であるとされる。

参政権の代表例として、選挙権と被選挙権があげられるが、公務就任権や最高裁判所裁判官の国民審査権なども参政権に含まれる。

③ 社会権

「①人権の歴史」の特に「3 自由権から社会権へ（19世紀後半～20世紀初頭）」で学習したように、資本主義の弊害から、社会的弱者や経済的弱者を救済するために保障されるようになった権利である。この権利は、「20世紀的な権利」とされ、人間に値する生活ができるように国家の積極的な配慮を求める権利である。

社会権には、勤労権、労働基本権、生存権などが該当する。

④ 国務請求権（受益権）

国家に対して一定の請求をおこなう権利である。

国務請求権には、裁判を受ける権利、請願権、国家賠償請求権、刑事補償請求権などが該当する。

基本的人権は、その権利性の違いによって具体的権利と抽象的権利に分けることができる。前者の具体的権利とは、その人権が侵害された場合に、直接、裁判的救済を求めることができる人権であり、後者の抽象的権利とは、その人権が侵害された場合であっても、直接的には裁判的救済を受けられない人権である。この抽象的権利が裁判的救済を受けるためには、権利の内容や救済手続を具体的に定めた法律が必要になる。

③ 明治憲法の人権保障

日本国憲法が施行される前の明治憲法も「臣民権利義務」として人権を規定していた。しかし、それは外見的人権宣言にすぎなかった。したがって、明治憲法は、形式的に人権を保障しているにすぎず、このような立憲主義は「外見的立憲主義」と呼ばれた。

ここで、明治憲法における人権規定の 3 つの特徴を学習しよう。

①人権を自然権として考えるのではなく、天皇が臣民に対して恩恵的に与えたものと考えていた。

②人権規定は全15か条で、伝統的な自然権に限られ、保障の範囲が限定されていた。

③言論出版・集会結社の自由などは「法律ノ範囲内ニ於テ」認められているにすぎなかった（「法律の留保」など）。

ちなみに、法律の留保とは、国家は法律上の根拠がなければ、国民の権利・自由を制限できないという原則である。

④ 人権の観念

ひるがえって、日本国憲法の基本的人権は、「固有性」「不可侵性」「普遍性」という 3 つの性質を持っているとされる*3。その特質を順に学習しよう。

まず、人権の「固有性」とは、人権は、憲法や天皇から与えられたものでなく、人間であることにより当然に有する権利であるということである。次に、人権の「不可侵性」とは、人権は、原則として公権力によって侵されないということである。最後に、人権の「普遍性」とは、人権は、人種、性、身体などの区別に関係なく、人間であることに基づいて当然に共有できる権利であるということである。

人権の持つこれら 3 つの性質を「人権の観念」と呼ぶ。

⑤ 人権の根拠——人間の尊厳

人権の根拠、すなわち人間が生まれながらにして普遍・固有・不可侵の人権を有していると考えられる根拠は、一人一人の個人の「人間の尊厳」に求められる*4。

人間の尊厳とは、人間は一人一人が人格の担い手として尊い存在であるということであり、このような考え方を「人間の尊重の原理」、または「個人の尊重の原理」と言う。人格とは、自らの自由な意思に基づいて行動する自律的な主体、またはそうした主体となる能力のことである。

憲法は、自律的な個人の尊厳性を維持するために必要な一定の権利を、実定的な法的権利として確認したものである。日本国憲法では、13条で「すべて国民は、個人として尊重される」と規定されているように、個人（人間）の尊厳の原理が宣言されている。

人権の根拠に関しては、かつては神の意思を根拠とする神学説（神意説）や自然法を根拠とする自然法説、社会通念・慣習等を根拠とする社会通念説などがあった。

しかし、人権の根拠を神の意思や自然法思想、あるいは社会通念などに求めると、同じ宗教を信じていない人や自然法思想を信じていない人、または社会通念を共有していない人のあいだでは、人権は根拠を持たなくなる。

したがって、現在では、人権の根拠を人間の尊厳に置くという考え方が広く受け入れられている。

⑥ 基本的人権の権利性

基本的人権は「権利」としての性格を有するが、一般的に使われる「権利」とは必ずしも同じ意味ではなく、かつ人権の種類によって権利性に違いがある。

基本的人権は、その権利性によって「背景的権利」「法的権利」「具体的権利」「抽象的権利」に分けることができる。

① 背景的権利

この権利は、それぞれの時代の要請に応じて主張されるもので、まだ憲法上の実定的人権とは認められていないようなものを言う（例：嫌悪権）。また、②の法的権利を生み出す母体として機能する。

② 法的権利

この権利は、主として、憲法の明文規定で保障された権利のことである。ただし、①の背景的権利であっても、一定の要件を満たすことによって憲法上保障されるようになれば法的権利となる（例：プライバシー権）。

③ 具体的権利、抽象的権利

まず、法的権利のうち、直接、裁判的救済を求めることができる人権を具体的権利と言う。

反対に、法的権利のうち、直接には裁判的救済を受けられない権利を抽象的権利と言う。ただし、抽象的権利でも、それを保障するための具体的な法律が制定されれば、その法律を通して間接的に裁判的救済を求められる(例:生存権)。

図で表すと下のようになる。

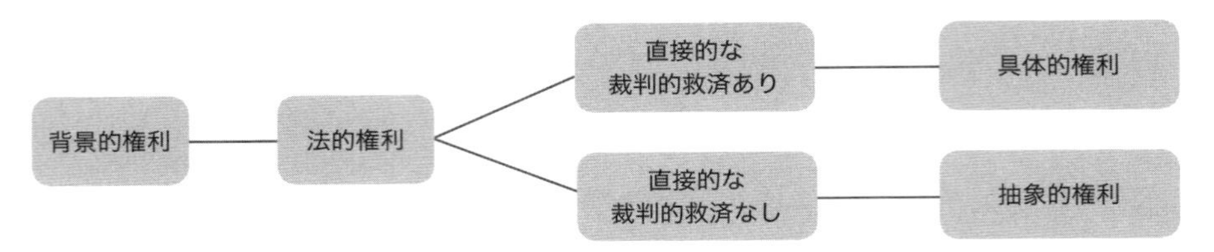

ちなみに、ドイツでは、憲法に規定された権利、および憲法から解釈上導かれる権利を「基本権」と、自然権的な「人権」とは分けて考えるのが一般的である。日本でもこの考え方に則って、「憲法が保障する権利」と「基本的人権」とは区別して論じるべきであると主張する見解もある。

⑦ 制度的保障

人権規定のうちには、人権を保障するもののほかに、権利・自由の保障と密接に結び合って一定の「制度」を保障していると解されるものがある。

このように、人権を保障するための一定の制度に対して特別の保護を与え、制度それ自体を保障することを「制度的保障」と言う*5。

制度的保障とは、人権を保障するための制度に憲法的な価値を認めて、人権それ自体ではなく、制度を保護し、その核心部分の変更を禁じることである。

一般的には、信教の自由を保障するための政教分離、学問の自由を保障するための大学の自治などが、制度的保障としてあげられる。

制度的保障の問題点としては次のようなことがある。そもそも制度的保障の理論は、形式的法治主義をとっていた戦前のドイツにおいて、立法権による人権侵害を阻害することを目的として考案されたものである。

したがって、形式的法治主義の思想を否定している日本国憲法のもとでは、制度的保障を維持する必要はあまりない。

そこで、日本国憲法のもとでは制度的保障を認めるためには、①立法によっても争うことのできない制度の核心的内容が明確であること、②制度と人権の関係が密接であること、という2つの要件を満たさなければならないとされる。

⑧ 人権の享有主体

1 人権の享有主体

そもそも人権は人間である以上当然に共有できる普遍的な権利である。

その一方、日本国憲法第3章の表題は「国民の権利及び義務」となっており、また11条および12条では、それぞれ「国民は、すべて基本的人権の享有を妨げられない」（11条）、「この憲法が国民に保障する自由及び権利は、……」（12条）と規定されている。

つまり、憲法の文言上は、人権の享有主体を「国民」に限定するかのような規定となっている。そこで、「国民」の範疇（はんちゅう）に入らない外国人や、「国民」に含まれるか否かが判然としない天皇・皇族、あるいは自然人ではない法人などは、人権の主体とは認められないのかが問題となる。これを人権の享有主体（性）の問題と言う*6。

2 天皇・皇族の人権享有主体性

天皇や皇族は「国民」であるのか。国民であるとしても人権は認められるのか。これに関する学説は次のとおりである*7。

学説

A　肯定説（通説・政府見解）

この説によれば、天皇および皇族も「国民」に含まれ、人間であることに基づいて認められる権利は保障される。ただし、皇位の世襲制と職務の特殊性、ないし天皇の象徴たる地位に基づく必要最小限度の人権の制約はともなう。

天皇と皇族では、その地位や職務が異なるため、人権保障の範囲に若干の違いはある。

B　天皇と皇族とを分けて考える説

この説によれば、天皇はその地位の特殊性から「国民」に入らないが、人権規定も可能なかぎり適用される。皇族は国民に入るが、皇位継承に関係のあるかぎりで、多少の制約を受ける。

C　否定説

この説によれば、憲法14条の法の下の平等条項から考えれば、天皇・皇族の得ている特権ないし課されている制約は説明がつかない。したがって、天皇・皇族ともに国民とは認められず、国民と同様の人権は保障されない。

一般的には、選挙権は天皇・皇族には認められず、婚姻の自由、財産権、言論の自由なども、天皇・皇族の地位の特殊性から見て、一定の制約を受けると考えられている。

3 法人の人権享有主体性

人権は個人の権利であるから、その主体は本来、人間でなければならない。しかし、私たちが暮らしている社会には、人々がともに集まり活動をしている組織もある。たとえば、企業（会社）などをここではイメージしてほしい。経済社会の発展にともなえば、法人やその他の団体の重要性が増大してくる。それによって、法人が人権の享有主体となれるか否かが問題となる。学説は次のとおりである*8。

学説

A　肯定説（権利性質説、通説・判例）

この説によれば、法人は現代社会において、重要な役割を担っており、また法人の活動は自然人を通じておこなわれ、その効果は究極的には自然人に帰属する。よって、法人にも性質上可能なかぎり人権は認められる。

B　消極説（有力説）

この説によれば、近代憲法が生まれた市民革命期には自由かつ平等な個人によって構成される市民社会をつくることが追求された。よって、近代憲法の人権は、あくまで自然人たる個人を主体としていた。

今日でも、巨大化する法人が個人の権利を侵害している事例は多く、「国家からの人権」と並んで「法人からの人権」が保障されなければならない。したがって、法人の人権享有主体性を安易に認めるべきではなく、原則として法人は憲法上の人権を享有しないと考えるべきである。

法人の人権享有主体性に関連する**八幡製鉄政治献金事件最高裁判決（1970年）**を確認しておこう。

判例　八幡製鉄政治献金事件最高裁判決［最大判1970年6月24日民集24巻6号625頁／判時596号3頁］

【事件の概要】

本件は、八幡製鉄の代表取締役が自民党に政治献金したことに対し、同社の株主が代表取締役の責任を追及して提起した事件である。

【判旨】

最高裁は、憲法第3章の規定は、性質上可能なかぎり法人にも適用されると判示した。同時に、最高裁は、法人たる会社は政治的行為をなす自由を有しており、政治献金においても自然人たる国民と別扱いをするべきではないとして、法人の政治献金になんらの制約も加えなかった。

このように、通説・判例では、法人にも人権享有性が認められるとされている。

4 外国人の人権享有主体性

外国人(=日本国籍を有しない者)は、当然国民ではないが、外国人に人権が認められるか否か、認められるとしてもどの程度の人権が保障されるのかが問題となる*9。これに関する学説を見ていこう。

学説

A 否定説(かつての有力説)

この説によれば、憲法第3章の表題は、「国民の権利及び義務」とされており、外国人に人権の保障は及ばず、外国人の人権は立法政策の問題である。否定説は、人権の固有性や普遍性という理念と相容れないため、今日、否定説を支持する学説は少ない。

B 文言説

この説によれば、人権規定のうち、「何人も」という表現で保障されている人権に関しては、外国人にも保障される。

C 準用説

この説によれば、憲法は本来、国民を主体としているため、外国人については憲法の人権規定を適用するのではなく、準用して国民と等しく取り扱うべきである。

D 権利性質説(通説・判例)

この説によれば、権利の性質上、日本国民のみを対象としていると解されるものを除き、外国人にも人権は認められる。

ここで、外国人の享有主体性に関連する**マクリーン事件最高裁判決(1978年)**を確認しておこう。

判例 マクリーン事件最高裁判決[最大判1978年10月4日民集32巻7号1223頁]

【事件の概要】

本件は、アメリカ人のマクリーン氏が、日本在留中に政治的活動をおこなったことを理由として、在留期間の更新を拒否されたので、その処分の取消を求めた事件である。

【判旨】

最高裁は、権利の性質上、日本国民のみをその対象としたと解されるものを除き、人権の保障は外国人にも及ぶと判示した。ただし、在留期間の更新は法務大臣の裁量に任されるとして、マクリーン氏の訴えは認めなかった。

5 未成年の人権

未成年にも人権は認められるが、未成年者は身体的・精神的にも発達段階にあるので、成人に比べて人権を制限されている*[10]。たとえば、未成年者には選挙権は与えられておらず、婚姻の自由や財産権も制限を受ける。

6 在監者の人権

在監者にも人権保障は及ぶが、在監関係を維持するために必要な最小限度の制約は受ける。たとえば、在監者の表現の自由、通信の秘密、居住・移転の自由などは制限を受ける。

7 公務員の人権

公務員にも当然人権は認められるが、その職務の性質上、一定の制約を受ける場合がある。たとえば、公務員の政治活動の自由や労働基本権は制限されている。

ジェンダー問題

① 女性差別撤廃条約とは

女性差別撤廃条約（正式名称「女子に対するあらゆる形態の差別の撤廃に関する条約」）は、男女間の完全な平等を達成することを目的にして、前文と30か条から構成されている。

国連では、1945年発行の国連憲章で男女平等と女性の権利保障への決意を示したのち、1946年に、女性の地位委員会を設立し、同委員会では女性の法的権利の整備にとりくみ、1967年に女性差別撤廃宣言を発した。そして、その宣言を条約に発展させるために、女性の地位委員会では、1974年から草案づくりをはじめて、1979

年の第34回国連総会で女性差別撤廃条約が採択された。日本では同条約を1985年に締結、1986年に施行した。

女性差別撤廃条約は、国連憲章から女性差別撤廃宣言までの一般的な性差別禁止の表明とは異なる大きな意義を有していた*11。特に重要な点として4つあげられている*12。

① 包括的な性差別撤廃

女性差別撤廃条約は、国や公的機関による差別だけではなくて、個人や団体、企業など社会的権力も含めて、私人間による差別撤廃を規定しており(2条〔e〕)、また、法や規制だけでなく慣習・慣行も差別の対象に入れている(2条〔f〕)。それとともに、性別役割分業論の克服、それによる事実上の平等の確保も課題にされている(5条〔a〕など)。

そのための手段として、「締約国が男女の事実上の平等を促進することを目的と」する暫定的特別措置(アファーマティブ・アクション〔積極的差別是正措置〕、ポジティブ・アクションなどとも言う)を認めている(4条1前段)。

② 女性の権利獲得の明確化

女性差別撤廃条約は、国連憲章以降で示されてきた人権の普遍性の承認を前提として、女性の権利獲得の観点をいっそう明確にしたものであるとされる。政治的、経済的、社会的活動における諸権利を女性の権利として列挙保障し(11条など)や雇用上の諸権利や婚姻・家族関係における諸権利(16条など)が、男女同一の権利として明記された*13。

③ 国際的視点に立った平和とジェンダー平等、人権の男女平等、女性の人権の相互関係

国際女性年の「平等・発展(開発)・平和」という目標をふまえて、ジェンダー平等の促進と権利の共有の目標の達成条件として、条約の前文で、アパルトヘイト、植民地主義等の根絶、軍備縮小等が強調された。

④ 女性差別撤廃の必要な措置の規定

女性差別撤廃の実効性の担保のための措置として、国家報告制度(締約国から国連への報告義務/18条)、女性差別撤廃委員会の設置と勧告制度(17条・19条~22条)が定められた。同時に、「締約国は、自国においてこの条約の認める権利の完全な実現を達成するためのすべての必要な措置をとることを約束する」(24条)ということも明記している。

② 女性差別撤廃条約の日本の批准までの課題

前節で紹介した重要な点が規定された女性差別撤廃条約の批准に向けて、日本の場合は、明らかな条約違反の法制度の改正と教育を再検討する必要性があった。そのために、日本の国内法などが同条約に合うように次の3つの課題があった。その内容を順に見ていこう。

① 国籍法の改正

この改正前の国籍法は、父系優先血統主義をとっており、日本人女性の配偶者である外国人男性には厳しい制限をかけていた。また、子どもの国籍についても、日本人男性と外国人女性のあいだに生まれた子どもは日本国籍を取得できたが、外国人男性と日本女性のあいだに生まれた子どもには日本国籍が取得できないという差別的な規定が設けられていた*14。

これを規定した国籍法は、女性差別撤廃条約9条2項の「子どもに国籍が与えられる際の男女平等の権利」に違反しており、国内法整備のために1984年に、同法が改正された。その結果、1985年から、父母両系主義へ変更され、日本人女性と外国人男性の間に生まれた子どもも日本国籍を取得できるようになったのである。

② 家庭科共修の実現

「家庭科」の授業科目が男女共通必修になる以前は、女子のみの必修科目であった。日本の戦後教育では、中学校では、1958年に女子が家庭科を学習することになり、高等学校では、1973年に、「家庭科」が女子のみ必修であった。

このように「家庭科」が女子のみの必修になったのは、1950年代当時、日本も諸外国と同様に経済発展のための経済界の要請があった。それによって、男子は社会で役立つ「技術」を、女子は家庭役割をするための「家庭」について学習するという、いわゆる性別役割分業を前提とした男女別の教育カリキュラムであった。このような女子のみの「家庭科」科目の必修が、女性差別撤廃条約10条(b)の「教育における男女平等」に反することから、学習指導要領の改正が示されることになった。

③ 男女雇用機会均等法の制定

日本の労働基準法では、賃金について女性を差別することを禁止しており(4条)、それ以外の労働条件などについての男女差別禁止の規定はなかった。そのために、雇用や昇格などのあらゆる待遇について、男女差別があるケースが多く存在していた。

このような雇用における男女差別の状況は、女性差別撤廃条約11条「雇用の分野における女子に対する差別を撤廃するためのすべての適当な措置をとる」とする規定に反していた。そのために、1985年に、男女雇用機会均等法(正式名称「雇用の分野における男女の均等な機会及び待遇の確保等に関する法律」）が制定され、1986年に施行されたのである。

注

＊1 芦部信喜（高橋和之補訂）『憲法（第８版）』（岩波書店、2023年）77-81頁、渡辺康行＝宍戸常寿＝松本和彦＝工藤達朗『憲法Ⅰ　基本権（第２版）』（日本評論社、2023年）５頁以下、毛利透＝小泉良幸＝淺野博宣＝松本哲治『憲法Ⅱ　人権（第３版）LEGAL QUEST』（有斐閣、2022年）3-7頁など参照。
＊2 芦部・前掲注（1）85-86頁、渡辺ほか・前掲注（1）20頁、24頁、毛利ほか・前掲注（1）17-18頁など参照。
＊3 芦部・前掲注（1）82-84頁など参照。
＊4 芦部・前掲注（1）84-85頁など参照。
＊5 芦部・前掲注（1）88-89頁、毛利他・前掲注（1）16-17頁など参照。
＊6 芦部・前掲注（1）89頁、毛利他・前掲注（1）19頁など参照。
＊7 芦部・前掲注（1）90-91頁、毛利他・前掲注（1）22-23頁など参照。
＊8 芦部・前掲注（1）91-94頁、毛利他・前掲注（1）32-35頁など参照。
＊9 芦部・前掲注（1）94-100頁、毛利他・前掲注（1）23-32頁など参照。
＊10 芦部・前掲注（1）90頁、毛利他・前掲注（1）20-23頁など参照。
＊11 本節以下における「女性差別撤廃条約」の特に重要な点については、主に、辻村みよ子＝糠塚康江＝谷田川知恵『概説　ジェンダーと人権』（信山社、2021年）29頁以下参照。
＊12 辻村ほか・前掲注（11）29頁以下参照。
＊13 辻村ほか・前掲注（11）30-31頁参照。
＊14 インターナショナル・ビジネス飛鳥行政書士法人ホームページ「国籍法の解説」など参照。https://kikajapan.info/archives/law/286/（最終閲覧2024年3月24日）

※本章における注以外の参考文献
安西文雄＝巻美矢紀＝宍戸常寿『憲法学読本　第４版』（有斐閣、2024年）

第7章 基本的人権総論（2）：私人間効力論など

▸日本国憲法の概説

① 基本的人権の限界

基本的人権は、「侵すことのできない永久の権利（憲法97条）である（＝人権の不可侵性）。しかし、それは人権が絶対無制限であるという意味ではなく、人権にも一定の制約はともなう[*1]。このことを基本的人権の限界と言う。

基本的人権の限界を明らかにするためには、人権をどのような理由で、どこまで制約することが許されるかを考えなければならない。

基本的人権の制約には、主として①公共の福祉による人権の制約、②特別権力関係における人権の制約、③私人間における人権の制約という3つの形態がある。

② 公共の福祉による人権の制約

人権の一般的制約原理として、憲法上、「公共の福祉」という概念が規定されている。

12条：国民は基本的人権を「濫用してはならないのであつて、常に公共の福祉のためにこれを利用する責任を負ふ」
13条：国民の権利は「公共の福祉に反しない限り、立法その他の国政の上で、最大の尊重を必要とする」
22条：「何人も、公共の福祉に反しない限り、居住、移転及び職業選択の自由を有する」
29条：「財産権の内容は、公共の福祉に適合するやうに、法律でこれを定める」

これらの「公共の福祉」の意味、およびそれが各人権に対してどのような法的措置を持つのかが、憲法制定以来、問題となってきて次のように学説が分かれている[*2]。

学説

A 外在的制約説(一元的外在制約説・公共の福祉論)

この説は、憲法制定当初の学説である。この説によれば、「公共の福祉」とは、「公益」や「公共の安寧秩序」のことを意味する。12条・13条の「公共の福祉」は、人権の外にあって、人権の制約することのできる一般的な原理であり、人権はすべて外在的な「公共の福祉」によって制約される。そのために、12条・13条の「公共の福祉」によって、すべての人権を制約することが可能であるから、22条・29条の「公共の福祉」は特別の意味を持たない。

B 内在・外在二元論的制約説

この説は、A説に対抗して提示されたものである。この説によれば、12条・13条の「公共の福祉」は、権利に内在する制約、すなわちどのような権利であっても、他者の権利を侵害してはならないという当然の事理を表したものであり、人権制約の一般的な根拠とはなりえない。一方、22条・29条の「公共の福祉」は、国の政策的考慮に基づく公益を意味し、経済的自由権(22条・29条)および社会権に対する制約根拠となる。すなわち、12条・13条の「公共の福祉」は、権利が社会的なものであることを示す訓示的・倫理的規定にとどまり、法規範性はない。したがって、経済的自由権と社会権以外の精神的自由権などは、権利が社会的なものであることに内在する制約に服するにとどまる。他方、経済的自由権と社会権は、内在的制約にとどまらず、「公益」に基づく外在的制約に服する。

C 内在的制約説(一元的内在制約説、従来までの通説)

この説は、A説とB説の対立を止揚する形で提唱されたものである。この説によれば、「公共の福祉」とは、人権相互の矛盾・衝突を調整するための実質的公平の原理のことであり、憲法の規定にかかわらず、すべての人権に必然的に内在している。この意味における公共の福祉は、各人の人権相互の矛盾・衝突を調整する際には、「必要な最小限度」の規制のみを認める「自由国家的公共の福祉」として働き、一方、社会国家の理念に則って、国家が人権の実質的保障を実現するために、各人の経済的自由権を制約する際には、「必要な限度」の規制を認める「社会国家的公共の福祉」として働く。このような「公共の福祉」の働きから、この説は、憲法上の「公共の福祉」という文言に法規範性は認められるが、それは単に注意的な意味を持つにすぎないと主張するものである。

D 人権調整原理説(近年の有力説)

この説は、C説を土台にしつつ、その欠点を補うために、近年提唱されているものである。この説によれば、憲法上の「公共の福祉」のうち、12条・13条の「公共の福祉」は、人権相互の矛盾・衝突を調整するための実質的公平の原理のことであり、人権の内在的制約を明らかにしたものとして、人権一般に対する制約原理となる。他方、22条・29条の「公共の福祉」は、社会国家的な観点から、社会的・経済的弱者の保護や経済活動の調整をおこなうために、国家が各人の経済的自由権に対して積極的・政策的制約を課すことを認めたものであり、経済的自由権に対する制約原理となる。

③ 比較衡量論（利益衡量論）と二重の基準論

内在的制約説や人権調整原理説に立って、人権の限界の問題を考える場合、それぞれの人権の種類や性質にしたがって、いかに人権と人権の衝突を調整するかが問題になる。

つまり、今日においては、人権の種類や性質にしたがって、人権と人権の衝突を調整するための基準、具体的には、人権を制限する法律の憲法適合性を判断するための違憲審査基準を究明することが、人権の限界に関する議論の中心的課題となっている。

これまでに、二重の基準論、比較衡量論、**明確性の理論**、LRAの基準（本書第13章186頁参照）などさまざまな違憲審査基準が提唱されている。このうち、二重の基準論と比較衡量論が、人権全般に関わる違憲審査基準として重要なものであるので*3、これらについて学習していこう。

1 比較衡量論（利益衡量論）

具体的事件において、対立する諸利益を衡量（比較）し、個別的に人権の限界を明確にするための基準が比較衡量論（利益衡量論）である。

比較衡量論とは、すべての人権について、それを制限することによってもたらされる利益と、それを制限しない場合に維持される利益とを比較して、前者の利益が大きい場合、人権の制限を合憲とし、後者の利益が大きい場合には、人権の制限を違憲とする違憲審査基準である。

この比較衡量論は、外在的制約説のように、公共の福祉という抽象的な原理によって人権制限の合憲性を判定する考え方とは異なり、個々の事件における具体的

語句

明確性の理論（明確性の原則）…精神的自由権を規制する立法は、明確でなければならないとする理論のことである。法文が曖昧不明確な法令は、表現行為に対して萎縮効果を及ぼすために、原則として無効となる。

な状況をふまえて、対立する利益を衡量しながら、妥当な結論が導き出せるという長所があげられている。一方で、短所として、比較の基準が必ずしも明確でなく、特に国家権力と個人との利益の衡量がおこなわれる場合には、概して国家権力の利益が優先される可能性が高い。

したがって、比較衡量論は同じ程度に重要な2つの人権（たとえば、表現の自由とプライバシーの権利など）の衝突を調整するために用いるのが妥当であると考えられている。

2 二重の基準論

人権の類型によって保障の度合いに軽重の差を設け、公共の福祉や比較衡量論による安易な制限をかけようとするのが、二重の基準論である。

二重の基準論とは、精神的自由権は、経済的自由権よりも優越的地位を占めるので、人権を規制する法律の違憲審査においては、経済的自由権を規制する立法の合憲性をより緩やかな基準で審査し、精神的自由権を規制する立法の合憲性は、より厳格な基準によって審査されなければならないとする理論である。

では、なぜ精神的自由権が経済的自由権よりも優越的な地位を占めるのか。その理由は、精神的自由が不当に侵されると、民主主義そのものが傷つけられるので、権利の回復が困難になるが、経済的自由については、民主主義が正常に機能しているかぎり、それによって権利の回復を果たすことができるからである。それゆえ、精神的自由権は経済的自由権よりも優越的な地位を占めるということができる。

また、なぜ、精神的自由権を規制する立法の合憲性は厳格な基準で審査しなければならず、他方、経済的自由権を規制する立法の合憲性は緩やかな基準で審査してもよいのか。その理由は、精神的自由権は民主主義と密接に結びついた権利なので、その規制の合憲性は厳格に審査しなければならず、かつ裁判所にはそのような審査をする能力がある。一方、経済的自由権の根拠は、社会政策や経済政策と関係することが多いため、その合憲性の判定に政策的判断をする能力が乏しく、かつ民主的正当性の希薄な裁判所がそうした政策的判断をおこなうことは妥当ではないからである。それゆえ、精神的自由権を規制する立法の合憲性は厳格な基準で審査しなければならないが、経済的自由権を規制する立法の合憲性は緩やかな基準で審査してもよいとされる。

この二重の基準論は、民主主義および福祉国家の憲法原則、経済的規制の違憲審査における司法府の能力の限界、公共の福祉を特に強調する憲法22条・29条の趣旨などに適合的であるという長所があげられている。一方、短所として、生存権や労働基本権のように精神的自由でも経済的自由でもない人権に、どちらの基準を適用するのかが明確ではないことや、同じ種類の人権でも、それが具体的に置かれた問題状況によって、異なった基準を適用することが適切な場合も否定できないことがあげられている。

④ 特別権力関係における人権の制約

基本的人権は、国家権力との関係で保障される一般国民の権利・自由として保護されてきた。前述の「公共の福祉」は、その関係における基本的人権の限界を根拠づけるものである。

しかし、伝統的には、国家権力との関係において、一般国民とは異なる特殊な法律関係にある者については、特別な人権制約が許されると考えられてきた*4。

そうした考え方を根拠づけてきたのが、19世紀後半にドイツで確立し、日本でも明治憲法以来用いられてきた「特別権力関係の理論」である。特別権力関係の理論とは、特定の国民が、特別の法律関係に基づいて、一定の範囲内において、国・公共団体に対して特別の従属関係に服する場合、法治主義の原則の適用が排除され、法治主義の原則によらない特別な命令強制関係に服するという理論である。たとえば、公務員の国に対する勤務関係、受刑者の収監服役関係などが、特別権力関係にあたるとされてきた。

特別権力関係は、本人の同意（公務員の任命など）、または法律の規定（受刑者の刑務所への収容や伝染病患者の強制入院など）によって成立するとされる。

特別権力関係では、次の3つの法原則が妥当する*5。まず、①法治主義の排除であり、これは、公権力が包括的な支配権を有し、法律の根拠なしに特別権力関係に属する私人を包括的に支配できるというものである。次に、②人権の制限であり、これは、公権力は特別権力関係に属する私人の人権を法律の根拠なしに制限できるというものである。そして、③司法審査の排除であり、これは、特別権力関係内部における公権力の行為は、原則として司法審査に服さないというものである。

⑤ 人間における人権の制約——人権の私人間効力

近代憲法の本来的な考え方としては、憲法によって保障される人権は、もっぱら国家権力に対して国民の権利・自由を守るものであるとされてきた。

しかし、資本主義の高度化にともない、企業や労働組合などの強大な権力を持つ私的団体（＝社会的権力）が数多く生まれ、個人の人権を脅かすという事態が生じた。
そこで、このような社会的権力による人権侵害から個人を保護するために、憲法の人権規定を個人と個人のあいだに適用することが可能か否かが問題となっている。
このことを人権の私人間効力（私人間適用）と言い、学説が対立している*6。

学説

A　無効力説（不適用説）

この説は、憲法制定初期の有力説だったが、今日、無効力説を支持する学説はほとんど存在しない。この説は、憲法は国家対国民の関係を規律する法であるから、私人間には適用されないと主張するものである。

B　直接適用説

この説は、憲法は国民の全生活分野にわたる価値秩序であり、憲法規定はあらゆる領域において尊重されるべきであるので、憲法の人権規定も私人間に直接適用されると主張するものである。

C　間接適用説（通説・判例）

この説は、**民法90条の公序良俗規定**のような私法の一般条項を媒介にして、憲法の人権規定を間接的に適用するというものである。そうすることによって、人権の対国家性や私的自治の原則といった伝統的な法理論と、私人間との人権保護とを両立しようとするものである。

D　国家同視説（国家行為の理論、アメリカの判例理論）

この説は、次のような場合には、私人の行為を国家の行為と同視して、人権規定を直接適用すると主張する。①国家権力が私的行為に極めて重要な程度にまで関わっている場合（公共施設内の食堂における人種差別など）。②私人が国の行為に準ずるような高度に公的な機能を行使している場合（会社等における宗教文書の頒布禁止など）。

E　基本権保護義務論説（近年の有力説）

この説は、私人間効力を専ら私人Ａと私人Ｂのあいだの私人の当事者間の問題としてとらえるよりも、私人Ａ、私人Ｂ、国家の三者間の問題としてとらえることを主張する。すなわち、私人Ａに対する国家の人権保障と私人Ｂに対する国家の人権保障を調整させるときの最適な見解を導くべきとするものである。

条文

民法90条（公序良俗）：公の秩序又は善良の風俗に反する法律行為は、無効とする。

公序良俗とはたとえば――？

①AがBにCを殺すように頼み、その報酬として、100万円をあげるという契約を交わし、先にAはBに100万円をあげたとする。
②しかし、Bはやはり殺すのはよくないと思ったのか、Cさんを殺害することはできなかった。
③契約が守られなかったということで、AはBに「100万円返せ」と言ってきた。
④Aは「契約違反だ」として、100万円を返済させるために、Bを訴えた。
⑤そもそもCを殺すというAとBの契約自体が無効とされる。

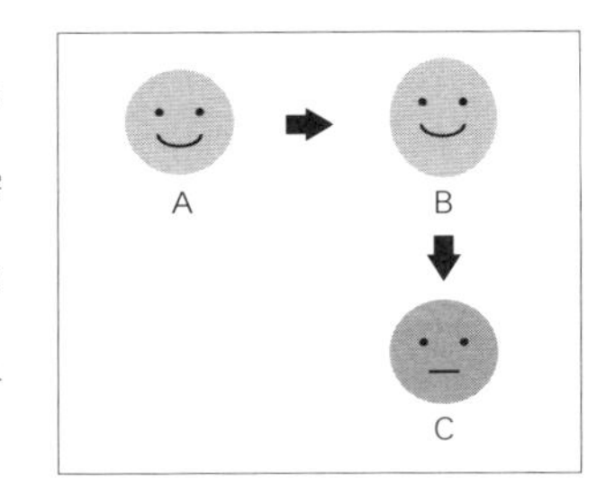

ここで、関連する判例を2つ学習しよう。

判例 三菱樹脂事件最高裁判決［最大判1973年12月12日民集27巻11号1536頁］

【事件の概要】

本件は、入社試験の際に学生運動の経歴の有無を隠した新入社員が、本採用を拒否されたことに対して、採用拒否の無効と地位の確認を求めた事件である。本件では、企業側の入社試験の際に応募者の思想・信条を尋ねることが、憲法19条の思想・信条の自由の保障に反しないかが問われた。

【判旨】

東京高裁判決（1968年）では、直接適用説をとり、企業が労働者を雇い入れする場合のように、思想・信条の申告を求めるのは「公序」に反するとして、応募者がこれを告げなくても不利益を課すことはできないと判示した。これに対して、最高裁判決（1973年）では、私人間の人権侵害について間接適用説の立場に立つことを明らかにした。最高裁は、民法90条などの規定の「適切な運用によって」私的自治の原則と自由・平等の保護の「適切な調整を図る」こともできると述べた。すなわち、最高裁は、憲法22条や29条から企業の契約締結の自由があると認めたうえで、従業員の思想・良心の自由との調整を図ることを示したのである。

判例 昭和女子大事件最高裁判決［最三小判1974年7月19日民集28巻5号790頁）

【事件の概要】

本件は、大学に無届で学外の政治団体に加入したことや政治活動をおこなったことが、学則に反するとして退学処分を受けた学生が、当該学則は憲法19条・21条に反するとして、学生たる地位を求めて出訴した事件である。

【判旨】

最高裁は、間接適用説に立ち、憲法19条・21条の私人間への直接的な適用を否定し、そのうえで、大学は学生を規律する包括的権能を合理的範囲内で有すると判断して、当該退学処分も大学側の合理的な裁量権の範囲内であり、違法ではないと判断した。

先述のとおり、憲法は、国家・公共団体対個人と縦の関係を規律するものである。では、個人と個人（私人間）の横の関係はどうなるかと言えば、間接適用説のとおり、憲法を直接に私人間に適用せず、民法の規定を媒介にして、つまり間接的に憲法の人権規定を私人間に適用するのである。

この論法は、従来の法体系や理論を根本的に覆すことなく、私人による人権侵害問題の解決を図ることができるという点で、これを支持する学説や判決も多いとされる。

ジェンダー問題

① 女性労働問題

戦後から1950年代までは、女性の多くが働くとしても結婚までの数年間であり、結婚や出産を機会に退職して家庭に入るのがふつうであると思われていた。その後、1975年ごろから、結婚後も就労を継続する女性が徐々に増えていき、全女性労働者の3分に2以上が既婚者である状態になった。

しかし、当時の日本の労働現場では、男女別定年制などのように女性労働者に対する差別的な慣行があり、けっしてよい職場環境ではなかった。現在では信じられないことであるが、実際に、男女雇用機会均等法制定前には、女性たちに入社する前に女性たちに対して、婚姻したり、一定の年齢に達したりしたら退職をするという約束をさせる企業も多くあった。

そこで、女性労働に関する訴訟が数々提起されていったわけであるが、それらの訴訟の突破口とも言える日本で最初の女性雇用差別についての判決として、結婚退職制差別をめぐる**住友セメント事件東京地裁判決（1966年）**がある*7。

本件は、住友セメントで働いていた女性従業員が、結婚を理由に解雇を通告されたことに対して提訴した事件である。当時の住友セメントは、女性従業員に対して「結婚又は35歳に達したときは退職する」ことを労働契約の内容として、それについての念書まで提出させていた。住友セメントは、このような結婚退職制を採用した理由として、女性職員は婚姻後に家庭本位となり、欠勤が増えるなど労働能率が低下することなどをあげていた。

東京地裁は、住友セメントの結婚退職制を民法90条違反と認定して、当該女性職員の解雇を無効とした。すなわち、東京地裁は「女子労働者のみにつき結婚を退職理由とすることは、性別を理由とする差別をなし、かつ、結婚の自由を制限するものであって、しかもその合理的根拠を見出し得ないから、労働協約、就業規則、労働契約中かかる部分は、公の秩序に違反しその効力を否定される」と判断したのである。

次に、本章で見てきた、私人間効力に関する判例として、男女間定年差別が争われた**日産自動車事件最高裁判決（1981年）**がある[*8]。

判例　日産自動車事件最高裁判決［最三小判1981年3月24日民集35巻2号300頁］

【事件の概要】

本件は、企業の就業規則が従業員の定年年齢を男女別に男子55歳、女子50歳としていたことが、憲法14条の法の下の平等に反しないかが争われた事件である。

【判旨】

最高裁は、「女子従業員について労働の質量が向上しないのに実質賃金が上昇するという不均衡が生じていると認めるべき根拠はない」と判断し、「少なくとも60歳前後までは、男女とも通常の職務であれば企業経営上要求される職務遂行能力に欠けるところはな」いと述べた。そして、最高裁は、男女別定年制を定めた就業規則は「専ら女子であることのみを理由と」した不合理な差別であるから「民法90条の規定により無効であると解するのが相当である（憲法14条1項、民法1条の2 [*9]参照）」と判示した[*10]。このように、最高裁は間接適用説に立ち、企業の男女別定年制を憲法14条が禁止する性別による不合理な差別にあたり、民法90条の規定により無効であるとした。

② 入会権訴訟から考えるジェンダー問題

民法90条の公序良俗に関するジェンダー問題として検討すべき判決に、**入会権（いりあいけん）訴訟最高裁判決（2006年）**があげられる。

沖縄県金武町（きんちょう）に、明治期に地元の住民に払い下げられた山林があった。この山林に対して、地元の住民は薪の採集などのために共同利用する権利を持っていた。この権利のことを入会権と言う。

戦後、この山林は在日米軍用地として収用され、その土地の補償金は、入会権団体（地元団体）によって分配されはじめた。その団体は山林の薪採りなどを共同利用してきた住民が設立したものであり、その団体の会員（入会権者）になる資格として、世帯主であり、入会権者の男性子孫であることが要件とされていた。

そこで、その資格要件を「世帯主の男性」として、女性に補償金が分配されないのは違法であるとして、沖縄県金武町の女性26名が、地元団体に対して会員としての地位確認と補償金支払いを求めて訴訟を起こしたのである。

最高裁は、原告の女性たちのうち世帯主である2名についてだけ、会員資格の有無を確定させるため、審理を福岡高裁に差し戻した一方で、残りの世帯主ではない24名の女性については、上告を棄却したのである。最高裁は、入会権者の会員資格を男性に限定することは、男女平等を規定した「憲法の理念に照らし、性別で区別する慣習に合理的な理由はない。公序良俗に反し無効だ」とし、男性に限定する資格要件は不合理な差別であると判断した。

しかし一方で、最高裁は、「入会権は世帯主に帰属する権利として承継されてきた歴史的経緯を見ると、会員資格を世帯主に限定することが不当とは言えない」、「世帯間の平等という点から不合理ではない」として、入会権者の会員資格を世帯主に限定する部分は不合理なものではなく民法90条に違反しないと判断した。

この判決は、入会権者の資格要件を男女差別であると判断した点は大いに評価されるべき点である。しかし、「家」制度が色濃く残る集落の慣習から、「世帯主」要件は、その「世帯」のなかの（この判決の場合であれば）女性を「個人」として尊重するものとみなされるのか。それに関連して、最高裁は、各「世帯」のなかの個人として、原告の女性たちの存在をどれほど考慮しようとしたのかが疑問に思われる。

「世帯主」と言えば、本訴訟では2人の女性が「世帯主」に該当しているが、現在の日本社会の場合も、多くが「男性」である。こうした視点からこの判決を見れば、最高裁が、入会権者の入会資格である「世帯主」要件を是認したという点では、最高裁は、**間接差別**を認めた（容認した）と読めるのではないかと考えられる。

ちなみに、本判決で問題となった団体の入会資格の「世帯主」要件は、2022年3月の同団体の理事会で「世帯主」の定義を「その家族の意向で決定した代表者」であると全会一致で改正され、同年4月に施行された*[11]。

語句

間接差別…性別には関係のない中立的な取扱いであっても、結果として男女間に不均衡を生じさせる性差別のこと。

このように、女性の雇用差別の判例や入会権者の資格要件についての訴訟を見たが、それぞれの訴訟で問題となった点には、性別役割分業における男女別の役割に基づいて、当時の企業も就業規則などをつくり、それが当然のように適用されてきたと見られる。

第9章で見ていく「法の下の平等」を規定した日本国憲法14条は、性別役割分業に基づく個人も確かに平等に尊重したものであるかもしれないが、その分業によらない個人――女性雇用差別を提起した原告の労働者のように、社会で活躍したいと思う女性たちや、反対に本章ではふれていないが、就労を優先するのではなく家事や育児に携わりたいと考える男性たち――も平等に尊重していると解釈できるのではないかと思われる。第9章では、それについても考えていこう。

注

＊1 芦部信喜（高橋和之補訂）『憲法（第8版）』（岩波書店、2023年）101頁、安西文雄＝巻美矢紀＝宍戸常寿『憲法学読本　第4版』（有斐閣、2024年）76-77頁など参照。
＊2 芦部・前掲注（1）101-105頁、安西ほか・前掲注（1）79-81頁以下など参照。
＊3 芦部・前掲注（1）105-109頁、安西ほか・前掲注（1）81頁以下など参照。
＊4 芦部・前掲注（1）109頁以下、毛利透＝小泉良幸＝淺野博宣＝松本哲治『憲法Ⅱ　人権（第3版）LEGAL QUEST』（有斐閣、2022年）35頁以下など参照。
＊5 芦部・前掲注（1）109-110頁、毛利ほか・前掲注（4）35頁など参照。
＊6 芦部・前掲注（1）114-121頁、毛利ほか・前掲注（4）44-48頁など参照。
＊7 辻村みよ子＝糠塚康江＝谷田川知恵『概説　ジェンダーと人権』（信山社、2021年）144頁以下、三成美保＝笹沼朋子＝立石直子＝谷田川知恵『ジェンダー法学入門〔第3版〕』（法律文化社、2019年）228頁など参照。
＊8 辻村ほか・前掲注（7）144-145頁など参照。
＊9 この「民法1条の2」は、2004年の民法改正によって「民法2条」になった。
＊10 駒村圭吾編『プレステップ憲法（第4版）』（弘文堂、2024年）99-100頁など参照。
＊11 山城祐樹「女性が制限されていた杣山の入会権を見直し　『世帯主』から『家族代表』に　沖縄・金武区」（「琉球新報」2022年6月14日、https://ryukyushimpo.jp/news/entry-1532840.html〔最終閲覧2024年4月17日〕）、「『やっと変わった』女性たちの勇気が実る　平等の時代に合った判断に評価　金武区杣山の入会権制限廃止」（「琉球新報」2022年6月14日、https://ryukyushimpo.jp/news/entry-1532964.html〔最終閲覧2024年4月17日〕）。

※本章における注以外の参考文献
木下智史＝伊藤健『基本憲法Ⅰ基本的人権』（日本評論社、2017年）
渡辺康行＝宍戸常寿＝松本和彦＝工藤達朗『憲法Ⅰ　基本権（第2版）』（日本評論社、2023年）
小川竹一「入会権者の女子孫の入会権継承および取得――沖縄県の事例」『地域研究』1号（2005年）
中村忠「入会権の主体と権利帰属の法的構造についての一考察――入会権の主体論を中心に」『高崎経済大学論集』50巻3・4合併号（2008年）

第8章 幸福追求権

▶日本国憲法の概説

日本国憲法13条

すべて国民は、個人として尊重される。生命、自由及び幸福追求に対する国民の権利については、公共の福祉に反しない限り、立法その他の国政の上で、最大の尊重を必要とする。

① 憲法13条と幸福追求権

基本的人権の保障は、近代憲法の基本原則の1つであるが、基本的人権の観念は、個人の尊重（個人の尊厳）を基調としている。

憲法13条はこのような個人主義原理を明らかにしたものであるが、13条はそれと同時に、包括的基本権としての幸福追求権を規定している。

本章の冒頭にあげた憲法13条の構造を説明すると、前段の「すべて国民は、個人として尊重される」は、個人の尊重の原理（＝個人主義原理）を表明したものである。

ここで言う個人主義原理とは、一人一人の人間は、人格の担い手として最大限尊重されなければならないという考え方を指す*[1]。

後段の「生命、自由及び幸福追求に対する国民の権利については……最大の尊重を必要とする」の部分は、包括的基本権としての幸福追求権を規定したものである*[2]。

ここで言う幸福追求権とは、個人の人格的生存に必要不可欠な権利・自由を包括的に含む人権であり、憲法13条前段の個人主義原理から導き出されるものである*[3]。

② 幸福追求権の権利性

次に、憲法13条に規定された幸福追求権をめぐっては、それが具体的権利なのかが問題となっていたので、学説を確認しよう*[4]。

学説

A 否定説

この説は、憲法制定初期の有力説である。この説によれば、13条の規定は国政の基本原則を宣言したにすぎないものである。よって、13条に規定された幸福追求権は、14条以下に列挙された個別の人権を総称したものにすぎず、そこから具体的な法的権利を導き出すことはできない。

B 肯定説(通説・判例)

この説によれば、幸福追求権は、新しい人権の根拠となる一般的・包括的な権利であり、この幸福追求権によって基礎づけられる個々の権利は、裁判上の救済を受けることができる具体的な権利である。

13条の幸福追求権と14条以下の個別的人権とは、一般法と特別法の関係にあり、**特別法優位の原則**にしたがって、個別の人権規定の保障の及ばない範囲を幸福追求権がカバーする。

一般法と特別法とは、ある法分野における一般的な関係を規律する法を一般法と言い、特別な関係を規律する法を特別法と言う。たとえば、刑事法分野について言えば、国民一般に適用される刑法は一般法であり、少年のみに適用される少年法は、刑法の特別法である。

③ 幸福追求権の保障範囲

幸福追求権によって、どのような権利・自由が保障されるのかという保障範囲に関しても学説が分かれている*5。

学説

A 一般的自由(権)説(有力説)

この説によれば、個人の自由は広く保障されなければならないので、幸福追求権の内容は、あらゆる生活活動領域における一般的な行動の自由であるととらえるべきである。

一般的自由説は、さらに次の2つの類型に分類できる。

語句

特別法優位の原則…一般法と特別法の優劣関係に関する原則であり、一般法と特別法の規定が矛盾する場合には、特別法の規定が優先するという法の一般原則である。

A-① 無限定説
この説によれば、殺人を含めて、端的にあらゆる行為が一応は幸福追求権の保障対象となると考えたうえで、それに対する規制が憲法13条に違反しないかどうかを検討し、幸福追求権の実際的な保護対象を検討する。

A-② 限定説
この説によれば、幸福追求権と言えども一定の限界が内在されており、殺人などの他者に対する加害行為は、本来、幸福追求権の保護対象には含まれない。

B 人格的利益説（人格的自律〔権〕説、通説）
この説によれば、幸福追求権とは、個人の人格的生存に不可欠な権利・自由を包括する権利であり、そこから具体的な権利を導き出す際には、それが個人の人格的生存に不可欠であるか否かを考慮しなければならない。

④ 幸福追求権の具体的内容

幸福追求権の具体的内容は幅広く、そこから導き出される「新しい人権」を網羅的に論じることはできない。幸福追求権を根拠として主張されてきた代表的な人権として、名誉権、プライバシー権、肖像権、自己決定権などがあげられる*6。

これらの権利以外にも、環境権、日照権、静穏権、嫌煙権、平和的生存権など、さまざまな権利が幸福追求権の一環として主張されている。

本章では、幸福追求権を根拠として主張された人権についてふれていこう。

1 名誉権

名誉とは、人の名声、信用等について社会から受ける社会的評価のことである。名誉は古くから非財産的利益として認められており、法的保護の対象となっているが、幸福追求権の一種として、憲法上の保護も受ける。ただし、名誉権の保障については、相手方の表現の自由と衝突することが多く、その観点からの一定の制約を受けることがある（刑法230条の2参照）。

名誉権に関連する**北方ジャーナル事件最高裁判決（1986年）**を見ていこう。

判例 北方ジャーナル事件最高裁判決［最大判1986年6月11日民集40巻4号872頁］

【事件の概要】
本件は、『北方ジャーナル』という雑誌が掲載を予定していた北海道知事選立候補予定者に関する記事が、立候補予定者を「天性の嘘つき」と表現するなど、当人の名誉を毀損するものであるとして、立候補予定者が雑誌の発売差止めを求めた事件である。
これについて、北方ジャーナル側は、発売差止めは表現の自由に対する侵害であるとして争った。
【判旨】
最高裁は、名誉権を幸福追求権（人格権）の1つとして認め、発売差止めを認めたのであった。

2 プライバシー権

プライバシーとは、個人の私的領域に公権力を介入させないということである。

プライバシー権は、アメリカの判例理論のなかで「ひとりで放っておいてもらう権利（the right to be let alone）」として確立されてきたものである。日本でも「私生活をみだりに公開されない権利」として判例上認められてきた。ただし、名誉権と同様、プライバシー権も表現の自由と衝突することが多く、両者の調和を図る目的で、一定の制約を受けることがある。

プライバシー権に関連する**「宴のあと」事件東京地裁判決（1964年）**を見ていこう。

判例　「宴のあと」事件東京地裁判決［東京地判1964年9月28日下民集15巻9号2317頁］

【事件の概要】
本件は、東京都知事選で落選した候補者の私生活をモデルとした小説が、プライバシー権を侵害するかどうかが争われた事件である。
【判旨】
東京地裁は、プライバシー権を「私生活をみだりに公開されない法的保障ないし権利」と定義し、正当な理由なく他人の私事を公開してはならないと判示して、原告（候補者側）の訴えを認めた。
ちなみに、本件は、高裁係争中に和解が成立した。

現在では、情報技術の進展が目まぐるしい。したがって、プライバシー権は私事に関する消極的なものではなく、「自己に関する情報をコントロールする権利」（＝自己情報コントロール権、情報プライバシー権）という積極的なものであるととらえる見解がある*7。

このような意味におけるプライバシー権も、表現の自由、知る権利などと衝突する場合があり、それらの価値との調整が図られなければならない。

名誉とプライバシーは似たような概念であり、重なり合う部分もあるが異なる部分もある。

名誉は、社会的な評価にかかわる問題であるのに対して、プライバシーは基本的には私的領域の問題であり、必ずしも社会性を含むものではない。また、名誉は表現行為によってのみ侵害されるが、プライバシーの侵害は情報収集だけでも成立する。

3 肖像権

肖像権とは、自己の容貌などをみだりに撮影されたり、公表されたりしない権利のことであり、プライバシー権から導き出される権利とされている。

肖像権は、最高裁によって幸福追求権の一種であることが認められた最初の権利である。

肖像権に関連する**京都府学連デモ事件最高裁判決（1969年）**を見ていこう。

判例 京都府学連デモ事件最高裁判決［最大判1969年12月24日刑集23巻12号1625頁］

【事件の概要】

本件は、デモ行進に参加した学生が、犯罪捜査のため歩道上からデモ隊の先頭部分の参加者を写真撮影した警察官に抗議して傷害を加えたために、起訴された事件である。

学生側は、本件写真撮影は憲法13条によって保障されるプライバシー権の１つである肖像権の侵害に当たり違法であるとして争った。

【判旨】

最高裁は、個人の私生活上の自由として、何人もその承諾なしに、みだりに容貌・姿態を撮影されない自由を有するとし、それを「肖像権」とは明確に定義しなかったものの、そのような自由が憲法13条を根拠に認められると判示した。

ただし、結果的に、肖像権も公共の福祉の制限を受けるとして、当該写真撮影を合憲とした。

4 自己決定権

自己決定権とは、個人が一定の私的事項について、公権力による干渉を受けずに自ら決定する権利のことである。

自己決定権は、プライバシー権を根拠として、1960年代後半のアメリカで主張されはじめ、日本では80年代初めごろから意識されるようになった新しい人権である。

自己決定権は、個人の私的生活事項を幅広くカバーするが、大別すると、自己の生命・身体の処分に関わる決定、家族の形成・維持に関わる決定、その他のライフスタイルに関わる決定と類型化することができる。ただし、これらに関する決定が、すべて権利として憲法上の保護を受けるわけではない。

① 自己決定権の権利性

自己決定権は、その内容が広範で、かつ明確でない。そのために、それが個別の法的権利として保障されるべきものなのかが問題となる。これに関する学説を見ておこう。

学説

A 肯定説（通説）

この説によれば、憲法13条が規定する個人の尊重と幸福追求権は、個人が一定の私的事項について、他の干渉を受けずに自ら決定することの保障を含むと解される。この自己決定権は、単なる恣意的行為の自由を指すものではなく、法的権利と認めるに足る独自性・特定性を有する。

B 否定説

この説によれば、自己決定権は明文規定で保障されていない自由の総称でしかなく、整合的な１つの権利を形成しえない。また、自己決定権の内容はあまりに広範囲であり、それは単なる「好き勝手」と大差なく、権利と呼べるものではない。
明確な認定基準のない自己決定権を法的権利と認めれば、裁判官の恣意的な判断で明文の根拠を欠く人権が創出される危険性があり、さらに「新しい人権」の際限ない創出が「人権のインフレ化」につながりかねない。

② 自己決定権の保障範囲

自己決定権の権利性を認めるとしても、自己決定権には社会性の強い問題からきわめて個人的な事柄まで、さまざまな事項が含まれている。そのために、どこまで個人の自律的な決定を認めるかが問題となる。幸福追求権と同様に、大きく分けて２つある*8。

学説

A 一般的自由（権）説（有力説）

この説によれば、個人は公共の福祉に反しないかぎり、一般的に自由を拘束されないという一般的自由権を有するので、自己決定権にはあらゆる生活領域に関する行為が含まれる。したがって、それが他者の権利・利益を害するものでないかぎり、服装や髪型の選択といった日常のライフスタイルや趣味の領域も、自己決定権の保障範囲に含まれる。

B　人格的利益説（人格的自律〔権〕説、通説）

この説によれば、自己決定権は、個人の人格的生存に不可欠な利益を内容とする権利であり、その性格は限定的にとらえられなければならない。したがって、日常のライフスタイルや趣味の領域における自己決定は、それが当人の人格的生存に不可欠な事項でないかぎり原則として自己決定権の範囲には含まれない。

③ 自己決定権の制約原理

個人の私的事項は、他者の権利を侵害しないかぎり、原則として当人の自律的決定に委ねるべきものである。また、それが憲法の個人主義原理にかなう考え方であるとされている。

しかし、私たちは社会のなかで、たった一人で存在しているわけではない。したがって、社会生活のなかにおいては、私的事項に属する行為であっても、なんらかの形で他者の権利、利益に関わる場合があり、その関わりの程度に応じて、一定の制約を受けることはやむをえない。つまり、私的事項に属する行為であっても、他者の権利･自由や社会一般の利益に関わりのある行為は、その関わりが強くなるほど、制約を受ける余地も多くなると解される。

私的事項に関する自己決定を制約する際の制約原理は、学説上、次の3つに類型化される。

- 他者加害の阻止：他者の権利・利益を侵害する行為を阻止するために、公権力が介入し、個人の自己決定を制約する。
- 自己加害の阻止：行為者本人の権利・利益を侵害する行為を阻止するために、公権力が介入し、個人の自己決定を制約する。
- 道徳の維持：公共の道徳の維持を目的として、公権力が介入し個人の自己決定を制約する。

個人の自由も、他者の人権との関係で制約を受けることは当然であるから（＝人権の内在的制約）、一般的自由説に立つにせよ、人格的利益説に立つにせよ、他者加害の阻止原理による制約はやむをえない。

問題は、自己加害の阻止原理または道徳の維持原理による介入、いわゆるパターナリズム（paternalism）による自由の制約がどこまで認められるかである。

ちなみに、パターナリズムとは、社会一般の利益や、当人の利益を図るために、国家や他者が善意に基づいて、その者の自由や行為を制限することである。

④ パターナリズムによる自己決定権の制約範囲

個人主義原理に立てば、通常の成人に対するパターナリスティックな制限は否定される。

しかし、社会秩序の維持や権利の社会性に鑑みれば、一定のパターナリズムによる制約が認められる余地もある。

精神疾患などのために、本人の判断能力が非常に限られている場合には、当人を保護するために、パターナリスティックな制限を課す場合が認められる場合もある。

ここで、自己決定に関する2つの判例を学習しよう。

判例 バイク三ない原則事件最高裁判決［最三小判1991年9月3日集民163号203頁］

【事件の概要】

本件は、いわゆる「三ない原則」(免許を取らない・バイクに乗らない・バイクを買わない)を定めた校則に違反したとして、退学を余儀なくされた私立高校の生徒が、同校則の違憲性・違法性を主張して損害賠償を求めた事件である。

【判旨】

最高裁は、憲法上の自由権規定は、私人相互間の関係には適用されないとし、かつ本件校則も社会通念上不合理なものは言えないとして判示して、生徒側の訴えを退けた。

なお、これと同様の事件として、県立高校の生徒が校則に反して原付バイクの免許を取得したために、無期停学処分になったという事件があった。この**高知バイク規制校則事件高松高裁判決(1990年)**は、結論的には校則の合理性を認めたものの、バイク免許取得の自由は憲法13条によって保障されると判示している。

判例 エホバの証人輸血拒否事件最高裁判決［最三小判2000年2月29日民集54巻2号582頁］

【事件の概要】

本件は、信仰上の理由から輸血を拒否したにもかかわらず、医師が約束に反して輸血手術をおこなったとして、病院と医師に損害賠償を求めた事件である。

【判旨】

第一審の東京地裁(1997年)は、患者の救命は医師の義務であるとし、患者の意思に反する輸血行為も社会的に相当な行為であって違法性はないと判示して原告の訴えを退けた。

しかし、第二審の東京高裁（1998年）は、信仰上の理由に基づく輸血拒否は、他者の権利や公共の利益を害さないかぎり公序良俗違反には反しないとし、輸血を拒否することは、各個人が有する自己の人生のあり方は自らが決定するという意思決定権に由来すると述べて、患者側の訴えを認めた。
最高裁は、信仰上の理由から輸血を拒否するという患者の意思決定は、人格権の1つとして尊重されなければならないと判示して、控訴審判決を支持した。

この最高裁判決は自己決定権に由来する医療上の意思決定が、幸福追求権（人格権）の一環として憲法上の保護を受けるということを、最高裁が真正面から認めた初めての事例である。

ジェンダー問題

① リプロダクティブ・ヘルス／ライツ

1 リプロダクティブ・ヘルス／ライツとは

リプロダクティブ・ヘルス／ライツは、国連の国際人口開発会議（カイロ会議、1994年）で関心を集め、カイロ行動計画で明文化され、「性と生殖の健康／権利」と訳されている。

リプロダクティブ・ヘルス／ライツ（性と生殖に関する健康／権利）は、すべての個人とカップルに保障されるべき人権の1つとされ、妊娠・出産には限定されず、性と生殖に関する包括的な権利（①安全な性生活、②生殖能力、③家族計画など）を内容とする[*9]。①は性感染症性やHIV感染の予防、②は強制的不妊化の否定、③は安全な妊娠、出産、出生調節も含む[*10]。

1910～20年代、欧米ではじめて生殖のコントロールが主張された。当時の欧米フェミニズムの重要な課題は、母体危機時以外の中絶を認めない刑法堕胎罪の改正であった。それは、ヤミ堕胎が横行し、命を落とす女性が少なくなかったからである。その後、欧米でも日本でも育児制限運動が展開されていった[*11]。

しかし、日本では、育児制限運動は労働運動と結びついた結果、弾圧されてしまった。1930～40年代には大政翼賛体制が確立し、「産めよ、増やせよ」がスローガンとされ、個人や家族による生殖コントロールは国家によって否定された。

2 人工妊娠中絶と関連する法律

リプロダクティブ・ライツは子どもを「産まない権利」と表裏一体で主張されていった。子を産まないという決定を実現する最終手段として人工妊娠中絶がある*12。ここで人工妊娠中絶に関する法律を確認しよう。

1948年に優生保護法が成立した。同法の相次ぐ改正で同法の優生的性格が強化(ハンセン病〔48年法〕、精神病・精神薄弱者〔51年改正〕、遺伝性以外の精神病・精神薄弱〔52年改正〕)されていき、1948～94年には、1万8072件もの強制断種が実施された。

他方で、優生保護法は中絶を合法化した。これは、もともとはヤミ堕胎対策であったが、経済的理由の追加(1949年)、中絶審査制度の廃止(1952年)などにより、中絶手続は簡便化し中絶数も増加した(1950年には人工妊娠中絶数が32万件であるのに対して、1957年のそれは112万件)*13。

1996年に、優生保護法は優生条項が削除される形で母体保護法に改正された。

しかし、刑法の自己堕胎罪(刑法212条)は削除されておらず、母体保護法において女性の自己決定権は保障されていないという問題がある*14。

日本の中絶法制は、刑法で堕胎を禁止しつつ、母体保護法で例外的に人工妊娠中絶を認めるという構造をとっている。現行刑法(1907年)では、堕胎罪として、自己堕胎、同意堕胎、業務上堕胎、不同意堕胎を禁じている(同法第29章)*15。

母体保護法改正に向けての議論のなかで、①女性の自己決定権の保障、②「夫の同意」を削除する、③合法的妊娠中絶について、期限規制型(妊娠初期)と適応規制型(妊娠中・後期)の適切な混合が望まれる、という3つの課題がある*16。

3 医療技術の発展と生殖

生殖補助医療は、不妊治療全般を意味する言葉である。現代では、妊娠しにくいカップルが妊娠できるように多くの技術が開発されている。生殖補助医療とはこうした技術を包括した用語とされる*17。

世界で初めての**体外受精**は、「試験管ベビー」と呼ばれたルイーゼ・ブラウンの誕生(1978年)である。

日本では、1949年に人工受精児が、1983年には体外受精児が誕生した。人工授精とは、人工的に男性の精液を女性の子宮内に注入する方法であり、配偶者間人工授精(AIH: Artificial Insemination by Husband)と非配偶者間人工授精(AID: Artificial Insemination by Donor)がある*18。

前者は、配偶者間でおこなわれる人工授精のために、子の父親が誰かをめぐって争いが起きないことから、問題が少ないとされる。後者の人工授精、体外受精、**代理**

懐胎は、生まれた子の福祉、営利目的の取引、優生思想との整合性、親子関係の複雑化など、倫理的な問題や親子関係を決めるうえで問題が多い*19。

また、体外受精により、生殖ビジネスの展開とテクノロジーの進展という生命・生殖の根幹を揺るがす問題も生じている。前者の生殖ビジネスは、その多くがグローバル規模であり、ベンチャー企業によってインターネットを通じて拡大されつつある。後者のバイオテクノロジーの進展には、着床前診断と遺伝子操作による生命の改変や卵子・余剰胚の実験利用が含まれる*20。

日本では、夫婦がドナーから卵子を得て夫の精子と体外受精を試み、その受精卵を妻の胎内に移植させるという、卵子提供は、2013年より一部で実施されている。しかし、日本では、代理出産が認められていない*21。

生殖補助医療に関しては、2006年に、法務省と厚生労働省は、日本学術会議に審議を依頼し、2008年に代理懐胎に対する法規定として原則禁止などを内容とする提言をおこなった。そして、2013年に、自民党内に「生殖補助医療に関するプロジェクトチーム」が設置され、女性の卵子提供や代理出産などの生殖補助医療に関する法案の提出をめざすとされた。

日本では、母子関係については分娩主義をとっているために、卵子提供により妻が出産する場合には、妻が子の母となる。代理出産のケースでは、夫婦の受精卵であっても代理母と子どもの間に親子関係が存在する。

それに関して、現行の民法には、生殖補助医療技術を使って誕生する子どもとの親子関係について規定がない。したがって、日本産婦人科学会の会告により自主規制されている。たとえば、人工授精と夫婦間の受精卵を妻の胎内に移植する体外受精について、実施を母体の生殖可能年齢期間に限定している。いわゆる代理懐胎や代理出産は認められていない。これらは会告であるために、会員以外には拘束力をもたないことにも注視していかなければならない*22。

4 人工妊娠中絶と自己決定権

1970年代、生殖に関する自己決定が女性のプライバシー権としてアメリカで確立した。1973年に出されたRoe判決によりそれが認められた。生殖に関する自己決定がプライバシー権として確立した背景には、リベラル・フェミニズムの成果がある*23。

語句

体外受精…通常体内でおこなわれる卵子と精子の受精を体の外でおこない、受精・分割した胚を子宮内に移植する方法。日本では規制されているが、生殖補助医療として代理懐胎を認める国も存在する。

代理懐胎…子をもちたい女性が、他の女性に生殖医療技術を用いて妊娠と出産を依頼し、生まれた子を依頼した女性が引き取ること*24。

1960年代半ばにインフォームド・コンセントの問題として浮上していた生命倫理（バイオエシックス）は、1970年代半ばから生命の始期と終期に焦点を当てるようになった。

一方、日本では、生命の終期（脳死）については国民的議論が起こったが、生命の始期（中絶）についてはほとんど議論されなかった。このために、日本では現在でも人工妊娠中絶が自己決定権として認識されることが乏しく、その是非についての議論も不十分であるとことが指摘されている＊25。

上記のように、Roe判決により、生殖に関する自己決定が女性のプライバシー権として確立し、それが約50年にわたり遵守されてきた。しかし、その権利は、2022年の**Dobbs判決**により覆され、今後のアメリカの生殖の自己決定に関するプライバシー権の動きを注視する必要があろう。

生殖補助医療の発展により、体外受精を用いて子どもを望んでも不妊などで子を授かることができないカップルに子の誕生を実現させるという、いわゆる「子を持つ」という自己決定を尊重した点では評価できる。

その一方で、さまざまな課題も引き起こしている。確かに、生殖補助医療の利用権は、リプロダクティブ・ライツに含まれる権利である。しかしながら、生殖補助医療へのアクセスはすべての人に平等には開かれているわけではない＊26。たとえば、次のことがあげられている。①高度医療のため実施施設が少なく、費用も高額で、利用者は先進国の富裕層に限定されがちであること、②経済的弱者が子宮提供者や被験者になりやすいが、権利享受者にはなりにくいこと、そして③「子の福祉」のため、しばしば同性カップルや単身者への経済格差や人種、性的指向に基づく差別が内在していることである。今後の日本社会ではこれらの課題もふまえて、生殖補助医療の進展にともなう法規制が必要である＊27。

② 性的少数者と自己決定権

1 LGBTQ＋とは

これまでの歴史を少しふり返れば、日本では、性的少数者は社会構造の外側に置かれ、存在しないかのように扱われ、迫害され、治療の対象とされ、存在自体を罪として処罰されるという差別を受けてきた。したがって、性的少数者は、自分の本来の姿を隠し、社会から居場所を追われないように自己を偽る必要にせまられてきたのである。

性的少数者の人々を表す言葉として、LGBTQ＋があげられる。「L」とはレズビアン（女性同性愛者）、「G」とはゲイ（男性同性愛者）。「B」とはバイセクシュアル（両性愛者）、「T」とはトランスジェンダー（社会から割り当てられた性別と自認する性別が異なる人）、「Q」とはクイア（同性愛者への蔑称だったが、当事者が自己肯定的に使用するようになった言葉）やクエスチョニング（自身の性や性的指向が定まっていない人、自分の性をあえて決めていない人、まだ自身の性を決めかねている人）、そして「＋」とはプラス（上記以外にも多様な性のあり方があり、それらすべてを含意するという意味）のことを指す*28。これにとどまらず、個人の性のあり方について、さまざまな性的少数者がいる。

2 性同一性障害特例法

上記のように、身体的性と性自認が一致しない人のことをトランスジェンダーという。タレントのはるな愛さんやゲンキングさんなどが当事者であることは有名な話である。

2003年に性同一性障害特例法（正式名称「性同一性障害者の性別の取扱いの特例に関する法律」）が制定された。この法律によって、要件をすべて満たした者は家庭裁判所の審判を受け、戸籍上の性別の変更が認められるようになった。その要件とは、年齢要件（20歳以上であること）、非婚要件（現に婚姻をしていないこと）、未成年の子なし要件（現に未成年の子がいないこと〔2008年改正以前は「現に子がいないこと」〕）、生殖不能条件（生殖腺がないこと、または生殖腺の機能を永続的に欠く状態にあること）、身体変更要件（その身体について他の性別に係る身体の性器に係る部分に近似する外見を備えていること）*29、そして、2名以上の医師による性同一性障害であるとの診断、である。

法的な性別変更により、変更された性別として異性との法律婚、生殖機能を欠くため夫婦の実子は持てないが、養子縁組により法的に親になること、法的に男性に変更したFtM（Female to Male：女性の身体で性自認は男性）の場合、AID（非配偶者間人工授精）を利用して妻が出生した子は嫡出子（法律婚の夫婦の子）になる、ということなどが可能になる。ただし、一度法的性別を変更すると、変更後に再変更する規定が特例法にはないため、もとの性別に戻ることは基本的には不可能であると考えられている*30。

日本性同一性障害・性別違和と共に生きる人々の会（gid.jp）の調査によれば、性別変更認容件数は2023年までに1万3151人の申立のうち1万2800人であった*31。

3 性的少数者に関する判例

性同一性障害であると医師に診断されないトランスジェンダーや、性同一性障害者であっても性別変更手術を受けていない者は性別の変更ができないという問題があげられていた。これに関して、2023年10月に、上記の性別変更要件とされている**「生殖不能要件」を違憲とする最高裁決定（2023年）**が出された。本件は、性同一性障害者が戸籍上の性別を変更するのに、生殖能力をなくす手術を事実上の要件とした性同一性障害特例法の規定が憲法に反するかどうかが争われた家事審判である。

判旨としては、「手術を受けるか性別変更を断念するかという過酷な二者択一を迫るもので、制約の程度は重大だ」とされ、最高裁は、自らの意思に反して身体を傷つける「侵襲」を受けない自由は重要な権利だとして、幸福追求権を定めた憲法13条で保障されていると指摘した。また、身体への強度な侵襲である手術を余儀なくさせることはこの自由の制約にあたり、必要かつ合理的でないかぎり、許されないとした。そのうえで規定の必要性や合理性を検討し最高裁は、規定はもとの生殖機能で子が生まれることによる社会の混乱などを避けるために設けられたが、「当事者が子をもうけて問題が生じることは極めてまれだ」と述べた。性別変更を申し立てた人は1万人を超え、性同一性障害への理解も広まりつつあるとし、「規定による制約の必要性は低減している」としたのである。

また、最高裁は、医学的知見の進展をふまえて当事者ごとに必要な治療は異なるとし、「治療としての手術を求める規定は医学的に合理性を欠く」とし、また、国際的に生殖不能要件のない国が増えていることも考慮し、「身体への侵襲を受けない自由への制約は過剰で、規定は必要で合理的なものとはいえない」と結論づけたのである。

次に、同性パートナーが、犯罪被害者等給付金支給法（犯給法）に基づく遺族給付を受けられるかが争われた訴訟（**「同性パートナーにも犯罪被害の遺族給付金を」訴訟最高裁判決〔2024年〕**）について学習しよう。

本件は、同居していた同性パートナーが殺害された原告が、犯罪被害者の遺族を対象とした国の給付金を申請したものの、それが認められずに不服として愛知県に対して提訴したものである。

下級審である第二審の名古屋高裁（2022年）では、同性パートナーが、犯罪被害者給付金の支給対象者に係る規定（犯給法5条1項1号）の「婚姻の届出をしていないが、事実上婚姻関係と同様の事情にあった者」に該当しないと判断し、遺族給付金の「支給対象にならない」と判断した。今回の上告審では、その判決を破棄して名古屋高裁に差し戻し、被害者と事実婚の関係だったか否か、さらに心理を尽くす必要があるとして、審理のやり直しを命じた。

最高裁は、下級審が退けた「婚姻の届出をしていないが、事実上婚姻関係と同様の事情があった者」に同性パートナーが該当するとして、下級審の判断に「明らかな法令違反がある」と判示した。

最高裁によれば、給付制度の目的は「犯罪行為により不慮の死を遂げた者の遺族等の精神的、経済的打撃を早期に軽減するなど」とし、「犯罪被害等を受けた者の権利利益の保護が図られる社会の実現に寄与すること」である。最高裁はこの給付制度の目的や趣旨を重視し、「そうした打撃を受け、その軽減等を図る必要性が高いと考えられる場合があることは、犯罪被害者と共同生活を営んだ者が、犯罪被害者と異性であるか同性であるかによって直ちに異なるものとはいえない」として、支給対象に同性パートナーも該当すると判示したと言えよう。

ただし、裁判官補足意見では、「あくまで犯罪で不慮の死を遂げた者の遺族等への支援と言う特有の目的で支給される給付金の解釈を示した」とされており、他の法令でも同性パートナーが対象になるわけではないということを示した。

これらの判例の他にも最高裁判例として、経産省の職員のトランスジェンダー当事者のトイレの使用に関して争われた**経産省事件最高裁判決（2023年）**もある。

「同性パートナーにも犯罪被害の遺族給付金を」訴訟の最高裁の態度は、犯給法の目的や趣旨に照らして、同性間と異性間のカップルの形式ではなく実態に注目したと考えられる。今後、性的少数者をめぐる権利保障（同性婚の法的承認など）においては、国や行政は、カップルの実態に注目して法や政策形成についての議論が展開することが期待されるだろう。

これは家族に関する問題でもある。家族に関しては、第９章で詳しくふれているので、そこで理解を深めよう。

注

＊1　佐藤幸治『日本国憲法論〔第2版〕』(成文堂、2020年)194頁など参照。
＊2　佐藤・前掲注(1)195-196頁など参照。
＊3　佐藤・前掲注(1)195-196頁など参照。
＊4　芦部信喜(高橋和之補訂)『憲法(第8版)』(岩波書店、2023年)122-123頁、毛利透＝小泉良幸＝淺野博宣＝松本哲治『憲法Ⅱ　人権(第3版)LEGAL QUEST』(有斐閣、2022年)53-54頁など参照。
＊5　芦部・前掲注(4)123-124頁、毛利ほか・前掲注(4)54-56頁など参照。
＊6　本節以下の具体的な権利内容についても、芦部・前掲注(4)124-134頁、毛利ほか・前掲注(4)56-72頁など参照。
＊7　佐藤・前掲注(1)202-209頁など参照。
＊8　佐藤・前掲注(1)212-214頁など参照。
＊9　三成美保＝笹沼朋子＝立石直子＝谷田川知恵『ジェンダー法学入門〔第3版〕』(法律文化社、2019年)140頁など参照。
＊10　三成ほか・前掲注(9)140頁など参照。
＊11　三成ほか・前掲注(9)135頁など参照。
＊12　辻村みよ子＝糠塚康江＝谷田川知恵『概説　ジェンダーと人権』(信山社、2021年)187頁以下など参照。
＊13　三成ほか・前掲注(9)136頁など参照。
＊14　三成ほか・前掲注(9)136頁など参照。
＊15　三成ほか・前掲注(9)138頁など参照。
＊16　三成ほか・前掲注(9)138頁など参照。
＊17　三成ほか・前掲注(9)142頁など参照。
＊18　三成ほか・前掲注(9)142頁など参照。
＊19　三成ほか・前掲注(9)142頁など参照。
＊20　三成ほか・前掲注(9)144頁など参照。
＊21　三成ほか・前掲注(9)142頁など参照。
＊22　辻村ほか・前掲注(12)198頁など参照。
＊23　三成ほか・前掲注(9)148頁など。
＊24　日本学術会議『対外報告　代理懐胎を中心とする生殖医療の課題――社会的合意に向けて』(2008年)3頁など参照。https://www.scj.go.jp/ja/info/kohyo/pdf/kohyo-20-t56-1.pdf(最終閲覧2025年1月21日)
＊25　三成ほか・前掲注(9)148頁など参照。
＊26　辻村ほか・前掲注(12)183頁以下など参照。
＊27　辻村ほか・前掲注(12)183頁以下など参照。
＊28　辻村ほか・前掲注(12)72-73頁など参照。
＊29　2019年4月から性別適合手術に保険が適用できるようになった(3割自己負担)。
＊30　辻村ほか・前掲注(12)78-79頁など。
＊31　日本性同一性障害・性別違和と共に生きる人々の会(gid.jp)のホームページ「性同一性障害特例法による性別の取扱いの変更数調査」(2023年度)。https://gid.jp/research/research0001/2023%e5%b9%b4%e7%89%88/(最終閲覧2025年1月8日)

※本章における注以外の参考文献
渡辺康行＝宍戸常寿＝松本和彦＝工藤達朗『憲法Ⅰ　基本権(第2版)』(日本評論社、2023年)

第9章 法の下の平等

▸日本国憲法の概説

日本国憲法14条

① すべて国民は、法の下に平等であつて、人種、信条、性別、社会的身分又は門地により、政治的、経済的又は社会的関係において、差別されない。

② 華族その他の貴族の制度は、これを認めない。

③ 栄誉、勲章その他の栄典の授与は、いかなる特権も伴はない。栄典の授与は、現にこれを有し、又は将来これを受ける者の一代に限り、その効力を有する。

① 法の下の平等の歴史

近代立憲主義は、個人の尊厳を基本原理とするが、この個人の尊重の原理は、個人の自由と同時に、個人の平等な取扱いを要請する*1。すなわち、近代立憲主義は、個人の自由と並んで、個人間の平等を基本理念としている。

それは、アメリカ独立宣言では「すべての人は平等に作られ、創造主によって、一定の奪い難い天賦の権利を付与されている」、フランス人権宣言では「人は自由かつ権利において平等なものとして出生し、かつ生存する」と規定されているようにである。

近代市民社会においては、すべての人を法的に扱い、その自由な活動を保障するという「形式的平等」(機会の平等)が、平等概念の中心であった。しかし、第6章で学習した人権の歴史の展開を思い出してほしいが、19世紀から20世紀にかけて、資本主義が発展すると形式的平等はかえって人々の不平等を深刻化させていった。そこで、20世紀的な社会国家においては、社会的・経済的弱者に厚い保護を与え、それによって個人間の実質的な平等をはかるという「実質的平等」(結果の平等)が重視されるようになったのである。

② 日本国憲法が定める法の下の平等

日本国憲法は、冒頭であげたように、その14条1項において「すべて国民は、法の下に平等であって、人種、信条、性別、社会的身分又は門地により、政治的、経済的または社会的関係において、差別されない」と定め、法の下の平等の基本原則を宣言している。

さらに個別的に、貴族制度の廃止（14条2項）、栄典にともなう特権の廃止（同3項）、普通選挙の一般原則（15条3項）、参政権の平等（44条）、家庭生活における男女平等（24条）、教育の機会均等（26条）を規定している。

③ 平等の意味

憲法14条1項が定める法の下の平等に関しては、そこに定められた「平等」が、形式的平等を意味するのか、実質的平等を意味するのか。

ここで言う、形式的平等とは、個人間のさまざまな差異を一切捨象して、原則的に一律平等に取り扱うことである（＝機会の平等）。一方、実質的平等とは、個人間の差異に着目して、その格差是正をおこなうことである（＝結果の平等）*2。

憲法14条1項が定める法の下の「平等」の意味に関する学説を見ていこう。

学説

A　相対的平等説（通説・判例）

この説によれば、憲法14条が定める「平等」とは、原則として形式的平等のことである。したがって、14条を根拠として、現実の経済的不平等の是正といった実質的平等の保障を国に要求することはできないとする。

ただし、憲法14条が定める「平等」は、いかなる場合にも各人を絶対的に等しく取り扱うという絶対的・機械的平等を意味するのではなく、同一事情・同一条件のもとでは均等的な取扱いを要求するが、異なった事情・条件の下では、取扱いに合理的な差異を持たせることも許容するという相対的平等である。

よって、憲法14条は、原則的には形式的平等を要求するものの、合理的な範囲内で取扱いにより差異を設けることも認められる。

B　実質的平等説

この説によれば、現代的な福祉国家・社会国家の理念は実質的平等を要請しているので、14条の「平等」も国家権力による実質的平等を意味すると解するべきである。よって、憲法14条は「不平等な取扱いを受けない権利」という消極的性格を有するのみではない。それは、実質的な平等状態を実現するために、国に対して一定の行為を要求する根拠となるという積極的性格も有する。

④「法の下の平等」の対象

憲法14条が規定する「法の下の平等」は、誰に対して何を要求するのかをめぐって学説が対立していた。

学説

A　法適用平等説（立法者非拘束説）

この説によれば、「法の下の平等」とは、法を執行し適用する行政権・司法権が国民を差別してはならないという法適用の平等のみを意味し、立法権を拘束しない。したがって、「法の下の平等」は法内容の平等までを要求するものではない。ただし、14条1項後段の列挙事由は、例外的に立法者を拘束する。

B　法内容平等説（立法者拘束説、通説・判例）

この説によれば、日本国憲法は、法の支配の下、人権を立法権を含むあらゆる国家権力から不可侵のものとして保障している。よって、「法の下の平等」も国政（国の政治）全般を直接拘束する法原則であり、法の適用についての平等だけでなく、法の内容についての平等も要求する。したがって、「法の下の平等」は行政府・司法府のみならず、法律の定立について立法府をも拘束する。

⑤平等原則と平等権

「法の下の平等」は、本来、「権利における平等」（＝平等原則）を意味するものであったが、実質的平等の要求の高まりとともに、平等自体を権利として考え、「平等権」が主張されるようになった。

ちなみに、平等原則とは、国家は権利の保障において、国民を不合理に差別してはならないという原則である。平等権とは、法的に扱われる権利ないし不合理な差別を受けないという個人の権利のことである。

憲法14条が平等原則と平等権のどちらを定めたものであるかに関しては争いがある。先ほどから学説が続いて大変かもしれないが、がんばっていっしょに見ていこう。

学説

A　権利性肯定説（通説）

この説によれば、憲法14条の「法の下の平等」は、平等原則と平等権を同時に規定したものであり、両者は表裏の関係にある。それはすなわち、憲法14条は、国家の側から見れば平等原則を、国民の側から見れば平等権を定めたものである。

B　権利性否定説

この説によれば、「平等」は関係的概念であって、単一の権利概念としては成り立ちえない。訴訟を提起するにあたっては、平等原則違反を言えば足りるのであって、あえて平等権という概念を構成する必要はない。したがって、憲法14条の「法の下の平等」は、平等原則を規定するのみで、個人に権利としての平等権を保障するものではない。

⑥ 憲法14条1項後段の列挙事由の意義

憲法14条1項後段には、禁止される差別事由として、以下の4つのものが挙げられている。これらは歴史的に見て不合理な差別がおこなわれてきた代表的な事項である*3。

①「人種」については、本来、皮膚、毛髪、目、体型などの身体的特徴によって区別される人類学上の種類のことであるが、ここでは社会学的概念として、地域的・宗教的・言語的な集団も含まれる。②「信条」については、歴史的には主に宗教や信仰を意味したが、今日ではさらに広く思想・世界観などを含むと解されている。③「性別」については、本来、男女の生物学的・肉体的性差のことを意味するが、今日では、社会的・文化的性差としてのジェンダー（LGBTQ＋など性的少数者も含む）による差別が問題になっている。④「社会的身分・門地」については、前者は、一般に人が社会において占めている地位のことを意味し、後者は、家系・血統等の家柄を指す。

これらの差別禁止事由が、14条1項後段で特に列挙されていることの意味をどのように解釈するかについては、学説が分かれている。

学説

A　限定列挙説

この説によれば、憲法14条1項後段の列挙事由は限定列挙（制限列挙）であり、列挙された事由による差別のみが禁止される。

B　例示列挙説（通説・判例）

この説によれば、憲法14条1項後段の列挙事由は単なる例示列挙にすぎず、他の事由による差別も禁止される。

C　列挙事由厳格審査説（有力説）

この説によれば、憲法14条1項後段の列挙事由は、歴史的に見て不当な差別がおこなわれてきた代表例であり、単なる例示以上の意味がある。ここにあげられた事由に基づく差別は、原則として許されない差別と推定され、その目的や必要性について、特に厳格に審査しなければならない。

⑦ 平等違反の違憲審査基準

憲法14条は、法の下の平等を要求し差別を禁止しているが、禁止する差別に当たるかどうかをどのように判断するのか*4。それについては、学説に争いがある。

まず、合理性の基準説（従来の通説・判例）によれば、憲法14条1項が禁止する差別は「不合理な差別」のみであり「合理的差別」は許される（相対的平等説）。したがって、取扱い上の区別が憲法に反するか否かは、その区別が「合理的」であるか「不合理」であるかによって判断する。「合理的」であるかどうかは、区別をおこなう目的の正当性・合理性、および区別の態様・程度の合理性によって判断される。

これに対して、平等原則についての二重の基準論（有力説）によれば、憲法14条1項後段の列挙事由に基づく差別は、原則として不合理な差別として違憲性が推定される。そのために、これを合憲とするためには、強度の正当化理由が必要となる。よって、後段の列挙事由に基づく差別は「厳格な審査基準」によって、その合理性を判断する。他方、後段の列挙事由に当たらない差別は、「合理性の基準」によって判断する。

ただし、平等原則に関わる権利が、一般の二重の基準論において厳格な審査を要するとされているもの（例：精神的自由権、選挙権）については、「厳格な審査基準」によらなければならない。

平等違反に関する重要な判例として**尊属殺重罰規定事件最高裁判決（1973年）**、**婚外子相続分差別規定事件最高裁判決（2013年）**があげられる。

判例　**尊属殺重罰規定事件最高裁判決［最大判1973年4月4日刑集27巻3号265頁］**

【事件の概要】

本件は、14歳で父親に暴行され、その後15年間にわたって夫婦同然の関係を強いられて5人の子どもまで産んだ被告人が、職場の同僚との正常な結婚を望んだところ、父に監禁・暴行されたために、思いあまって父を絞殺した事件である。
刑法200条（現行法では削除）では、「自己又ハ配偶者ノ直系尊属ヲ殺シタル者ハ死刑又ハ無期懲役ニ処ス」という尊属殺重罰規定があり、これが社会的身分に基づく不合理な差別にあたり法の下の平等に反するのではないかが争われた。

【判旨】

最高裁は、この判決が出される1973年までは、親子関係は社会的身分にあたらず、夫婦、親子、兄弟等の関係を支配する道徳は、「人倫の大本」であるとして旧刑法200条は合憲であると判断してきた。
しかし、最高裁の立場に対しては、ⓐ刑法200条は封建的な家父長制的イデオロギーの残滓（ざんし）であり、ⓑ「死刑又ハ無期懲役」という刑罰は重罰にすぎる、との問題が指摘されていた。
そこで最高裁は、この事件において判例を変更し、刑法200条を違憲無効として、刑法199条の普通殺人罪を適用し、被告人に執行猶予付き判決を下した。

ちなみに本判決は、戦後で初めて法令違憲とされたものである。この判決以後、尊属殺人罪は適用されなくなり、尊属殺人も通常の殺人罪で起訴されるようになった。しかし、刑法200条そのものは、1995年の刑法改正によって削除されるまで残っていた。

判例 婚外子相続分差別規定事件最高裁決定［最大決2013年9月4日民集67巻6号1320頁］

【事件の概要】

本件は、法定相続について規定した**民法900条4号ただし書**が、婚外子（法律婚をしていない男女から生まれた子）について、嫡出子（法律婚をしている男女から生まれた子）の法定相続分の2分の1と規定しており、それが法の下の平等に反しないかが争われた事件である。

【判旨】

最高裁は、相続制度は国民の意識から離れて定めることができないものであり、立法裁量に委ねられているものであるとした。それによって、最高裁は、本件で問題となっている民法900条4号ただし書きの規定を合憲であると判断した1995年

条文

民法第900条4項ただし書：子、直系尊属又は兄弟姉妹が数人あるときは、各自の相続分は相等しいものとする。ただし、嫡出でない子の相続分は、嫡出である子の相続分の2分の1とし、父母の一方のみを同じくする兄弟姉妹の相続分は、父母の双方を同じくする兄弟姉妹の相続分の2分の1とする。（＊網掛け部分が削除された）

の最高裁決定（1995年）の時点から、国民の意識が変わったことなどを総合考慮すれば、「父母が婚姻関係になかったという、子にとっては自ら選択ないし修正する余地のない事柄を理由としてその子に不利益を及ぼすこと」に合理性はなく、同規定が憲法14条１項に違反すると判断した。
本決定を受けて2013年12月、民法900条４号ただし書の前半部分を削除する改正がおこなわれた。

⑧ アファーマティブ・アクションの問題

アメリカでは、歴史的に差別を受けてきたグループ、とりわけ有色人種や女性に対して、大学入学や雇用などに関し特別枠を設け、優先的な処遇を与える措置がおこなわれてきた。これをアファーマティブ・アクション（Affirmative Action：積極的差別是正措置）またはポジティブ・アクション（Positive Action）と言う。

アファーマティブ・アクションに関して日本で問題となるのが、たとえば、女子のみに入学をみとめる国立大学（以下、国立女子大学）の存在があげられる。

国立女子大学は、これまで女性に高等教育の機会を与えるための一種のアファーマティブ・アクションであると考えられてきた、女性の大学進学率が上昇した今日においては、国立女子大学は「逆差別」にあたり、違憲であるとする学説が有力となっている。

ちなみに、文部科学省「学校基本調査」によれば、2023年の大学進学率は男性が60.7％、女性が54.5％である。

⑨ 国籍に関する問題

法務省によれば、国籍とは、人が特定の国の構成員であるための資格である*5。

国家が存立するためには、領土とともに、国民の存在が不可欠であることから、国籍という概念は、どこの国にもある*6。しかし、どの範囲の者をその国の国民として認めるかは、その国の歴史、伝統、政治・経済情勢等によって異なり、それぞれの国が自ら決定することができる*7。

最高裁は2008年に、父が日本人で母が外国人の非嫡出子の生後認知では日本国籍を取得できないことを定めた国籍法の規定を違憲と判示した。これを受け、2008年12月12日、国籍法が改正（2009年１月１日施行）され、出生後に日本人に認知されていれば、父母が結婚していない場合にも届出によって日本の国籍を取得することができるようになった。

そこで、前述の**国籍法違憲判決（2008年）**を学習しよう。

判例 国籍法違憲判決［最大判2008年6月4日民集62巻6号1367頁／集民228号101頁］

【事件の概要】

本件は、日本人の父親とフィリピン人の母親から非嫡出子として生まれた原告である子どもが、日本国籍の確認を求めた訴訟である。旧国籍法3条1項は、日本国民の父と外国人の母とのあいだに出生した非嫡出子は、父から認知され、父母の婚姻により出生子たる身分を取得した（準正）場合にかぎり日本国籍の取得を認めていた*8。しかし、原告たちは父親から認知はされたものの、父母が婚姻していないことから、日本国籍が認められていなかったのである。

【判旨】

最高裁は、「立法目的との間における合理的関連性は、我が国内外における社会的環境の変化等によって失われており、今日において、国籍法第3条1項の規定は、日本国籍の取得につき合理性を欠いた過剰な要件を課するもの」であり、「本件区別は合理的な理由のない差別となっていたといわざるを得ず、国籍法3条1項の規定が本件区別を生じさせていることは、憲法14条1項に違反する」として、「父母の婚姻により婚外子たる身分を取得したという部分を除いた国籍法3条1項所定の要件が待たされるとき」には日本国籍を認めるとした。

ちなみに、本判決は戦後で8例目の法令違憲とされたものである。

⑩ 議員定数不均衡問題

近代選挙の原則の1つとして、「平等選挙」がある。これは、当初、1人1票の原則を意味するものであるという見解もあったが、現在では、1票の価値の平等として、投票価値の平等を要請したものであると解されている。

1票の価値の較差は、選挙区ごとに選出される議員数が人口に比例していない場合に生じる。たとえば、1万人の人口で議員定数が1名であるA選挙区において、1票あたりの価値が1だとする。それに対して、5万人の人口で議員定数が1名であるB選挙区においては、1票あたりの価値は0.2票になる。したがって、A選挙区とB選挙区のあいだの投票価値の較差は1対0.2という不均衡の状態であることになる。

最高裁は、当初、投票価値の平等は憲法上の要請ではないという立場だった（たとえば、参議院の定数訴訟をめぐる**最高裁判決〔1964年〕**）。しかし、1976年の衆議院の議員定数をめぐる**最高裁判決（1976年）**で、投票価値の平等も憲法の要求するところであるという立場を採用した。なお、近時の最高裁判決では、衆議院につき1対2.129で**違憲状態（2015年）**、参議院につき1対4.77で**違憲状態（2014年）**と判示されている。

議員定数不均衡として、投票価値の平等が認められない場合、1票の較差が直ちに違憲となるのではない。合理的期間内において是正されれば違憲であることが避けられる。すなわち、その合理的期間内において是正がなされなかったときに違憲と判断されるのである。

しかし、実際に議員定数不均衡により選挙制度を違憲とした場合、国政は混乱することになる。たとえば、ある国政の選挙が終了したとして、その選挙が議員定数不均衡であり、それに用いられた選挙制度が違憲であると裁判所で判断されたからといって、その選挙をただちに無効にはしない。たとえば、選挙制度が違憲だとされたことで、当該選挙がただちに無効となり、再度選挙をおこなうことになったらどうであろうか。再び、投票の準備や選挙活動などをおこなわなければならなくなる。それによって、人々にとって人的・時間的なロスが生じてしまう。そうした事態を回避するために、最高裁は事情判決の法理を採用している。

⑪ 家庭生活における個人の尊厳と両性の本質的平等

日本国憲法24条

① 婚姻は、両性の合意のみに基いて成立し、夫婦が同等の権利を有することを基本として、相互の協力により、維持されなければならない。

② 配偶者の選択、財産権、相続、住居の選定、離婚並びに婚姻及び家族に関するその他の事項に関しては、法律は、個人の尊厳と両性の本質的平等に立脚して、制定されなければならない。

日本国憲法では、その14条で公的領域における国民の平等を規定していることは、本章ですでに見てきたとおりである。その「法の下の平等」のほかに、24条では、家庭生活におけるジェンダー平等を規定している。

24条は、戦前の戸主が家庭内を支配していた家制度を否定して、家庭生活における個人の尊厳と両性の本質的平等を原理として掲げた規定である。

同条の法的性格には、多様な解釈が示されてきたが、通説としては、憲法14条の「法の下の平等」を家庭生活の場面に適用したものであるという見解[*9]や、その平等原則と憲法13条における個人の尊重を家庭内に当てはめたものであるという見解[*10]があげられる。つまり、憲法24条は、憲法14条やそれと憲法13条の意味を家庭生活に受け継いだ規定であるという理解が一般的である。

‣ジェンダー問題

① 公序良俗とジェンダー差別

公序良俗とは、第7章で見てきたように、民法90条に規定されている公の秩序または善良の風俗に反する事項を目的とする法律行為は、無効とするものである。これに関して、女性労働に関するコース別雇用・昇格差別管理についての判例を学習していこう。

男女雇用機会均等法の制定などにより、日本の企業内でのあからさまな男女差別が禁止になると、多くの企業は総合職と一般職等にコースを分け、前者を男性、後者を女性に分け、男女労働者間の昇格・賃金差別を温存してきた[*11]。

これについて、**野村證券男女差別事件東京地裁判決（2002年）**では、改正均等法の施行前については公序良俗違反ではないとしても、同法施行後の1994年4月以降のコース別雇用管理について、初めて違法性を認めて、請求の一部を認容して損害賠償の支払いを命じた。

これに対して、**兼松事件東京地裁判決（2003年）**では、男女のコース別管理が憲法14条の趣旨に反するとしても、当時、労働基本法3条・4条はコース別管理を禁止しておらずに、1985年当時の均等法は、男女で差別的取扱いをしないことを努力義務にとどめていることから、男女のコース別の処遇が公序良俗違反にならないとした。また、職掌別賃金制度も職掌転換制度が合理的であることから、違法ではないとした[*12]。

この憲法の趣旨に反するが、公序良俗に違反しないと判断している判例として**住友電工事件大阪地裁判決（2000年）**がある。

本件は、改正均等法施行前に高卒の事務職として採用された女性労働者の昇進・

昇格・昇給差別に関する事例である。大阪地裁は、当該差別は「憲法の趣旨に反するが、採用時点で公序良俗に反したとはいえない」として原告の請求をしりぞけたのであった。その後、大阪高裁(2003年)で和解が成立して、原告の昇格が認められたのである*13。

その後、コース別雇用管理における賃金格差が問題となった**兼松事件東京高裁判決(2008年)**では、「男性と大きな賃金格差があったことに合理的な理由はなく、性の違いによって差別した」と述べ、「男女同一賃金を定めた労働基準法四条に反する」として違法な差別であることを認定した。本件は、最高裁判決第三小法廷(2009年)も上告を棄却したために、東京高裁判決による兼松側の敗訴が確定したのである。

上記で見てきた、特に住友電工事件大阪地裁判決(2000年)で示した「憲法の趣旨に反するが公序良俗に反したとはいえない」という論理については、矛盾を含んだものに見える*14。

これまで出された多くの判例では、憲法14条の平等原則違反ではなく、民法90条の公序良俗違反とされてきた。そこでは、憲法の間接適用の法理が適用されていた。

憲法は国家対個人の縦の関係を規律するものであると位置づけられてきたが、現代では社会的権力や私人の集団による人権侵害が問題となってきた。そこで、私的自治の原則を害しない範囲で、私法上の一般条項(民法1条、同90条など)を介在させて、間接的に憲法の趣旨を私人間の権利保障にも及ぼそうとする間接適用説が、日本の通説・判例になった。

上記の住友電工事件判決等では、男女雇用機会均等法改正施行の前後で論理を分断した。すなわち、改正均等法施行(1999年)前では「憲法の趣旨に反するが公序良俗に反したとはいえない」という論理がとられ、重要な問題を含んでいると言われている*15。

② 婚姻をめぐる平等

1 近年の動向

近年、日本においても婚姻に関する問題は平等になってきていると思われる。

たとえば、婚姻適齢について男性が18歳、女性が16歳と2歳の差が設けられていたが、2022年4月から婚姻適齢が、男女ともに18歳に統一された。

また、2024年4月1日から施行された改正民法では、女性のみに課せられた100日間の再婚禁止期間*16が廃止された。

さらに、同改正民法により、嫡出推定制度も変更された。これまでの嫡出推定制度は、婚姻の成立した日から200日を経過した日より後に生まれた子または離婚等により婚姻を解消した日から300日以内に生まれた子を、夫の子と推定することとしていた。今回の改正により、婚姻の成立した日から200日以内に生まれた子についても、夫の子と推定することとし、婚姻の解消等の日から300日以内に生まれた子については、母が前夫以外の男性と再婚した後に生まれた場合には、再婚後の夫の子と推定することになった。これによって、婚姻の解消等の日から300日以内に生まれた子であっても、母が前夫以外の男性と再婚した後に生まれた場合には、再婚後の夫を父とする出生の届出が可能となったのである。

嫡出否認権についても、これまで夫のみに認められていたが、子および母にもそれが認められたり、嫡出否認の訴えの出訴期間が1年から3年に伸長されたりする改正がおこなわれた。

このように、近年、ジェンダー差別的な個別法（民法）の規定が徐々に是正されてきている。

しかし、婚姻に関して現在も議論されている問題として、夫婦同氏制度と同性婚の法的承認があげられるので、これらの問題についてみていこう。

2 夫婦同氏制度

民法750条は、夫婦同氏制を定めている。婚姻時に夫婦のどちらかの氏を夫婦の氏にしなければならない。夫婦の氏の選択肢として、夫と妻の氏のどちらもあげられている点から、形式的平等には適っていると最高裁も認めるところである。

民法同条は夫婦の氏として、夫か妻のどちらかの氏を選択できる点では、性中立的な規定であるが、実際には、現在約95％の女性が夫の氏を選択していることが現状である。この点から、同規定が間接差別をもたらしているとも考えられる。

日本では1980年代後半から、民法の家族法部分の改正がめざされるようになり、その1つとして民法750条の改正案として、**選択的夫婦別氏制度**の導入が検討されてきた。

2015年12月、最高裁によって、民法750条について合憲判断が下された（**夫婦別姓訴訟最高裁判決〔2015年〕**）。その判決で最高裁は、氏の呼称は名と同様に意義があるものであり、「氏に、名とは切り離された存在として社会の構成要素である家族の呼称としての意義があることから」、「氏が、親子関係などの一定の身分関係を反映し、婚姻を含めた身分関係の変動に伴って改められることがあり得ることは、その性質上予定されているといえる」として、家族の「呼称を一つに定めることは合理性が認められる」と判断した。

その後、2021年の**第二次夫婦別氏訴訟最高裁決定**においても、民法750条について合憲判断が下された。本決定では、上記の2015年大法廷判決を踏襲して最高裁は次のように判断した。同大法廷判決以降では、女性の就労率の増加などや選択的夫婦別氏制度の導入に賛成「の増加その他の国民の意識の変化といった原決定が認定する諸事情等を踏まえても、平成27年大法廷判決の判断を変更すべきものとは認められない。憲法24条違反をいう論旨は、採用することができない」。

3 同性婚をめぐる世界的潮流

1989年にデンマークで登録パートナーシップ制度が開始され、婚姻レベルでは、2000年にオランダで同性婚が承認され、2001年にそれが施行された。アジアでは、2019年に台湾で同性婚に法的承認されたことが記憶に新しい。

同性愛については、宗教上の理由などから偏見や差別の対象となった歴史もあるが、近年諸外国では同性カップルの婚姻を認めたり、婚姻に準じた法的な保護を定める立法例が増えたりしている。現在、同性婚および登録パートナーシップなど同性カップルの権利を保障する制度を持つ国・地域は世界中の約22%（2023年2月時点）である[*17]。

反対に、同性婚が認められていない国としては、インドや中国を除くと、GDP上位10位以内では日本とイタリアのみである[*18]。また、アフリカでは、30か国以上で同性愛が犯罪とされている。これは、キリスト教などの宗教的な背景もあると言われている。たとえば、ウガンダでは最高刑は死刑となったり、ナイジェリアでは、同性婚には最高で禁錮14年が科せられたりする[*19]。

4 日本の状況――同性カップルについて

日本にも同性カップルが、多数存在している。日本国憲法には、その24条で「婚姻は、両性の合意にのみ基いて成立し、……」と、男女の合意のみが婚姻の本質的な要件であることが規定されている。

自治体レベルでは、同性カップルに同性パートナーシップ制度を認め、パートナーシップ証明書の発行などをおこない、同性カップルを支援する動きがある。パートナーシップ制度を導入する自治体は近年、急速に増えており、2024年6月の時点では459の自治体が導入し、2024年5月末時点の登録件数は7351組であった[*20]。

語句

選択的夫婦別氏制度…夫婦が望む場合には、結婚後も夫婦がそれぞれ結婚前の氏を称することを認める制度。

しかし、自治体のパートナーシップ制度を導入したとしても、同性カップルは、婚姻している異性カップルとは異なり、現実的に次の問題に直面する。それは、カップルの一方が事故に遭い、緊急手術への同意を病院から求められた際、他方パートナーは、家族として同意書にサインできるか、相続や年金を受給する権利はあるかなどという問題である。

企業などの団体において、性的少数者に関するダイバーシティ・マネジメントの促進と定着を支援する団体である一般社団法人「work with Pride」によれば、民間企業では、同性パートナーがいる社員を支援する企業も増えてきている*21。

5 同性婚をめぐる訴訟の動き

同性婚の承認を求めて、2019年から札幌、東京、名古屋、大阪、福岡の5つの地裁で**「結婚の自由をすべての人に」訴訟**が始まった。本訴訟は、同性婚を認めていない現行民法などの規定は憲法に違反するとしており、同性カップルらが国に損害賠償を求めたものである。

2024年12月現在、同性婚を認めないのは「違憲」とするのが4件、「違憲状態」とするのは3件、「合憲」とするのが1件である。札幌、東京そして福岡では、高裁判決も出され、3件すべてが「違憲」と判断された*22。

〈地裁判決〉

札幌地裁（2021年3月17日）	名古屋地裁（2023年5月30日）	福岡地裁（2023年6月8日）	東京地裁（第一次）（2022年11月30日）	東京地裁（第二次）（2024年3月14日）	大阪地裁（2022年6月20日）
違憲	違憲	違憲状態	違憲状態	違憲状態	合憲

〈高裁判決〉

札幌高裁（2024年3月14日）	東京高裁（第一次）（2024年10月30日）	福岡高裁（2024年12月13日）
違憲	違憲	違憲

そこで2024年に出された近時の判例である①東京地裁（第二次）、②札幌高裁、③東京高裁（第一次）、そして④福岡高裁について確認していく。

①東京地裁（第二次）判決では、同性婚を認めない法整備の未整備の現状を「個人の尊厳と両性の本質的平等」を掲げた憲法24条2項に違反し、個人の重要な人格的利益を剥奪している状態であると判断した。このように、同地裁は、同性カップルに婚姻と同様の法的利益を享受するための制度が設けられていない点を「重要な人格的利益を剥奪するものにほかならない」と指摘はしたものの、最終的に、現行の法制度については、現時点で違憲とまでは言えないと結論づけた。

②札幌高裁判決では、憲法24条1項は「両性」という文言だけでなく、その目的も踏まえて解釈すべきだと指摘し、「人と人との自由な結びつきとしての婚姻をも定めている」と述べ、同性間の婚姻も異性間と同じ程度に保障されているとした。

また、同高裁は、同性婚を認めない現行規定は、同性カップルに社会的な著しい不利益を及ぼすだけでなく、アイデンティティーの喪失感を抱かせるなど、「個人の尊厳を成す人格が損なわれる事態になっている」と指摘した。

そのうえで、世論が同性婚を容認する割合の高まり、自治体のパートナーシップ制度が婚姻の代わりになっていないことをふまえて、同高裁は、同性婚が認められていない現状は「国会の立法裁量の範囲を超え、憲法24条に違反する」と結論づけた。

また、「法の下の平等」を定めた憲法14条についても、同高裁は、異性カップルの婚姻は認めているのに、同性カップルには許さないのは「性的指向を理由とした合理性を欠く差別的取り扱い」であり、規定は14条に違反するとした。

③東京高裁（第一次）判決では、「婚姻によって法的な関係がつくられることが、安定で充実した社会生活を送る基盤にな」る関係は、異性カップルと同様に同性カップルにとっても重要なものであるとして、同性婚の法的保護を承認すべき旨を述べた。

また、同高裁は、パートナーシップ制度を導入する自治体の広がりや、意識調査に示されている同性婚を賛成する人々の増加などから、同性婚を「社会的に受け入れる度合いは相当程度高まっている」として、同性婚と異性婚を「法的に区別する状態を現在も維持することに合理的根拠があるとは言えない」と判断した。

さらに、同高裁は、同性婚を認めていない現行規定は「個人の人格的生存と結びついた重要な法的利益について合理的な根拠に基づかずに性的指向により法的な差別的と取り扱いをするもので、憲法14条1項と24条2項に違反する」と判断したのである。

④福岡高裁判決では、「婚姻は、人にとって重要かつ根源的な営みであ」り、「両当事者において、婚姻し、これを維持することを希望する場合には、その希望は最大限に尊重されなければならない」ことから、「幸福追求権としての婚姻について法的な保護を受ける権利は、個人の人格的な生存に欠かすことのできない権利であ」ると判断した。

また、同高裁は、異性婚に法的な地位や保護を与えるのに対して、同性カップルにそれらを認めていないのは、「合理的な根拠なく、同性のカップルを差別的に取扱うものであって、法の下の平等を定めた憲法14条1項に違反する」と指摘した。

さらに、同高裁は、憲法24条は家制度の廃止に「主眼」あり、その制定過程から、同性婚を禁止するものではないと述べた。そして、同高裁は、「同性婚を認めないことが直ちに同条1項に違反するとまでは解しがたいものの」、「本件規定のうち、同性のカップルを婚姻制度の対象外とする部分は、個人の尊重を定めた憲法13条に違反するもものであるから、婚姻に関する法律は個人の尊厳に立脚して制定されるべき旨を定める憲法24条2項に違反することは明らかである」と判断したのである。

この福岡高裁判決は、特に13条を違反としたことについては、同性婚訴訟においては初めてであり画期的な判決だとも言われている。

なお、上記のいずれの判決においても国への賠償請求は棄却されている。

地裁判決についても、1件（大阪地裁）を除き、同性婚を認めない民法などの規定（現行の婚姻制度）を「違憲」、「違憲状態」という判断がなされ、高裁判決も「違憲」と結論づけている。このような司法判断から、今後、同性婚訴訟においての裁判所の判断の行方が注視されるであろう。

注

＊1 芦部信喜（高橋和之補訂）『憲法（第8版）』（岩波書店、2023年）134頁以下、安西文雄＝巻美矢紀＝宍戸常寿『憲法学読本　第4版』（有斐閣、2024年）104頁など参照。

＊2 以下の本節学説についても、芦部・前掲注（1）136-138頁、安西ほか・前掲注（1）105頁、毛利透＝小泉良幸＝淺野博宣＝松本哲治『憲法Ⅰ　総論・統治（第3版）LEGAL QUEST』（有斐閣、2022年）74-83頁など参照。

＊3 以下の本節学説についても、芦部・前掲注（1）140-148頁、安西ほか・前掲注（1）106頁、毛利ほか・前掲注（2）79頁以下など参照。

＊4 芦部・前掲注（1）138-139頁、安西ほか・前掲注（1）107-109頁など参照。

＊5 法務省民事局「国籍Q＆A」。https://www.moj.go.jp/MINJI/minji78.html（最終閲覧2024年5月7日）

＊6 法務省民事局・前掲注（5）。

＊7 法務省民事局・前掲注（5）。

＊8 嫡出子、日本国民の母と外国人父の間の子、生前認知の場合は日本国籍を取得する。

＊9 佐藤幸治『日本国憲法論［第2版］』（成文堂、2020年）232頁など参照。

＊10 辻村みよ子『憲法と家族』（日本加除出版、2016年）121-125頁など参照。

＊11 辻村みよ子＝糠塚康江＝谷田川知恵『概説　ジェンダーと人権』（信山社、2021年）146頁参照。

＊12 辻村ほか・前掲注（11）146頁参照。

＊13 辻村ほか・前掲注（11）146頁参照。

＊14 辻村ほか・前掲注（11）147頁参照。

＊15 辻村ほか・前掲注（11）147頁参照。

＊16 ちなみに、再婚禁止期間違憲判決［最大判2015年12月16日民集69巻8号2427頁］を受けて、女性の再婚禁止期間が100日となったが、それまでは6か月間であった。この禁止期間は、女性のみに課せられたものであり男性には課せられていなかった。

＊17 NPO法人EMA日本ホームページ「世界の同性婚」。http://emajapan.org/promssm/world（最終閲覧2023年4月24日）

＊18 Spaceship Earthホームページ「同性婚とは？世界の現状や日本で認められない理由を成立するメリット＆デメリット」（https://spaceshipearth.jp/same-sex_marriage/〔最終閲覧2024年5月8日〕）。ちなみに、イタリアでも2016年より、同性カップルに結婚に準じた法的権利を認める法律が施行されている。

＊19「同性愛で死刑も…アフリカ30か国以上で犯罪、米キリスト教保守派の「思想の刷り込み」指摘も」（読売新聞オンライン2023年9月1日18時32分）など参照。https://www.yomiuri.co.jp/world/20230901-OYT1T50174/（最終閲覧2024年5月8日）

＊20「渋谷区・虹色ダイバーシティ全国パートナーシップ制度共同調査」。https://nijibridge.jp/（最終閲覧2024年4月24日）

＊21 企業の社員の同性パートナーも配偶者と同様に、看護休暇・介護休暇、家族手当、企業独自の遺族年金や保険に関する同性パートナーの受取人の指定などを支援する企業が年々増加しているということである。一般財団法人work with Pride, PRIDE指標事務局「PRIDE指標2024レポート」など参照。https://workwithpride.jp/wp/wp-content/uploads/2024/11/prideindex2024report-1.pdf（2025年1月21日）

＊22 本節の以下の判決においても、公益社団法人Marriage For All Japan ――結婚の自由をすべての人にホームページ「裁判情報」参照。https://www.marriageforall.jp/plan/lawsuit（最終閲覧2025年1月8日）

第10章 精神的自由権（1）：思想・良心の自由、信教の自由、学問の自由

‣日本国憲法の概説

日本国憲法19条

思想及び良心の自由は、これを侵してはならない。

20条

① 信教の自由は、何人に対してもこれを保障する。 いかなる宗教団体も、国から特権を受け、又は政治上の権力を行使してはならない。

② 何人も、宗教上の行為、祝典、儀式又は行事に参加することを強制されない。

③ 国及びその機関は、宗教教育その他いかなる宗教的活動もしてはならない。

23条

学問の自由は、これを保障する。

① 内心の自由

自由権は、人権のなかでも中心的位置を占める重要な人権である。そのような自由権のなかでも、精神的自由権は特に優越的な地位にあると考えられている人権である。この精神的自由権は、「内面的精神活動」と「外面的精神活動」に大別することができる*[1]。

このうち内面的精神活動の自由は、外面的精神活動の自由の基礎を成すものであると考えられる。

たとえば、自分は、お腹が空いてチョコレートが食べたいと思ったとする。そこで、コンビニに行ってチョコレートを購入して食べることができる。この行動から言えば、コンビニに行く、チョコレートを購入するという行動の基礎になるのが、「チョコレートを食べたい」と思うことである。

精神的自由権は次の表のような構造になっている。

内面的精神活動の自由	外面的精神活動の自由
・「思想・良心の自由」（憲法19条） ・「信仰の自由」（憲法20条） ・「学問研究の自由」（憲法23条）	・「表現の自由」（憲法21条） ・「宗教的行為の自由」（憲法20条） ・「宗教的結社の自由」（憲法21条） ・「研究発表の自由」（憲法23条） ・「教授の自由」（憲法23条）

②思想・良心の自由

日本国憲法19条では、「思想・良心の自由」が保障されている。思想・良心の自由は、精神的自由権のなかでももっとも基本的なものと考えられ、「表現の自由」や「信教の自由」、「学問の自由」の土台となるものと位置づけられている*2。

①国民がいかなる世界観、国家観、人生観を持とうとも、それが内心の領域にとどまるかぎりは絶対的に自由であり、国家がそれに干渉することはあってはならない。

②国民がいかなる思想を抱いているかについて、国家権力が露顕をすることは許されないということ（沈黙の自由）。

ただし、①に関しては、私人間においてはその保障の程度が弱まる場合もある。また、②に関しても、必ずしも思想と関連しない単なる知識や事実の知不知には、原則として、沈黙の自由が及ばないと解されている。したがって、裁判において証人に証言義務を課すことが憲法19条違反になるとは考えられない。

1 「思想」と「良心」の意義・保障範囲

憲法19条で保障される「思想」と「良心」の意義に関しては、通説・判例は両者を厳密に区別することなく一括してとらえている*3。

他方で、憲法19条で保障される「思想・良心の自由」の範囲に関しては、謝罪広告強制事件と関連して、これを狭義にとらえる見解と広義にとらえる見解が対立している。

そこで、**謝罪広告強制事件最高裁判決（1956年）**から見ていこう。

判例 謝罪広告強制事件最高裁判決［最大判1956年7月4日民集10巻7号785頁］

【事件の概要】

本件は、衆議院選挙に際し、他の候補者が汚職に関与したとの事実を新聞・ラジオを通じて公表した候補者が、名誉毀損で訴えられたことに端を発する。第一審の徳島地裁から謝罪広告を命じる判決を受け、第二審においても控訴を棄却されたため、候補者が上告し、謝罪を強制することは思想・良心の自由を侵害するとして争ったのが本件である。

【判旨】
最高裁は公表事実が虚偽かつ不当であったことを告白し、陳謝する意の表するにとどまる程度であれば、名誉毀損をおこなったものの有する倫理的な意思や良心の自由を侵害するものではないとして、謝罪広告強制に対して、合憲判断を下した。

次に、憲法19条で保障されている「思想・良心の自由」の範囲についての学説を見ていこう*4。

学説

A　内心説（最広義説）
この説は、憲法19条で保障される「思想・良心の自由」を内心における考え方ないし見方と、人の内心活動一般と解するものである。

B　信条説（狭義説、判例）
この説は、憲法19条で保障される「思想・良心の自由」を信仰に準ずべき世界観・人生観など個人の人格形成の核心を成すものとして限定的に解するものである。

C　広義説（有力説）
この説は、憲法19条で保障される「思想・良心の自由」を世界観、人生観、主義、主張などの個人の人格的な内面的精神作用を広く含むと解するものである。

2 憲法や民主主義を否定する思想の保護

上記のように、国家は、国民がいかなる世界観、国家観、人生観を持とうとも、それが内心の領域にとどまるかぎりは絶対的に自由であり、それに干渉することはあってはならない。そうであれば、個人は何を考えていてもよいのではないかと思えるかもしれない。

それに関して、通説によれば、たとえ憲法そのものや民主主義を否定するような思想であっても、それが「思想」にとどまるかぎりは制約を加えられない見解をとっている*5。

3 日の丸・君が代強制に関する問題

1999年に制定された「国旗及び国家に関する法律」は、日の丸を国旗とし、君が代を国歌として法定するものである。同法を法的根拠として教育現場等で日の丸の掲揚と君が代斉唱が強制されており、その強制が、個人の「思想・良心の自由」との関係で問題とされている。それに関する学説を確認しておこう。

学説

A　違憲説

この説によれば、日本国憲法上で「思想・良心の自由」を保障したのは、明治以降、天皇が政治だけではなく、国民の精神的・道徳的世界においても絶対的権威とされてきたことを否定することに意義がある。このようなことから、日の丸・君が代の強制は違憲であるとする。

B　合憲説

この説によれば、日の丸や君が代は古くから慣習上、国旗・国歌として定着しており、また、君が代の歌詞の内容も、日本国の象徴で、日本国民統合の象徴である天皇の治世を通じて日本の繁栄を願うものである。このようなことから、日の丸・君が代を強制しても、「思想・良心の自由」には反しないとする。

③ 信教の自由

憲法20条1項前段では、「信教の自由は、何人に対してもこれを保障する」と規定されている。ここで言う「信教の自由」は、その内容上、①「信仰の自由」、②「宗教的行為の自由」、③「宗教的結社の自由」の3つに分類されるのが一般的であり、その内容は次のとおりである*6。

① **「信仰の自由」**：宗教を信仰しまたは信仰しないこと、信仰する宗教を選択しまたは選好することについて、個人が任意に決定する自由である。信仰の自由からは「信仰告白の自由」なども派生する。

② **「宗教的行為の自由」**：礼拝や祈禱（きとう）などの宗教上の祝典・儀式・行事その他布教等を任意におこなう自由である。これには、宗教的行為をしない自由や宗教的行為への参加を強制されない自由も含まれる。

③ **「宗教的結社の自由」**：特定の宗教を宣伝し、または、共同で宗教的行為をおこなうことを目的とする団体（教団、宗教団体）を結成する自由である。

1 信教の自由の限界

内心における信仰の自由は絶対的に保障される「絶対権」であるが、なんらかの外部的行為をともなう宗教的行為の自由・宗教的結社は、他者の権利・利益と衝突する可能性がある。そのため、宗教的行為の自由・宗教的結社は、一定の制約を受けることがある。

ただし、一定の制約を課す場合でも、外部的行為の根源にある信仰それ自体を悪として規制することは許されず、その意味で制約を課す際には慎重な配慮が要求される*7。

これに関連する2つの判例を見ていこう。

判例 加持祈禱事件最高裁判決［最大判1963年5月15日刑集17巻4号302頁］

【事件の概要】

本件は、精神障害者の治療の依頼を受けた僧侶が、その障害者のなかに狸がいるとして、線香摩擦（まさつ）による加持祈禱をおこない、線香の熱さのために身をもがく被害者を殴打した結果、死に至らしめ、この僧侶が傷害致死罪に問われた事件である。ちなみに、本件は、第一審・第二審とも傷害致死罪を認め、被告人を有罪とした。

【判旨】

最高裁は、一種の宗教行為としておこなわれたものであっても、本件における被告人の行為は「他人の生命、身体等に及ぼす違法な有形力の行使」に当たり「著しく反社会的なもの」であり、「信教の自由」の保障の限界を逸脱したものであると判示した。

判例 エホバの証人剣道拒否事件最高裁判決［最二小判1996年3月8日民集50巻3号469頁］

【事件の概要】

本件は、信仰する「エホバの証人」の教義に基づいて、必修科目の剣道実技を拒否したために、退学処分を受けた高専生が、高専側の処分の取消を求めた事件である。ちなみに、本件は、第一審は敗訴し、第二審が勝訴している。

【判旨】

最高裁は、次の理由で学校側の措置を違法なものと認め、高専生の主張を容認した。その理由とは、①剣道実技の履修は必須のものとは言えず、他の体育種目の履修によって代替することが可能である。②学生の剣道実技への参加拒否は信仰の核心部分と密接に関係し、その被る不利益はきわめて大きい。③当該学生のみに剣道実技に代わる代替措置を認めたとしても、特定の宗教を助長するような効果はないなど、である。

2 政教分離原則

憲法20条1項後段では「いかなる宗教団体も、国から特権を受け、又は政治上の権力を行使してはならない」と定められ、また、同3項では「国又はその機関は、宗教教育その他いかなる宗教活動もしてはならない」と定められている。

これらの規定は、国家の宗教的中立性を明示し、「政教分離原則」の採用を明確にしたものである*[8]。

この政教分離原則とは、信教の自由を保障するために、国家と宗教を分離し、国家の非宗教性、宗教的中立性を要求する原則である。ちなみに、通説・判例は、政教分離原則の法的性格を制度的保障であると解している。それは、政教分離原則を信教の自由を保障するための手段として保障された制度であると解釈するものである。

さらに、憲法89条では「公金その他の公の財産は、宗教上の組織若しくは団体の使用、便益若しくは維持のため、……これを支出し、又はその利用に供してはならない」と規定され、財政面から政教分離の原則を裏づけている*[9]。

憲法20条1項後段および同3項で示されているとおり、政教分離原則の内容としては、①宗教団体に対する国の特権付与の禁止、②宗教団体の政治上の権力行使の禁止、③国の宗教活動の禁止、の3つがあげられている*[10]。

また、日本国憲法に政教分離原則が盛り込まれた目的としては、①政府が特定の宗教を支持することによって生じる破壊から救い、宗教を堕落から免れさせること、②国家の宗教的中立性を確保し、個人の信教の自由を保障すること、③戦前の国家神道体制に対する深い反省、の3つがあげられる*[11]。

3 政教分離の限界

「政教分離」と言って、国家と宗教の分離が求められているとしても、両者を完全に分離することは困難である。そこで、国家と宗教との結びつきが、いかなる場合にどの程度まで許されるかが問題となるのであるが、これに関しても学説の争いがあるので見ていこう*[12]。

学説

A　厳格分離説（旧有力説）

この説は、国家は一切の宗教的行為と関わってはならないが、特定の宗教に起源を持つものであっても、宗教色のない習俗的行為であれば許されるとする。

その習俗的行為であるか否かは、①行為の主催者が宗教家であるか否か、②行為の順序作法が宗教界で定められているものか否か、③行為が一般人に違和感なく受け入れられる程度に普遍性を有するか否か、の3つの基準で判断される。

B　目的効果基準説（通説）

この説は、国家と宗教との関わりが憲法上許容されるか否かの基準を、以下の2つとし、双方の基準に抵触した（触れた）場合に、当該行為を違憲とすべきとする。

①問題となった国家行為の目的が宗教的意義を持つか否か。
②その行為の効果が特定の宗教に対する援助・助長・促進、または圧迫・干渉になるか否か。

C　エンドースメント・テスト（アメリカの判例理論）

この説は、国家と宗教との関わりが憲法上許容されるか否かの基準を、次の２つとし、いずれかの基準に抵触した場合に、当該行為を違憲とすべきとする。
①当該行為の目的が、宗教を是認するメッセージを伝えることを意図しているか否か。
②その行為が、事実上、宗教を是認または否認する効果を持つか否か。

ここで、国家と宗教の結びつき、つまり、政教分離に関する判例を４つ学習していこう。

判例　津地鎮祭事件最高裁判決［最大判1977年７月13日民集31巻４号533頁］

【事件の概要】

本件は、三重県津市が市体育館の建設に際して、神式の地鎮祭を挙行し、それに公金を支出したことが、政教分離違反原則に反するのではないかが争われた事件である。
第一審の津地裁は、神式地鎮祭が布教宣伝を目的とするものではなく習俗的行為と呼べるもので、本件の市の行為は政教分離には当たらないものとして判示したのに対し、第二審の名古屋高裁は、神式地鎮祭を宗教的行為にあたるものとして違憲判決を下していた。

【判旨】

最終的に、最高裁は、目的効果基準を用い、神式地鎮祭の目的を世俗的なものとし、宗教的行為に当たるとは言えないので、政教分離に反しないと判示した。

判例　愛媛玉串料訴訟最高裁判決［最大判1997年４月２日民集51巻４号1673頁］

【事件の概要】

本件は、愛媛県知事が靖国神社・同県護国神社に対して玉串料等を公金から支出した行為が、政教分離違反原則に反するか否かが問われた事件である。
本件は、第一審の違憲判決が第二審で覆されていた。

【判旨】

最高裁は、目的効果基準に拠りつつ、玉串料の奉納が社会的儀礼とは言えず、宗教的意義を持つものであり、その結果、一般人に対して靖国神社は特別なものであるとの印象を与えたとして、県知事の行為を政教分離違反に反するものとし違憲判断を下した。

判例 空知太神社事件(砂川政教分離訴訟)[最大判2010年1月20日民集64巻1号1頁]

【事件の概要】

本件は、北海道砂川市所有の土地上に、連合町内会が所有する鳥居と外壁に「神社」と表示がある地神社が設置されており、市はこの土地を無償で提供していた。その土地の無償提供が政教分離原則に反するものかが争われた事件である。

【判旨】

最高裁は、目的効果基準を用いずに、砂川市の所有地を特定の宗教団体に無償で提供する行為は、一般人の目から見て、特定宗教に特別の便益を提供して、これを援助していると評価されてもやむをえないと判断した。それをふまえ、最高裁は、市と本件神社ないし神道との関わり合いが、相当限度を超えるものとして、憲法89条が禁止する公の財団の利用提供が憲法20条1項後段の特別付与に当たるとして違憲判決を下した。

判例 孔子廟政教分離訴訟最高裁判決[最大判2021年2月24日民集75巻2号29頁]

【事件の概要】

本件は、沖縄県那覇市の公有地である公園敷地に設置された儒教の祖を祭る「久米至聖廟(孔子廟)」の土地使用料(年間576万7200円)を全額免除したことが憲法の政教分離原則に違反するかが争われた事件である。

【判旨】

最高裁は、目的効果基準を使わずに「当該施設の生活、当該免除をすることとした経緯、当該免除に伴う当該国有地の無償提供の態様、これらに対する一般人の評価等、諸般の事情を考慮し、社会通念に照らして総合的に判断すべき」と判断方法を示した。

そして、最高裁は、中国から渡来した職能集団の子孫で作る「久米崇聖会」が毎年おこなう祭礼について、供物を並べて孔子の霊を迎えるといった内容や、会の正会員を特定の血統子孫に限っている点で閉鎖性があるなど、孔子廟が祭礼の実施を目的として建てられており、那覇市が特定の宗教に対して特別の便益提供し、援助していると評価されるため、本件土地使用料免除は違憲であると判断した。

④ 学問の自由

憲法23条には「学問の自由は、これを保障する」と定められ、内心の自由の一種として学問の自由が保障されている。その学問の自由の内容として、次の3つに分類できる[*13]。

① 学問研究の自由：自己の専攻する学問について研究する自由。

② 学問研究の成果を口頭または論文等の形式で外部に発表する自由。

③ 教授の自由：学問の成果を教育機関で学生に教授する自由。

1 教授の自由の主体

学問の自由の一内容を成す「教授の自由」に関して、大学における教授の自由は当然に保障されるが、初等・中等教育（小学校・中学校）においても教師に「教授の自由（教育の自由）」が認められるかが問題にされてきた[*14]。それはすなわち、教授の自由が大学教員の教育の自由のみを指すものなのか、あるいは、大学教員だけではなく下級教育機関の教師の教育の自由も含んでいるのか、という問題である。これに関する学説についてもふれておこう。

学説

A　否定説（従来の通説・判例）

この説は、教育の機会均等要請から、全国的に児童が同等の水準の教育を受けることが必要であること、そのために教育内容についてある程度の画一的基準が設けられ、教師にはそれにしたがうことが求められることから、初等・中等教育においては教師に「教授の自由」は認められないとするものである。

B　肯定説（今日の支配説）

この説は、教育は、教師と児童との人格的接触を通じて、児童の個性に応じてその能力の伸長を図る創造的・自主的な行為であること、そこでは、教師が創意・工夫をつくして教育内容・方法を形成・実践することが要請されることから、初等・中等教育においても教師に「教授の自由」が認められるとするものである。

第13章で詳しく見ていくが、下級教育機関の教師の「教授の自由」の問題は、いわゆる「教育権」の所在をめぐる一連の教育裁判において争われてきた。「教育権」とは、教育内容について決定する機能を一般的に支持する観念であり、法律用語ではない。

その「教育権」が子ども・親・教師を中心とする国民全体にあり、国家は教育内容について決定権を持たないと説くのが「国民の教育権」説であり、これに対して、国家が教育内容について決定を持つと説くのが「国家教育権」説である。

2 大学の自治

学問研究の自由は、特に大学について「大学の自治」を認めることになる。

ここで言う、大学の自治とは、大学における研究教育の自由を十分に保障するために、大学の内部行政に関しては大学の自主的な決定に任せることである。通説的理解によれば、大学の自治は、学問の自由を保障するための制度的保障であると解される。

大学の自治においては、①人事の自治、②施設管理の自治、③学生管理の自治が特に重要な要素であると考えられる*[15]。

大学の自治を制度的保障であると解する以上、法律で大学の自治を廃止することや、その核心部分に制約を課すことは、憲法23条に反し許されないことになる。

3 大学の自治の保障範囲

大学の自治に関しては、その保障がどこまで及ぶのかが問題となる。当該問題に関するリーディング・ケース（先例となる判例）である**東大ポポロ事件最高裁判決**（1963年）を見ていこう。

判例 東大ポポロ事件最高裁判決［最大判1963年5月22日刑集17巻4号370頁］

【事件の概要】

本件は、東京大学の学生団体「ポポロ劇団」主催の演劇発表会が同大学の教室内でおこなわれている最中に、観客のなかに情報収集活動をおこなっていた私服警察官がいることを学生が発見し暴力を加え起訴された事件である。

第一審・第二審は、学生による暴行が大学の自治を守るために正当な行為であったとして学生に無罪判決を下した。

【判旨】

最高裁は、ポポロ劇団の演劇発表は学問研究のためのものではなく、政治的社会的活動であるので、大学の自治を享有しないと判示し、原審（第二審）判決を破棄差戻し（ここでは第二審が下した判決を破棄して高等裁判所に審理を戻すこと）とした。

4 大学における学生の地位

大学自治との慣例において、学生が大学の自治の主体的構成者として大学の管理運営等に参加できるかが問題となる。この問題に関する学説の見解を見ていこう。

学説

A　営造物利用者説（従来の通説・判例）

この説によれば、大学の自治は大学当局の管理権や教授会の自治を中心に考えるべきものである。学生はそのような大学当局の管理の対象であり、単なる営造物利用者にすぎず、大学の自治の主体的構成者とは認められない。

B　主体性肯定説（現在の有力説）

この説によれば、大学の自治には学生が大学の運営に関して要望したり批判したりする権利の保護が含まれ、学生も大学の自治の主体的構成者と認められる。

ただし、当該見解に与する学説でも、学生参加に関しては、教授会自治と矛盾しない範囲において、各大学が自主的に決定すべきであると考えるものが多数である。

▸ジェンダー問題

① 学術界でのジェンダー・バイアス

1 研究者のジェンダー格差

上記のように、学問の自由の内容には、学問研究の成果を外部に発表する自由が含まれる。

研究者にとって、学問研究の成果を論文で公表することはキャリアにとって大きな意義を持つものである。

東京工業大学、ニューヨーク州立大学バッファロー校、神戸大学、京都大学の研究グループが発表した論文“Quantifying Gender Imbalance in East Asian Academic: Research Career and Citation Practice”＊16は日本、中国、韓国そしてその他（主に欧米）の学術界におけるジェンダー差別を分析したものである。

同研究グループは、1950年から2020年にかけて出版された約1億本の論文を対象にして、女性研究者の比率、キャリアを通じての論文数、研究者の被引用インパクト（出版した論文の被引用回数に基づく指標）、論文の発表数、キャリアの長さなどについて分析をおこなった。
その結果、まず、女性研究者の比率は日本が17.1%、中国が23.2%、韓国が12.9%、その他の国が38.3%であり、日本は韓国に次いで女性研究者の比率が低い現状があげられた。
次に、研究者がキャリアを通じて発表した論文数については、男性に対しての女性の割合は、日本では約57%、中国では約90%、韓国では約79%、その他の国々では約70%であり、日本のキャリアを通じて発表された論文数におけるジェンダー格差が大きいことがわかった。
研究者の被引用インパクトについては、男性研究者と比較して女性研究者の割合は、日本では19.9%、その他の国々では20.7%低いのに対して、中国では37.7%、韓国では21.6%高いことが示された。
1年当たりの論文の発表数については、男性研究者と比較して女性の研究者は、日本は2.9%、中国は3.3%、韓国は8.9%、その他の国々は1.7%高いことがあげられた。
キャリアの長さについては、男性研究者のキャリアに対する女性研究者のそれは、日本が約60%、中国は約90%、韓国は約75%、その他の国々は約70%であり、他国と比べ、日本は、女性研究者のキャリアの長さが男性研究者のそれよりも短いことが示されている。
このような結果から、研究グループの一人である増田直紀氏は、発表論文数のジェンダー格差が国によって異なるのは、個々の研究者のキャリアの長さに性差があることに起因することが推測され、実際に、男性研究者のキャリアは女性研究者のそれよりも長いことと関連していると言う*[17]。
日本国憲法では、性別に関わりなく、個々人に「学問の自由」が保障されている。しかし、先述のようなジェンダー差別がある実態である。
研究成果を論文に発表することは研究者にとって重要な発表の場の1つである。しかし、「学問研究の自由」の意味にもあるように、そもそもそれぞれの研究者が、自分の専攻を決定するのは、その研究者個人の自由でもあり、多くの研究者は、自分が興味や関心がある分野について研究を遂行している。研究者が自分の研究を継続している理由はなんであれ、研究者によって理由は異なるが、その研究の対象を選択する最初の1つの機会になると思われるのが、大学入試の際の学部の選択かもしれない。

2 医学部入試女性差別問題

それに関連して、大学入試の際にジェンダー差別が問題となった医学部入試女性差別問題にも少しふれておく。

2018年、文部科学省の私大支援事業をめぐる汚職事件を契機に、東京医科大学など一部の大学の医学部で多浪生や女子受験生を不利に扱う不正入試問題が発覚した*18。東京医科大学の内部調査委員会の報告書によると、遅くとも2006年度の一般入試から、大学のトップが主導して、女子や多浪の男子に対し不利になる得点操作をしていたという。文部科学省の調査によれば、全国の80の医学部医学系を擁する大学のいくつかで、面接などにおいて女子受験生への不公正処遇が確認された。このような性別による不公正処遇は、法の下の平等（日本国憲法14条）や教育を受ける権利（同26条）の趣旨に反しており、教育基本法上も許されるものではない。

では、なぜ医学部入試において女子受験生は差別されてきたのだろうか。その女性差別の背景には、医師の長時間労働が大きく関係している。東京医科大の関係者も、内部調査で「女性は結婚や出産で長時間勤務ができない」「年齢が高いと医師になった後、大学病院に残らず独立する」などの理由をあげたそうである。これは、明らかにジェンダー・ステレオタイプを当てはめたものである。

確かに、医師の業務は多忙であり、医師不足によりその多忙さに拍車がかけられる。その多忙と医師不足があいまって育児の都合で、早退することも許されない環境であることは理解できる。

しかし、そうであるからと言って医学部入試において女子受験生を不利に扱うことはナンセンスだと思われる。医師の多忙と不足問題を解決することが重要であるのではないか。たとえば、医師の人員を増大するための課題を検討したり、医師数が増えたら、医師が激務ではない働き方を実現するような政策を形成するなどの方法があるはずである。

② 信教の自由とジェンダー

本章で学習したとおり、信教の自由の内容のなかには、「信仰の自由」が含まれる。宗教を信仰するかしないかは、個人の自由であるが、ある特定の宗教を信仰しようと考えるその信仰の動機についてもジェンダー格差がある。それは、性別役割分業観によるものであると指摘されている。

たとえば、主に日本の**新宗教**について研究をしている猪瀬優理氏によれば、創価学会員の入信動機は男女ともに信仰を自身の人生を肯定的に位置づける契機や根拠としている＊[19]。しかし、男性は特に職業にまつわる自分自身の問題としてとらえる傾向が強いが、女性は親との絆など他者との関係性による入信動機が強い傾向がある＊[20]。

また、「宗教的行為の自由」においても、性別役割分業観に基づくのは入信動機だけではなく、創価学会の活動においても指摘されている。たとえば、創価学会組織から与えられている会長指導においては、性別役割が前提として、会員は創価学会組織を疑似家族として受け入れている。それによれば、年長の男性が「柱」として組織や家庭のリーダー役を担い、年長の女性は「太陽」として家庭を守っていき、年長の男性を補佐して調整する役割が与えられるというものである。

「日本における宗教運動体の」モデルは、タテ組織である「おやこモデル」とされ、「家族」の比喩を用いて表現されてきた＊[21]。しかし、創価学会や立正佼成会は、「なかま―官僚制連結モデル」とされ、それはヨコ組織である。このことから、一見、創価学会は日本の宗教運動体のモデルには該当しないように思われる＊[22]。

しかしながら、創価学会とタテ組織は次のように関連している。すなわち、日本社会の家族形態は、戦前においては、旧民法の家制度下でタテの関係を基盤とした「いえ」という家族のあり方だった。その後、戦後に入り、新憲法下で男女平等になり、夫婦を中心として性別役割分業を前提とした「近代家族」というあり方に変化していった。その「近代家族」は、タテの関係の家族のあり方とは異なり、夫婦が対等なヨコの関係を前提としている。しかし、その夫婦関係は、実際には性別役割分業による非対称な夫婦間の役割の配分により、夫が主であり、妻がそれにしたがうとタテの関係であることが前提とされている＊[23]。

組織内のジェンダー秩序については、金光教（こんこうきょう）の修行においても指摘されている。たとえば、女性修行生は、台所仕事が中心とされ関われる宗教的御用が男性と比べて制限されること、既婚者の女性修行生は夫（男性修行生）に従属して、「信心では女性修行生より男性修行生の方が上」などと評価されてしまうことなどがあげられている。

実際に、創価学会だけではなく、エホバの証人も、男性が指導で女性がそれを補佐するという性別役割分業意識が強い教団であることや、統一教会もジェンダー不平等な教えと活動が顕著であることが指摘されている＊[24]。

語句

新宗教…一般に幕末や明治維新による近代化以後から近年にかけて創始された比較的新しい宗教を指す。

注

＊1 芦部信喜（高橋和之補訂）『憲法（第８版）』（岩波書店、2023年）160頁、毛利透＝小泉良幸＝淺野博宣＝松本哲治『憲法Ⅱ　人権（第3版）LEGAL QUEST』（有斐閣、2022年）137-138頁など参照。

＊2 芦部・前掲注（1）160-162頁、毛利ほか・前掲注（1）142-143、147-148頁など参照。

＊3 芦部・前掲注（1）161頁、毛利ほか・前掲注（1）139頁など参照。

＊4 毛利ほか・前掲注（1）139-141頁など参照。

＊5 芦部・前掲注（1）161頁など参照。

＊6 芦部・前掲注（1）166-167頁、毛利ほか・前掲注（1）165-166、172-173頁など参照。

＊7 芦部・前掲注（1）167-168頁、毛利ほか・前掲注（1）166-172頁など参照。

＊8 芦部・前掲注（1）171頁など参照。

＊9 芦部・前掲注（1）171頁、渡辺康行＝宍戸常寿＝松本和彦＝工藤達朗『憲法Ⅰ　基本権（第2版）』（日本評論社、2023年）192頁以下参照。

＊10 毛利ほか・前掲注（1）178頁以下参照。

＊11 毛利ほか・前掲注（1）175頁など参照。

＊12 芦部・前掲注（1）172頁以下、毛利ほか・前掲注（1）182頁など参照。

＊13 芦辺・前掲注（1）181-182頁、毛利ほか・前掲注（1）201-203頁など参照。

＊14 芦部・前掲注（1）182-183頁、毛利ほか・前掲注（1）200-201頁など参照。

＊15 本節以下についても、芦部・前掲注（1）184-188頁、毛利ほか・前掲注（1）203-204頁など参照。

＊16 Kazuki Nakajima, Ruodan Liu, Kazuyuki Shudo, Naoki Masuda, “Quantifying Gender Imbalance in East Asian Academic: Research Career and Citation Practice,” *Journal of Informetrics*, Volume 17, Issue 4, (2023).

＊17 増田直紀「日本は学術界でもジェンダー不均衡が強い⁉　日中韓の性差解析により日本の特殊性が明らかに」神戸大学ニュースサイトNewなど参照。https://www.kobe-u.ac.jp/ja/news/article/20231225-21750/（最終閲覧2024年6月29日）

＊18「女性だけに『ガラスの天井』…差別があった医学部入試　平等な社会に変革いまこそ〈参院選・くらしの現在地③〉」（東京新聞Web）など参照。https://www.tokyo-np.co.jp/article/183795（最終閲覧2024年10月21日）

＊19 猪瀬優理「宗教集団における『ジェンダー』の再生産――創価学会員の入信動機に着目して」『現代社会学研究』13巻（2000年）75頁参照。

＊20 猪瀬・前掲注（19）76頁参照。

＊21 森岡清美『新宗教運動の展開過程――教団ライフサイクル論の観点から』（創文社、1989年）。

＊22 猪瀬優理「ジェンダー平等の実現と新宗教」『南山宗教文化研究所 研究所報』33号（2023年）８頁参照。

＊23 猪瀬・前掲注（22）８頁参照。

＊24 猪瀬優理「新宗教におけるジェンダー――信仰体験談と生命主義的救済観」『宗教研究』93巻２号（2019年）17頁参照。

※本章における注以外の参考文献
佐藤幸治『日本国憲法論［第２版］』（成文堂、2020年）
安西文雄＝巻美矢紀＝宍戸常寿『憲法学読本　第４版』（有斐閣、2024年）

第11章 精神的自由権（2）：表現の自由

日本国憲法の概説

日本国憲法21条

① 集会、結社及び言論、出版その他一切の表現の自由は、これを保障する。

② 検閲は、これをしてはならない。通信の秘密は、これを侵してはならない。

① 表現の自由の意義

内心における思想や信仰は、外部に表明されてはじめて社会的効用を発揮する。その意味で、表現の自由はとりわけ重要な権利である*1。

日本国憲法は21条1項で「集会、結社及び言論、出版その他一切の表現の自由は、これを保障する」と定め、表現の自由を保障している。

また、表現の自由の保障は、自由な言論市場に委ねることにより、その競争の結果、人格の実現や民主主義過程の維持にとって良い結果が達成されうるという考え方をとっている。このことを思想の自由市場論と言う*2。

1 表現の自由における「表現」の意味

表現の自由に言う「表現」とは、単に思想・信条の発表に限定されない。表現の自由の意味する「表現」には、思想・信条・意見・知識・事実・感情など個人の精神活動に関わる一切のものの伝達に関する活動を意味する*3。

たとえば、国旗を焼く行為など、通常は表現行為とはみなされない行為であっても、それが特定の意見を伝えるためにおこなわれる場合には、表現行為とみなされることもある。ちなみに、このことを象徴的表現という。また、その伝達手段も、言語、印刷物はもちろんのこと、音楽、映画、演劇、絵画、放送、パソコン通信、インターネットなど一切のものを含むとされている。

さらに、憲法21条では集会・結社の自由も表現の自由として保障し、そのなかに集団行動による表現の自由も含めている。

2 表現の自由の保障目的

表現の自由の意義、もしくは表現の自由の保障目的は次の２つである。

１つは、①自己実現の価値であり、これは、個人が言論活動を通じて、自己の人格を発展させるという個人的な価値を指す。もう１つは、②自己統治の価値であり、これは、言論活動によって国民が政治的意思決定に関与するという、民主政に資する社会的な価値である*4。

このように、表現の自由は自己統治の価値を持ち、民主政と密接不可分であるがゆえに、各種の人権のなかでも優越的地位を占めている（第７章の二重の基準論を参照）。

② 知る権利

表現の自由は、思想・情報を発表し伝達する自由であり、第一義的には「表現の送り手」の自由である。

しかし、現代の国家では、政府機関やマス・メディアが膨大な情報を有するようになり、表現の送り手の側から考えられてきた表現の自由の法理を、表現の受け手である国民が情報を受領する権利から再構成されるべきであると主張されるようになってきた。つまり、情報の受け手が、政府機関やマス・メディアなどの情報を保持する主体に対して、情報の公開を求める権利を求めることが、表現の自由の保障にとって不可欠になるということである。

このような「表現の受け手」側の自由が「知る権利」であり、この知る権利も憲法21条で保障されていると解されている*5。

知る権利は多義的な権利であり、いくつかの異なる意味で用いられている。まず、①情報受領権であり、情報の受領を妨げられない権利を意味する。次に、②情報収集権であり、情報を収集する権利（報道機関の場合は、この権利は取材の自由と言われる）を意味する。そして、③情報開示請求権であり、政府の情報を求める権利を意味するものである。

情報開示請求権としての知る権利は、国家により妨げられないという消極的な権利ではなく、国民が、国家に積極的な行為を要求する権利である。

1980年代から多くの地方自治体が情報公開条例を制定するようになった。国政レベルでは、1999年に情報公開法が制定されて2001年に施行された。情報公開法や情報公開条例により、政府が保有する情報は原則として公開されるものとされている。ただし、公開により第三者の権利利益を害するおそれがある場合や、行政の事業の適正な遂行に支障を及ぼすおそれがある場合などは、一定程度は非公開にすることが認められている（情報公開法5条）。

知る権利が問題となる場面の1つとして、マス・メディアによる情報の寡占化を受けて、情報の受け手である国民が情報の送り手であるマス・メディアに対して自己の意見を発表する場を求める権利（アクセス権）が主張された*6。

メディアによって批判された者が、無料で反論の機会を提供するようメディアに求める権利（いわゆる反論権）はヨーロッパの多くの国では法律によって認められている。これらの権利は、少数派の見解を、メディアを通じて流通させ、言論市場を多様化させようとする狙いがあるこの反論権に関する判例として、**サンケイ新聞意見広告事件最高裁判決（1987年）**にふれておく。

判例　サンケイ新聞意見広告事件最高裁判決［最二小判1987年4月24日民集41巻3号490頁］

【事件の概要】

本件は、自民党がサンケイ新聞紙に掲載した意見広告が共産党の名誉を毀損したとして、共産党がサンケイ新聞に反論文の掲載を無料かつ無修正でおこなうように求めた事件である。

【判旨】

最高裁は、反論権を認めることは、新聞の表現の自由に重大な影響を及ぼすので、具体的な法律の根拠がないかぎり認められないと判示した。

③ 報道・取材の自由

1 報道の自由

現在社会では、表現の送り手と受け手との分離が顕著である。そのために、国民が自己実現や自己統治のための情報を得るためには、マス・メディアの役割は欠かせなくなる。

そのために、現在では、報道の自由も表現の自由に含まれることについて争いはない*7。

2 取材の自由

報道は、取材・編集・発表という一連の行為によって成立するものであり、報道に先立つ取材は、報道にとって不可欠の前提をなすので、学説上は取材の自由も報道の自由の一環として憲法21条によって保障されると解されている。

また、取材の自由を保障するためには、取材源の秘匿の自由（取材源の秘匿権）を保障することが不可欠である。学説上では、その両者は不可分一体のものととらえられている*8。

これに関連する**博多駅テレビフィルム提出命令事件最高裁決定（1969年）**を見ていこう。

判例　博多駅テレビフィルム提出命令事件最高裁決定［最大決1969年11月26日刑集23巻11号1490頁］

【事件の概要】

本件は、福岡県の博多駅で学生と機動隊が衝突した模様を撮影したテレビフィルムを裁判所が証拠として提出するようにテレビ局に命じたが、テレビ会社が裁判所の命令は報道の自由を侵害するとして争った事件である。

【判旨】

最高裁は、報道の自由は憲法21条によって保障されるものであり、報道のための取材の自由も憲法21条の精神に照らし、十分尊重に値するとしつつも、公正な裁判をおこなううえでの本件フィルムの必要性と、報道の自由に及ぼす影響等を比較衡量した結果、前者の価値の方が高いと判断して、提出命令を合憲とした。

なお、本判決において、最高裁は、取材の自由も憲法21条の精神に照らし「十分尊重に値する」と述べるにとどまっており、取材の自由は憲法上保護される権利ではあるが、その保障の程度は憲法21条によって直接保障される報道の自由よりも一段低いことを示唆していると言われている。

3 報道・取材の自由の制約について

報道の自由および取材の自由が憲法上の保障を受けるとしても、それは絶対的な自由ではなく、①公正な裁判の実現、②国家機密の保持、という対立利益によって制限されることがある*9。

① 公正な裁判の実現

これに関連する判例として、**TBSビデオテープ押収事件最高裁決定（1990年）**がある。

判例 TBSビデオテープ押収事件最高裁決定[最二小決1990年7月9日刑集44巻5号421頁]

【事件の概要】

本件は、暴力団員による債権取立の模様をドキュメンタリーとして放送したTBSのテレビ番組をきっかけとして、当該取立をおこなった組員が逮捕・起訴されたが、事件捜査の過程で警視庁が証拠として番組ビデオテープをTBSから押収し、TBSがこの押収は報道の自由を侵害するとして争った事件である。

【判旨】

最高裁は、公正な刑事裁判のためには適切迅速な捜査が要請されるとし、適切迅速な捜査を遂げるための必要性と、報道の自由・取材の自由が妨げられる程度を比較衡量して、前者の価値が勝れば取材の自由が制約されることもあるとし、警察官による取材ビデオテープの押収を適法と判断した。

このように、公正な裁判の実現のために報道・取材の自由の制約される場合もある。

② 国家機密の保持

これに関連する判例として、**外務省機密漏洩事件(西山記者事件)最高裁決定(1978年)**がある。

判例 外務省機密漏洩事件(西山記者事件)最高裁決定[最一小決1978年5月31日刑集32巻3号457頁]

【事件の概要】

本件は、日米間で締結された沖縄返還協定に関する外務省の極秘電文を、新聞記者であった西山太吉氏が外務省の女性事務官から入手して国会議員に流したために、国家公務員法の秘密漏示そそのかし罪に問われた事件である。

【判旨】

最高裁は、取材が真に報道目的であり、手段・方法が法秩序全体の精神に照らし相当なものとして社会観念上是認されるものであれば、正当な業務行為として認められ、違法性が阻却される場合があると示した。しかし、被告の取材行為は、当該記者が女性事務官との婚外恋愛関係を利用した是認することのできない不相当なものであり、違法であると最高裁は判断した。

このように、国家機密にあたる情報を不当に取得するような取材行為は、一定の制約を受けることがある。

④ 表現の自由の類型と制限の可能性

表現の自由が重要な人権であるといっても無制約ではなく、法律によって一定の制約を課すことができる。表現の自由は、他者の権利や法的利益との関係で制限を受けることは否定できない。

しかし、表現の自由といってもさまざまな表現形態が存在する。憲法21条1項で「集会、結社及び言論、出版その他一切の表現の自由を保障する」と多種多様な表現手法の存在を前提として規定されている。

したがって、それに合わせて表現の自由に対する制限の態様も多様であり、その憲法適合性についてもそれぞれについて個別に判断する必要がある。

1 表現の自由に対する制限――表現内容規制

表現内容規制とは、表現に対してその伝達するメッセージ内容そのものを理由におこなわれる制限である*10。たとえば、名誉毀損表現、プライバシー侵害の表現、わいせつ表現、ヘイトスピーチ（差別的表現、憎悪表現）、営利的表現などが該当する。

これは、特定の表現内容を狙いを定め制限するという性質を持つため、どのような表現が制限されるのかを事前に明確にしておく必要がある。そこで、表現内容規制について具体的に見ていこう。

① 名誉毀損表現

名誉は憲法13条で保障された人格権の一内容をなし、刑法や民法でも保護されている*11。

一方、名誉権の保護は、権力者に対する批判など、公共性のある問題についての言論を不当に制限するおそれがある。

そこで、刑法上は人の名誉を毀損するような表現であっても、①公共の利害に関する事実に関わるもので（＝表現の公共性）、②公益を図る目的でなされたものであって（＝表現の公益性）、③真実であることが証明されたときには（＝表現の真実性）、名誉毀損には当たらないとされている（刑法230条の2第1項）。

しかし、上記の要件③の「真実であることの証明」は必ずしも容易ではない。それを厳格に要求すれば表現の萎縮効果を招くことになる（つまり、人々が他者の名誉毀損になるかもしれないと表現することを不安にさせ、自由に表現することができなくなってしまう）。

そこで、判例上は、表現された事実が真実であることの証明がない場合でも、（i）表現をおこなった者がその事実を真実であると誤信し、（ii）その誤信したことについて、相当の根拠・理由があるときは名誉毀損は成立しないとしている。

表現の公共性について特に問題になるのは私生活上の行為に対する事実である。それに関する判例として、**「月刊ペン」事件最高裁判決（1981年）**があるので学習しよう。

判例　「月刊ペン」事件最高裁判決［最一小判1981年4月16日刑集35巻3号84頁］

【事件の概要】

本件は、創価学会の池田大作会長（当時）の女性関係を暴露した記事を書いた雑誌編集者が名誉毀損罪で起訴された事件である。

【判旨】

最高裁は、私人の私生活上の行状であっても、その携わる社会的活動の性質や影響力の程度によっては、公共の利害に関する事実にあたり免責される可能性があることを認めた。

② プライバシーを侵害する表現

プライバシーと表現の自由との関係は、名誉と表現の自由との関係と基本的に同様と考えられる。ただし、名誉毀損の場合とは異なり、プライバシー侵害の場合は公表された内容が真実であればあるほど、被害者の損害が大きくなるので、真実性の証明によって免責されるということはない[*12]。

そこで、プライバシーを侵害する表現が免責されるためには、表現の公共性、公益性が特に重要となる。

名誉毀損的表現の場合	プライバシーを侵害する表現の場合
表現の自由 ⇔ 名誉権 　等価的な利益衡量をおこなう。 ・当該表現に公共性・公益性があるか。 ・表現内容が真実であるか。 　↓ 要件が満たされれば ・表現の自由の価値が勝り、名誉毀損を構成しない。	表現の自由 ⇔ プライバシー権 　等価的な利益衡量をおこなう。 ・当該表現に公共性・公益性があるか。 　↓ 要件が満たされれば ・表現の自由の価値が勝り、プライバシーの侵害にはあたらない。

たとえば、芸能人の不倫密会のスキャンダルが発覚したとする。当該芸能人は、そもそも不倫をしていること自体を知られたくないことから、変装したり密かに不倫相手と会ったりするのである。そうであるから、当該芸能人の不倫が事実であるということが真実であると証明されれば、スクープされたことだけではなく、知られたくなかった不倫関係の真実が明るみに出て、当該芸能人の損害が大きくなる。そのため、プライバシーを侵害する表現が免責されるためには、不倫が真実であると

いう証明は問われないのである。

③ 性（わいせつ）表現

性（わいせつ）表現については、刑法175条による制限の合憲性が問題になる*[13]。

販売、頒布などをおこなった性（わいせつ）表現が「わいせつ物」に該当する場合には刑事罰が科されることになるため、特に処罰対象範囲を規定する「わいせつ物」の定義が問題とされる。

最高裁は「チャタレー夫人の恋人」事件において、「わいせつ物」に該当するとする3要件を示した。その**「チャタレー夫人の恋人」事件最高裁判決（1957年）**を見ていこう。

判例　「チャタレー夫人の恋人」事件最高裁判決［最大判1957年3月13日刑集11巻3号997頁］

【事件の概要】

本件は、D・H・ロレンス原作の「チャタレー夫人の恋人」の翻訳者と出版社社長が、刑法175条のわいせつ文書頒布罪で起訴された事件である。

【判旨】

最高裁は、刑法175条は性的秩序の保護や性道徳の維持という公共の福祉のための制限であり、それ自体は合憲であるとしたうえで、刑法によって規制されるわいせつ文書の要件として、①いたずらに性欲を興奮刺激し、②普通人の正常な性的羞恥心を害し、③善良な性的道義観念に反するもの、という3要件を示した。これがいわゆるチャタレー三原則である。

チャタレー三原則は、その不明確性が批判されているが、その後の判例でも基本的に維持されている。

④ ヘイトスピーチ（差別的表現、憎悪表現）

ヘイトスピーチ（差別的表現、憎悪表現）とは、特定の人種や民族、国籍、思想など、自ら能動的に変えることが不可能な（あるいは困難な）特質を理由に特定の個人や集団を誹謗、中傷、差別するなどして、また他人をそのように煽動したりすることである*[14]。

日本では、2016年6月に、特定の人種や民族に対するヘイトスピーチの抑制や解消を目的として、ヘイトスピーチ対策法が施行された。この法律を受けて、2019年に全国で初めて違反に対する罰則として刑事罰を含む条例が川崎市で制定され、2020年に施行された。

⑤ 営利的表現

私たちは、毎日の生活のなかで、商品広告を多く目にする。商品の広告などの営利的表現についてはさまざまな規制がある。

表現の自由と営利的表現に関して、営利的表現は、表現の自由に含まれるが、政治的表現と比べて保護の程度が低いとする説が、通説とされている*15。

その論拠として、営利的表現は自己統治の価値とのつながりが薄いこと、国民の健康等に直接影響するところが大きいこと、表現内容と比べて萎縮効果を受けにくいことなどがあげられている。

2 表現の自由に対する規制――表現内容中立規制

表現内容中立規制とは、表現に対して表現の場所や時間、態様など表現の内容に直接関係ない理由でおこなわれる制限のことである。たとえば、病院や学校など一定の施設の付近での騒音の制限や選挙運動の時間制限などがあげられる*16。

この制限は表現内容に関係なくすべての表現に適用される一方で、その他の場所・時・方法でその内容を表現することができる。そのため、特定の表現内容のみが狙われる危険性が少ないとして、表現内容規制に比べて容易に認められる傾向にある。

関連する判例として、**立川反戦ビラ事件最高裁判決（2008年）**があげられる。

判例 立川反戦ビラ事件最高裁判決［最二小判2008年4月11日刑集62巻5号1217頁］

【事件の概要】

本件は、反戦ビラを自衛隊東立川駐屯地の官舎戸別郵便受け（新聞受け）に投函した行為が刑法130条（住居侵入罪）により起訴された事件である。このビラを配布した行為が、刑法130条（住居侵入罪）に問われることが憲法21条1項に違反しないかという点が注目された。

【判旨】

最高裁は、たとえ言論活動でも、管理者の意思に反して建物に立ち入ることは管理者の管理権ではなく、住居者の「私生活の平穏」の侵害になると判示した。したがって、被告人のビラを投函した行為が刑法130条（住居侵入罪）に問われることは、憲法21条1項に反するものではないとした。

3 表現の事前抑制と検閲の禁止

表現行為に対する制限として、名誉毀損的表現に対する刑事罰（刑法230条）やプライバシー侵害的表現に対する損害賠償（民法709条）などの事後制裁と、出版差止めのようなあらかじめ表現自体をさせないという事前抑制がある*17。

事前抑制とは、表現行為がなされる前にそれを規制することである。事前抑制はその効果が大きい反面、表現を世の中に出回る前に押さえ込んでしまうため、規制が権限を持つ者の主観に左右されやすく、同時に規制範囲が広がりやすいため、その分だけ表現行為が萎縮してしまうなど、表現の自由に与える影響が事後規制に比べて非常に大きい。

そのため、表現を事前に抑制することは基本的に許されないと考えられている。憲法も「検閲は、これをしてはならない」(21条2項)と規定して、このことを確信している。

ここで、憲法21条2項は「検閲は、これをしてはならない」と規定しており、憲法が禁止している事前抑制としての検閲の定義が問題になる。学説では、検閲の定義をより広く解するのか(広義説)、あるいは検閲概念を狭く限定するのか(狭義説)について争いがある。

両者の違いで特に問題になるのが、検閲主体の相違にともなう裁判所の仮処分による事前差止めの扱いである。これに関する学説としては、憲法による「検閲の禁止」を原則的に禁止(例外あり)と捉える広義説(主要学説)と、検閲の定義を狭く解釈することで憲法による「検閲の禁止」は絶対的禁止(一切例外なし)であるとする狭義説(判例)がある。

事前抑制に関する2つの判例を学習しよう。

まず、**札幌税関検査事件(1984年)**である。関税定率法21条は、「公安又は風俗を害すべき書籍、図画、彫刻物その他の物品」の輸入を禁止し、この規定に基づいて税関当局は書籍輸入に当たって、その内容を検査しているが行政権による税関ではないかが問題とされた。

判例 札幌税関検査事件[最大判1984年12月12日民集38巻12号1308頁]

【事件の概要】

本件は、男女の性交行為を撮影・掲載した映画フィルムや雑誌などを輸入しようとした者が、税関検査の結果、輸入を認められなかったために、税関検査は憲法で禁止された検閲に当たるとして争った事件である。

【判旨】

最高裁は、行政権が主体となって発表前に表現物の内容を審査し、不適当と認められるものの発表を禁止することであると、検閲の概念を狭く解したうえで、①税関検査で輸入が禁止される表現物は、国外においてはすでに発表済みのものであり、その輸入を禁止したからといって、事前に発表の機会が奪われるものではないこと、②税関検査は思想内容等それ自体を網羅的に審査し規制することを目的とするものではないこと、③輸入禁止処分には司法審査の機会が与えられていること、などを理由として、税関検査は検閲に当たらないと判示した。

次に、**第一次家永教科書訴訟最高裁判決（1993年）**である。

判例　第一次家永教科書訴訟最高裁判決［最三小判1993年3月16日民集47巻5号3483頁］

【事件の概要】

本件は、家永三郎氏執筆の日本史の高校教科書が、文部省（当時）の教科書検定で不合格になったことに対して、家永氏が教科書検定は検閲にあたるとして国家賠償を求めた事件である。

【判旨】

最高裁は、教科書の特殊性を強調し、札幌税関検査事件判決における狭い検閲の定義を踏襲して、教科書検定は①思想審査を目的とするものではなく、②不合格となった原稿を一般の図書として出版することは禁止されていないので、検閲には当たらないとして合憲であると判示した。

なお、家永教科書訴訟は第一次訴訟から第三次訴訟まで三次にわたって提起されたが、**第三次訴訟最高裁判決（1997年）**においても、教科書検定は検閲にはあたらず合憲とされた。

4 集会やデモ行進の自由とその制限

集会とは、多数の人が政治や学問、宗教などの問題に関する共通の目的を持って一定の場所に集まることである。その人々が集まる場所は、公園や広場などの野外の施設から公会堂、体育館などの屋内の施設などまで多岐にわたる。

集会の自由は表現の自由の一形態としての重要な意義を有している[*18]。しかし、集会の自由は多数の人が集まる場所での行使が前提となるため、他者の権利や法益と衝突する可能性が生じる。

また、集会の自由には、デモ行進のような集団行進や集団示威行動の自由も含まれるとする見解が有力である。ただし、デモ行進などは純粋な言論活動とは異なり、行動をともなうことから、集会・結社の自由は、他者の権利・利益と矛盾・衝突する可能性が高く、それを調整するために必要な最小限度の規制を受けることはやむをえないとされる。

規制の合憲性は次の３つの基準によって検討され、これらを満たす規制は合憲と判断される。すなわち、①規制の目的が必要不可欠なものであるか（目的の必要不可欠性）、②目的を達成する手段が必要最小限のものであるか（手段の必要最小限度性）、③規制要件は明確であるか（要件の明確性）。

5 表現の自由に関する審査基準

表現の自由は人権のカタログのなかでも優越的地位を占める重要な人権であり、通常の立法に妥当する合憲性推定の原則は排除され、むしろ違憲性推定の原則が働くと考えられる。したがって、表現の自由を規制する立法の合憲性は厳格な審査基準によって判断されなければならない[*19]。

表現の自由に対する規制が、合憲か違憲かを判断するための基本的な枠組みとなるのが二重の基準論である。二重の基準論とは、表現の自由を中心とする精神的自由権は、経済的自由権よりも優越的地位を占めるので、精神的自由権を規制する立法に対する違憲審査は、経済的自由権を規制する立法に対する違憲審査よりも、厳格な審査によっておこなわなければならないというものである。

⑤ 放送の自由

放送の自由とは、一般に電波メディアによる放送の自由のことを言う。放送は新聞や雑誌などの印刷メディアとは異なり、次のような特徴を有している[*20]。

①印刷メディアは、その資源（＝紙）が無限であるが、電波メディアの資源である放送用電波は有限であり、利用できるチャンネル数に限界がある。

②放送は、直接家庭のなかに入り込むので、他のメディアには見られない影響力を受け手に及ぼす。したがって、有限な電波資源を有効に利用し、かつ適切な放送内容を維持するために、放送については放送法によって、公安および善良な風俗を害しないこと、政治的公平であること、報道は、真実を曲げないですること、意見の対立している問題については、多角的に論点を明らかにすること、教養・教育・報道・娯楽の４種の番組相互間の調和を保つべきこと、という規制が課されている。

しかし、最近では電波技術の発展によって利用可能な周波数帯が著しく拡大し、衛星放送やケーブルテレビ等のニューメディアも登場して、多チャンネル化が進んでいる。このようなことから、これまでの放送の自由に対する規制のあり方を再検討する必要が生じていると言われている。

⑥ インターネット

インターネットは、誰でも容易に情報を発信することができるので、一般国民が「表現の送り手」の地位を回復する可能性を持つものとして注目される*[21]。

その反面で、名誉毀損、プライバシー侵害などの情報が大量に発信されるようになり、しかも、それらの情報は安易に拡散するために、その規制のあり方が問題となっている。

2002年には、プロバイダ責任制限法（正式名称「特定電気通信役務提供者の損害賠償責任の制限及び発信者情報の開示に関する法律」）が施行された。名誉毀損の被害者などの被害者に対しては①他人の権利が侵害されることを知っていたとき、②他人の権利が侵害されていることを知ることができたと認めるに足りる相当の理由があるときに該当しないかぎり、プロバイダは責任を負わないとされた（同法3条1項）。また、同法により、一定の場合にはプロバイダは発信者情報の開示ができるようになった。2022年に改正プロバイダ制限責任法が施行され、開示請求の範囲が見直された。さらに2024年には、同法を情報流通プラットフォーム対処法へと改正する法律が公布された。同法には、大規模プラットフォーム事業者を対象とした規制などが導入された。

インターネットでは、情報は容易に拡散し、また、半永久的に残る。このため、近年では、忘れられる権利（インターネット上における自己の情報を削除することを要求する権利）が主張されるようになった。忘れられる権利は、2014年、欧州司法裁判所がグーグルに検索結果の削除を命じた判決*[22]が議論に大きな影響を与えたと言われている。

同判決の流れを受けて、EUの一般データ保護規則（General Date Protection Regulation, GDPR）は、忘れられる権利を明文化した。同規則は、2016年のEU議会で可決され、2018年に発効した。EU域内で適用される法令であり、個人のデータ収集やデータ処理に関する法である。同規則は、EU域内の企業だけに限らずに、EU域内の住民のデータを扱う世界各国の企業にも適用され、日本企業もEUと取引をおこなう企業であれば、同規則が適用される可能性もある。

⑦ 通信の秘密

憲法21条2項後段は、「通信の秘密は、これを侵してはならない」として、通信の秘密を保障している。

通信は、特定人への意思伝達を内容とする1つの表現行為であるので、通信の秘密が表現の自由の保障の1つとしての意味を有する。また、通信の秘密の主たる目的は、特定人のあいだのコミュニケーションの保護にあるので、通信の秘密は私生活・プライバシーの保護の一環としての意味もある。その保護される「通信」には、郵便・電信・電話などあらゆる情報伝達の手段が含まれる*23。

しかし、通信の秘密の保障も絶対的ではなく、必要最小限の制約には服する。重要な論点の1つとして、犯罪捜査のための通信傍受が許されるかどうかという問題がある。

1999年、通信傍受法が制定され、2000年に施行されたことによって、薬物関連犯罪、銃器関連犯罪、集団密航関連犯罪、組織的な殺人罪という4つの特定犯罪に関する捜査に限って、一定の実体的要件の充足と裁判官の発する傍受令状の取得を条件として、通信傍受が合法化された。2016年に通信傍受法の一部改正（同年施行）によって、殺人、窃盗、詐欺等の9つの犯罪が新たな適用対象として加えられている。また、2016年に一部改正、2019年に施行された通信傍受法において、従来の通信傍受方法に加えて、一時的保存型傍受と特定電子計算機使用型傍受が導入された。

▶ジェンダー問題

① ポルノグラフィー

ポルノグラフィーとは、性を露骨に描写した文学・映画・写真等の作品やその描写を指すものと解されている。現在、そのような描写の多くが、刑法のわいせつ罪の規制対象となっている。

日本の伝統的なわいせつ規制として、刑法175条のわいせつ文書頒布・犯罪等の規制があげられる。日本の通説のわいせつ判断基準は、本章でもふれた「チャタレー夫人の恋人」事件判決（1957年）で示されたものである。チャタレー事件判決によって示された「わいせつ」の定義とは次のようなものである。「わいせつ」とは、「徒らに性欲を興奮又は刺戟（しげき）せしめ、且つ普通人の正常な性的羞恥心を害し、善良な性的道義観念に反するものをいう」。「猥褻（わいせつ）文書は性欲を興奮、刺戟し、人間をしてその動物的存在の面を明瞭に意識させるから、羞恥の感情をいだかしめる」。

アメリカの法学者であるキャサリン・マッキノンは、1970年代の初めから、哲学者でありラディカル・フェミニストのアンドレア・ドゥオーキンとともに、ポルノグラフィー、売春、性暴力の問題にとりくみ、反ポルノグラフィー運動やデモをおこなった。その後、1970年代後半になると、セクシャル・ハラスメントの理論化や法廷闘争をおこなうようになっていった＊[24]。

マッキノンによれば、「ポルノグラフィーとは、画像であれ、文章であれ、性的に露骨な形で女性が従属する様子を写実的に画いたものである」。実際に、この彼女の理論が、1983年にミネソタ州ミネアポリス市で可決された「**反ポルノグラフィー公民権条例**＊[25]」の3条では、「ポルノグラフィーは性別に基づく差別の一形態である」ということが明らかにされ、ポルノグラフィーの制作・販売・公開・頒布などの取引行為が「女性に対する差別行為である＊[26]」ことが規定されており、マッキノンの理論が直接反映されていたとされる＊[27]。

マッキノンのポルノグラフィーの定義や「反ポルノグラフィー公民権条例」に表現されているように、彼女によれば、ジェンダーとは、性差ではなくヒエラルキー（権力の不平等関係）を表したものであり、ポルノグラフィーは、男性支配と性差別の手段であり、明確な性差別論が存在するものである。つまり、マッキノンのポルノグラフィー論では、ポルノグラフィーは表現ではなく行為であること、ポルノグラフィーが女性を沈黙させる「沈黙効果」を有していることなどが主張されたのである＊[28]。

アメリカの憲法学説では、日本も同様であるが、表現の自由の優越的地位を認めている。すなわち、裁判所は、表現の自由を規制する法律に対して厳格審査基準を適用しているために、憲法学説では、おおむね最高裁判決に親和性を示している。特に、「国家からの自由」を基調とするリベラリズムの観点から、ポルノグラフィーの表現の自由に対する規制や検閲には慎重な態度が求められている。

これに対して、フェミニズムの観点からは、むしろ、表現の自由の保護のもとにポルノグラフィーを保障することで女性に深刻な心理的・社会的被害を与えてきたことに対して深い反省を強いている＊[29]。

このように、表現の自由を擁護するリベラリズムの立場とポルノグラフィーを含

条文

反ポルノグラフィー公民権条例（ミネソタ州ミネアポリス市モデル条例）

1条（立法目的）1　ポルノグラフィーは性差別的行為である。……

2　ポルノグラフィーは、性別に基づく搾取と従属の制度的行為であり、女性に差別的に被害を与え、不利益を及ぼす。

2条（定義）1　「ポルノグラフィー」とは、図画および／または文章をつうじて、写実的かつ性的に露骨なかたちで女性を従属させることであり、次の要素の1つ以上を含むものである。

①女性が人間性を奪われたかたちで、性的な客体物、モノ、商品として提示されている。

②女性が辱めや苦痛を快楽とする性的客体物として提示されている。

③女性が強かん、近親かん、その他の性的暴行によって快感を覚える性的客体物として提示されている。……

むその自由を規制しようとするフェミニズムの立場の構図がある。

日本もアメリカにおけるリベラリズムとフェミニズムの対立構図は基本的に共通している。

日本でも1970年代以降に「性の自由」が提唱されて性的表現の規制緩和が進み、それによって、表現の自由だけではなくポルノ鑑賞の自由も主張されていった[*30]。

「性の商品化」がもたらす害悪は深刻であり、この深刻さを受け止め、ポルノグラフィーについては、ポルノ業者による出演女性に対する性暴力の問題や性犯罪の背景になっている状況を重視しなければならないとされている[*31]。

また、ポルノグラフィーの出演女優の被害救済問題として、営業の自由（契約の自由や職業選択の自由）との関係もあり、性的自己決定権の問題も検討されなければならない[*32]。

そのポルノグラフィーの出演女優の職業選択の自由については、第12章の経済的自由権の部分で詳しく取り扱っていく。

② AV出演被害防止・救済法

日本では2022年6月23日にAV出演被害防止・救済法が施行された[*33]。

本法は、AV出演強要などの問題に加え、同年4月に成人年齢が引き下げられ、親の同意なく契約した映像の販売や配信を止める民法上の「未成年者取り消し権」が無効になるなど、高校生を含む被害者が増加する懸念から制定されたものである。

本法のポイントとして、次のものがあげられる。契約締結時には、契約書等を交付し、契約内容について説明する義務がある。契約してから1か月は撮影してはいけないこと、撮影時には出演者の安全を確保すること、撮影や嫌な行為は断ることができること、公表前に事前に撮影された映像を確認できること、すべての撮影終了後から4か月は公表してはいけないことを義務づけている。撮影時に同意していても、公表から1年間（法の施行後2年間は「2年間」）は、性別・年齢を問わず、無条件に契約を解除できる。契約がないのに公表されている場合や、契約の取消・解除をした場合は、販売や配信の停止などを請求することができる。性犯罪・性暴力被害者のためのワンストップ支援センターで相談・支援をおこなう。

注

＊1 芦部信喜(高橋和之補訂)『憲法(第8版)』(岩波書店、2023年)189頁など参照。
＊2 安西文雄＝巻美矢紀＝宍戸常寿『憲法学読本　第4版』(有斐閣、2024年)141頁、毛利透＝小泉良幸＝淺野博宣＝松本哲治『憲法II　人権(第3版)LEGAL QUEST』(有斐閣、2022年)209-210頁など参照。
＊3 芦部・前掲注(1)194頁以下など参照。
＊4 芦部・前掲注(1)189頁、安西ほか・前掲注(2)142頁、毛利ほか・前掲注(2)207-208頁など参照。
＊5 芦部・前掲注(1)189-192頁、安西ほか・前掲注(2)158-160頁、毛利ほか・前掲注(2)212-213頁など参照。
＊6 芦部・前掲注(1)192-193頁など参照。
＊7 芦部・前掲注(1)195頁、安西ほか・前掲注(2)162-163頁など参照。
＊8 芦部・前掲注(1)196-197頁、安西ほか・前掲注(2)162-163頁、毛利ほか・前掲注(2)254-259頁など参照。
＊9 芦辺・前掲注(1)196-198頁、安西ほか・前掲注(2)162-163頁、毛利ほか・前掲注(2)255-257頁など参照。
＊10 芦部・前掲注(1)213頁以下、毛利ほか・前掲注(2)229頁以下など参照。
＊11 芦部・前掲注(1)207-208頁、毛利ほか・前掲注(2)236-239頁など参照。
＊12 安西ほか・前掲注(2)149-150頁、毛利ほか・前掲注(2)242-244頁など参照。
＊13 芦部・前掲注(1)207-208頁、安西ほか・前掲注(2)147-148頁、毛利ほか・前掲注(2)232-235頁など参照。
＊14 芦部・前掲注(1)214-215頁、安西ほか・前掲注(2)150頁、毛利ほか・前掲注(2)239-241頁など参頁。
＊15 芦部・前掲注(1)210-211頁、安西ほか・前掲注(2)150-151頁、毛利ほか・前掲注(2)244-245頁など参照。
＊16 芦部・前掲注(1)215頁以下、安西ほか・前掲注(2)154-156頁、毛利ほか・前掲注(2)223頁以下など参照。
＊17 芦部・前掲注(1)217頁以下、安西ほか・前掲注(2)143-145頁、毛利ほか・前掲注(2)216-219頁など参照。
＊18 芦部・前掲注(1)232頁以下、安西ほか・前掲注(2)168頁以下、毛利ほか・前掲注(2)260頁以下など参照。
＊19 芦部・前掲注(1)211頁以下、安西ほか・前掲注(2)152頁以下、毛利ほか・前掲注(2)213頁以下など参照。
＊20 芦部・前掲注(1)200-203頁、安西ほか・前掲注(2)163-164頁、毛利ほか・前掲注(2)250-251頁など参照。
＊21 芦部・前掲注(1)203-207頁、安西ほか・前掲注(2)165-166頁、毛利ほか・前掲注(2)251-254頁など参照。
＊22 Google Spain SL, Google Inc v. *Agencia Española de Protección de Datos*, Mario Costeja González (2014).
＊23 芦部・前掲注(1)242-244頁、安西ほか・前掲注(2)164-165頁、毛利ほか・前掲注(2)270-273頁など参照。
＊24 辻村みよ子＝糠塚康江＝谷田川知恵『概説　ジェンダーと人権』(信山社、2021年)265-266頁参照。
＊25 本条例は、市長の拒否権にあい、結果的に不成立となった。
＊26 キャサリン・マッキノン＝アンドレア・ドウオーキン＝中里見博ほか訳『ポルノグラフィと性暴力——新たな法規制を求めて』(明石書店、2007年)148頁以下。
＊27 辻村ほか・前掲注(24)266頁参照。
＊28 辻村ほか・前掲注(24)266頁参照。
＊29 辻村ほか・前掲注(24)267頁参照。
＊30 たとえば、家庭・職場におけるポルノ視聴の強制、夫婦・恋人間でのポルノ類似行為の強制、ポルノ視聴者による性的暴力などの消費被害も引き起こしていった。三成美保＝笹沼朋子＝立石直子＝谷田川知恵『ジェンダー法学入門〔第3版〕』(法律文化社、2019年)72頁参照。
＊31 三成ほか・前掲注(30)72頁参照。
＊32 辻村ほか・前掲注(24)268-269頁参照。
＊33 本節について、政治広報オンラインなど参照。https://www.gov-online.go.jp/useful/article/202207/1.html (最終閲覧2024年10月21日)

※本章における注以外の参考文献
佐藤幸治『日本国憲法論［第2版］』(成文堂、2020年)
渡辺康行＝宍戸常寿＝松本和彦＝工藤達朗『憲法I　基本権(第2版)』(日本評論社、2023年)

第12章 経済的自由権

日本国憲法の概説

日本国憲法 22 条
① 何人も、公共の福祉に反しない限り、居住、移転及び職業選択の自由を有する。
② 何人も、外国に移住し、又は国籍を離脱する自由を侵されない。
29 条
① 財産権は、これを侵してはならない。
② 財産権の内容は、公共の福祉に適合するやうに、法律でこれを定める。
③ 私有財産は、正当な補償の下に、これを公共のために用ひることができる。

① 公共の福祉と経済的自由権

本章で扱う憲法22条、29条のどちらにも「公共の福祉」の文言が入っている。「公共の福祉」に関しては、第7章でも学習したが、それをふまえ、本章で扱う経済的自由権の条文に「公共の福祉」の文言が規定されている意味を最初に確認しよう。

そもそも、基本的人権は、日本国憲法97条で「侵すことのできない永久の権利」と規定されているとおりである。しかし、それは人権が絶対無制限であるというものではなく、人権にも一定の制約はともなうのである。

人権は、「公共の福祉」によって制限されうることが、憲法12条、13条に規定されているが、とりわけ、居住・移転の自由と職業選択の自由、および財産権については、憲法22条、29条で公共の福祉による制限を受けることを個別に規定している[*1]。

初期の学説や判例は、「公共の福祉」の意味を「公益」や「公共の安寧秩序」と解して、人権は広く「公共の福祉」によって一般的に制約されると説いた。このことを「外在的制約説」や「公共の福祉論」と言う。

しかし、このような考え方では、法律による人権制限が容易になされるおそれがあり、ひいては明治憲法下における「法律の留保」(国家は法律上の根拠がなければ、国民の権利・自由を制限できないという原則であり、明治憲法下では、法律で定めさえすれば、いかなる権利・自由でも制限できるという意味に解釈されていた）について限定的な人権保障と同様になってしまう可能性があるので、現在ではこのような考え方はとられていない。

そこで、現在では「公共の福祉」とは「人権相互の矛盾・衝突を調整するための実質的公平の原理」であると解釈されている。この意味での「公共の福祉」は、憲法の規定にかかわらず、すべての人権に必然的に内在すると説かれている。この考え方を「内在的制約説」と言う。

そして、憲法12条、13条の「公共の福祉」は、そのような内在的制約としての公共の福祉を定めたものであるとされている。他方、憲法22条、29条の「公共の福祉」は、居住・移転の自由、職業選択の自由、財産権といった経済的自由権に対する個別的な制約を定めたものであり、これらの人権については、国家が政策的配慮に基づいた積極的規制をおこなうことを容認したものであると解釈されている。

② 経済的自由権の内容と性格

職業選択の自由（憲法22条1項）、居住・移転の自由（同22条1項）、財産権（同29条）を総称して経済的自由権と呼ぶ*2。

経済的自由権は、個人の平等を基調として自由な経済活動を保障した近代市民社会においては、不可侵の権利として厚く保護された（例:所有権の絶対性）。しかし、19世紀後半以降、失業や貧富の格差といった資本主義の弊害が露呈すると、社会的・経済的弱者を救済するために、国家が各種の経済政策や社会政策を通して市民社会に介入するようになり（＝福祉国家）、経済的自由権も社会的公共性の見地から規制されるようになっていった。

したがって、今日では、経済的自由権は社会的に拘束を負ったものとして、法律による規制を広範に受ける人権であると理解されている。

③ 職業選択の自由

憲法22条1項は、職業選択の自由を保障している。

職業選択の自由とは、自己の従事する職業を自由に決定する権利である。ここで言う「職業」とは、自己の生計を維持するための活動であるとともに、自己の持つ個性を全うすべき自己実現の場としての意味を持ち、個人の人格的発展とも密接に関連するものである[*3]。

1 営業の自由

職業選択の自由には、自己の選択した職業を遂行する自由、および営業の自由（＝職業を遂行する自由のうち、特に営利をめざす活動の自由）も含まれる。

ただし、営業の自由の憲法上の根拠に関しては、22条1項の職業選択の自由に含まれるとする見解（憲法22条説〔通説・判例〕）と、営業活動は財産権行使の側面も併せ持つので、営業の自由は憲法22条と29条によって根拠づけられるとする見解（憲法22条・29条説）がある。

2 職業選択の自由に対する規制

職業選択の自由は、精神的自由権と比較して、より強い規制を受ける（例：二重の基準論）。その理由として2つあげられる[*4]。

まず、1つ目は、無制限な職業活動を許すと、社会生活に不可欠な公共の安全と秩序の維持を脅かすおそれがあるからである。2つ目は、社会国家の理念を実現するためには、中小企業の保護などの政策的な配慮に基づいて、職業選択の自由に積極的な規制を加えることが必要とされる場合があるからである。

職業選択の自由に対する規制は、その規制の目的に応じて、①消極目的規制と②積極目的規制の2つの類型に区別される。

①消極目的規制は、主として国民の生命および健康に対する危険を防止・除去・緩和するための規制であり、「警察的規制」とも呼ばれる。自由国家の理念に基づき、原則として必要最小限の規制しか許されないものである。この規制には、飲食業、薬局・医薬品販売業など申請に応じた行政庁による禁止の解除が必要な許可制、医師、薬剤師、弁護士など一定の資格を取得する必要がある資格制、理容業、美容業など行政庁に対する事実の一方的な通知のみで足りる届出制がある。たとえば、自分が定食屋さんなど飲食店を開こうとする場合、保健所長の許可が必要である。

②積極目的規制は、福祉国家・社会国家の理念に基づいて、経済の調和のとれた発展を確保し、特に社会的・経済的弱者を保護するためになされる規制である。これには、社会、経済の専門知識が必要なため、裁判所ではなく立法府が規制の違憲性を判断する。社会政策や経済政策のように、国家の政策的配慮を尊重するため、必要な限度の規制が許されるものである。この規制には、電気、ガス、水道など行政庁の広い裁量の下、公益の観点から特権が付与される必要がある特許制、かつての郵便事業、たばこや塩の専売業など私人の営業を禁止し、営業を国家が独占する国家

独占、スーパーマーケットなどの大規模小売店の出店規制、酒屋の出店規制など中小企業の保護や過当競争防止のために市場への新規参入を規制する新規参入規制がある。たとえば、中小規模の地元の商店が安心して商売できるように、大型スーパーの出店を規制することがそれに該当する。

3 職業選択の自由に関する違憲審査基準

職業選択の自由を規制する立法に対する違憲審査基準は、精神的自由を規制する立法に対する違憲審査基準よりも、緩やかな基準が用いられる。

それは、経済的自由の規制に関しては、政策的判断の働く余地が大きいために、国民の代表者たる立法府の判断に合理性があるであろうという前提に立つからである（＝合理性推定の原則）*5。

職業選択の自由を規制する立法の違憲審査に用いられる緩やかな審査基準を、一般に「合理性の基準」と言う。この合理性の基準とは、規制の目的とそれを達成する手段の双方について、合理性の有無を判断し、合理性が認められれば当該規制立法を合憲とするという違憲審査基準である。

合理性の基準は、消極目的規制と積極目的規制とに応じて、さらに「厳格な合理性の基準」と「明白性の原則（明白性の基準）」の2つに分けられる（＝規制目的二分論）。それぞれについて詳しく見ていこう。

審査基準

A 厳格な合理性の基準

この基準では、まず、立法目的の「必要性と合理性」を審査し、次いで、規制手段が立法目的との関連の審査「より制限的でないものかどうか」を立法事実に基づいて判断する。これは、消極的目的規制の立法の審査に用いる。

立法事実とは、ある法律を成立させ、存続させることの必要性を示す社会的・経済的事実である。

B 明白性の原則

この原則は、当該規制立法が、著しく不合理であることが明白である場合にかぎって、違憲と判断する。明白性の原則は、立法府の広い裁量を認める最も緩やかな違憲審査基準である。これは、積極目的規制の立法の審査に用いる。

ここで、職業選択に関連する3つの判例を見ていこう。

判例 小売市場距離制限事件最高裁判決［最大判1972年11月22日刑集26巻9号586頁］

【事件の概要】

本件は、小売市場（1つの建物を小さく区切って小売商の店舗として貸付・譲渡するもの）の開設許可の条件として一定の距離制限を定めた法律の合理性が争われた事件である。

【判旨】

最高裁は①経済活動の規制について積極目的規制と消極目的規制との2つがあることを明らかにし、②積極目的の規制に関しては「明白性の原則」が妥当すると説き、③本件の規制目的は小売商の過当競争による共倒れの防止という積極目的であると認定して距離制限による規制を合憲とした。

現在では、街に行けば、いろいろな会社が経営している薬局が隣同士や向かい合わせで設置されている。しかし、日本では過去において旧薬事法によって薬局開設に距離の制限が課せられていた。

判例 薬局距離制限事件（薬事法事件）最高裁判決［最大判1975年4月30日民集29巻4号572頁］

【事件の概要】

本件は、薬局の開設に距離制限を課した旧薬事法の合憲性が争われた事件である。

【判旨】

最高裁は、①消極目的の規制に関しては、規制の必要性・合理性の審査と、より緩やかな規制手段で同じ目的が達成できるかどうかの検討が必要であるとし、②薬局の距離制限は国民の生命・健康に対する危険の防止という消極目的のものであると認定し、③薬局の距離制限をおこなわないと、不良医薬品の供給を招くとする因果関係は立法事実によって合理的に裏付けることはできないから、規制の必要性と合理性の存在は認められず、④また、行政上の取締りなどのより緩やかな規制手段も存在するとして、距離制限規範を違憲とした。

みなさんは、銭湯に行ったことがあるだろうか。公衆浴場は、その銭湯のことである。

判例 公衆浴場距離制限事件最高裁判決［最三小判1989年3月7日判時1308号111頁］

【事件の概要】

本件は、公衆浴場設置の距離制限の合憲性が争われた事件である。

【判旨】
最高裁は1955年の判決では、当該規定を過当競争の防止や環境衛生といった消極目的規制と判断し、合憲判決を下した。
しかし、公衆浴場の距離制限は、薬局距離制限事件最高裁判決のような立法事実に基づく厳格な審査を加えれば、違憲と判断される可能性が高いとの批判が寄せられた。
その後、家庭にお風呂のない住民に厚生施設たる浴場を確保するため、浴場の経営の安定化を図る必要性が増大した。これを受けて、最高裁はこの1989年の判決では、当該規制の立法目的は業者の経営安定化を図る積極目的規制であるととらえ、明白性の原則を適用して合憲と判断した。

④ 居住・移転の自由

憲法22条１項は、居住・移転の自由を保障している。

ここで言う、居住・移転の自由とは、自己の住所または居所を自由に決定し、移動する権利である。これには、旅行の自由も含まれる*6。

1 居住・移転の自由が経済的自由権に含まれている理由

近代市民社会において発達した資本主義経済は、労働力の自由な流通を不可欠な要素とする。したがって、身分や土地から解き放たれた労働者の居住・移転の自由は、資本主義経済の発展を促した基礎的条件だった。こうした歴史的背景に基づいて、居住・移転の自由は経済的自由の１つと数えられている。

しかし、近年では、居住・移転の自由は、単に経済的自由としてだけではなく、人身の自由、精神的自由といった多面的・複合的な性格を持った権利として理解されている。

2 海外渡航の自由

海外渡航の自由（海外旅行の自由）が、居住・移転の自由に含まれるかについては、多数説・判例は憲法22条２項説をとっている。この説は、憲法22条１項をもっぱら国内における居住・移転の自由と解し、同２項の「外国に移住」するとの文言に、外国への旅行も含まれるとするものである。

それに対して、憲法22条１項の「移転の自由」が、居住所を変更する自由のみならず、内外を問わず旅行の自由をも含むとする憲法22条１項説や、旅行は「移転」または「移住」とは異なる観念であるとし、旅行の自由は一般的自由または幸福追求権の一部として憲法13条によって保障されているとする、憲法13条説がある*7。

⑤ 財産権

憲法29条1項は、「財産権は、これを侵してはならない」とし、財産権を保障している。

そもそも、財産権とは、一切の財産的価値を有する権利の総称であり、所有権その他の物権、債権のほか、著作権、特許権などの無体財産権が含まれる。

1 財産権の性格

財産権は、19世紀までは個人の不可侵の人権と理解されていた(例:私的所有権の絶対性)。

しかし、19世紀以降、資本主義のさまざまな弊害が露呈してくると、個人の財産権を制限して社会的・経済的弱者の救済や公共の利益の確保を図るべきとの社会国家思想が生まれた。20世紀に入ると、そもそも財産権は社会的に制約され、法律による規制に服する権利であると考えられるようになった(例:権利濫用禁止の法理)。

憲法29条2項は、「財産権の内容は、公共の福祉に適合するやうに、法律でこれを定める」と規定し、財産権が「公共の福祉」を根拠として、法律によって制約されうることを明らかにしている*8。

2 財産権保障の意味

憲法29条1項の「財産権は、これを侵してはならない」とは何を保障したものかに関して、学説が分かれている*9。いっしょに確認しよう。

学説

A　法律上の権利保障説

この説によれば、憲法29条1項で保障された「財産権」とは、同2項の規定に基づいて、法律でその内容を定められた財産のことである。

B　制度的保障説(制度・権利保障併存説、通説・判例)

この説によれば、憲法29条1項は、個人が現に有する財産権を保障するとともに、個人が財産権を共有しうる法制度、つまり私的財産制という制度を保障している。したがって、私的財産制の核心は法律によって侵すことはできない。

この通説・判例がとっているように、財産権の保障を制度的保障と理解した場合、法律によっても侵すことのできない制度（＝私的財産制）の核心とは何か、については、体制保障説（多数説）や人間に値する生活保障説（有力説）がある。

3 憲法29条2項の「公共の福祉」と財産権に関する違憲審査基準

憲法29条の「公共の福祉」は、財産権に対して個別的な制約を定めたものであり、財産権が「公共の福祉」による制約を受けることを特に明らかにしている。

ここで用いる「公共の福祉」は、次の2つの意味を持つ*10。

まず、①**自由国家的公共の福祉**は、各人の権利の公平や保障を目的とする公共の福祉である。これは、生命・健康等に対する危害防止や、隣接地との関係における土地所有権相互の調整などを目的として財産権を制限する場合に機能する。

次に、②**社会国家的公共の福祉**は、各個人の人間的な生存の格差を目的とする公共の福祉である。これは、市場独占の排除や有効な土地利用、自然環境の保全、文化財の保護など、社会的公平と調和の確保を目的として財産権を制限する場合に機能する。

したがって、財産権は、①自由権国家的公共の福祉による制約は、権利に内在する制約、②社会国家的公共の福祉による制約は、政策的制約の双方に服する。

よって、その規制立法の合憲性も、職業選択の自由の場合と同じく、①自由国家的公共の福祉に基づく消極目的規制に対しては、規制目的と手段の合理性を厳格に判断し、②社会国家的公共の福祉に基づく積極目的規制に対しては、規制目的と手段の合理性を緩やかに判断する。

このように、規制目的二分論に基づいた違憲審査基準で判断されるべきであると学説上は考えられている。

しかし、財産権に関する判例はこの二分論を採用していない。その判例について見ていこう。この判例は**森林法事件最高裁判決（1987年）**である。

判例 森林法事件最高裁判決［最大判1987年4月22日民集41巻3号408頁］

【事件の概要】

本件は、共有林の分割請求権を制限している森林法186条の規定が、憲法29条に反しないかが問われた事件である。

【判旨】

最高裁は、共有林の分割制限は、森林経営の安定化のための積極目的規制であるとしつつ、その違憲審査に際しては、薬局距離制限事件判決同様の「厳格な合理性」の基準を用いて、当該規定を憲法29条に反し違憲だと判断した。

このような最高裁の判例理論に関しては学説上さまざまな分析や評価が加えられているが、判決の意図するところは判然としないと言われている。

4 条例による財産権制限の可否

憲法29条2項は「財産権の内容は、……法律でこれを定める」と規定しており、法律で財産権の制限をおこなえることは明らかになっているが、条例によっても財産権の制限ができるか否かが問題となる*11。これに関しては、否定説と肯定説(通説・判例)があげられる。

前者は、財産権の規制は、法律によって全国的に統一しておこなわれるべきであり、条例によっても財産権の制限ができるか否かが問題となると主張する説である。後者は、条例は地方議会において定められた民主的立法であり、また地方的な特殊の事情が存在する場合もあるので、条例による財産権の制限も許されるとする説である。

その条例によっても財産権の制限ができるか否かが争われた判例として、**奈良県ため池条例事件最高裁判決(1963年)**があるので、これについても見ていこう。

判例 奈良県ため池条例事件最高裁判決 [最大判1963年6月26日刑集17巻5号521頁]

【事件の概要】

本件は、災害防止のために、ため池の堤とうに農作物を植える行為を禁止した奈良県の条例が、憲法29条2項に反し財産権の不当な制限に当たるのではないかが争われた事件である。

【判旨】

最高裁は、条例によっても財産権を制限できると判断した。理由は上記肯定説と同じである。

5 憲法29条3項による財産権制限に対する補償の要否

日本国憲法29条3項は「私有財産は、正当な補償の下に、これを公共のために用ひることができる」と定めているが、どのような場合に補償が必要となるかについては、形式・実質二要件説(従来の通説)と実質要件説(近時の有力説)に学説が分かれている*12。

補償の要否については、一般に私有財産の制限が特定の個人に対して特別の犠牲を強いるものであるか否かを基準として判断するが（＝特別犠牲説）、「特別の犠牲」か、否かをどのように判断するかが問題となる。

まず、前者の形式・実質二要件説は、①侵害行為の対象が広く一般人か、特定の個人ないし集団か（＝形式的要件）、②侵害行為が財産権に内在する社会的制約として受忍すべき限度のものであるか、それを超えて財産権の本質的内容を侵すほど強度なものであるか（＝実質的要件）、という2つの要件を総合的に考慮して判断する、と主張するものである。

次に、後者の実質要件説は、①財産権の剝奪や重大な侵害については、当然補償を要するが、②その程度に至らない規制については次のように判断すると主張するものである。すなわち、ⓐ建築基準法に基づく建築の制限のように、社会的共同生活との調和のために必要な規制であれば補償は不要であり、ⓑ重要文化財の保善のための制限のように、他の公益目的のために偶然に課せられる規制であれば補償が必要と判断するというものである。

6 「正当な補償」の内容

たとえば、道路に面している家に住んでいたとする。あるとき、交通量が膨大に増え、国から道路を拡張すると言われ、自分が住んでいる家がその工事のために取り壊されることになった。そのために、自分は、別の場所に住まなければならなくなったわけであるが、これも財産権が規制されることを意味する。

このように、財産権の規制に対して与えられる「正当な補償」とは、いかなるものかについて、完全補償説、相当補償説、完全補償原則説（近時の有力説）と学説が分かれている。

まず、完全補償説は、当該財産の客観的な市場価格を全額補償すべきとする説である。次に、相当補償説は、当該財産規定に対して加えられる公共目的の性質、その制限等を考慮して算定される合理的な相当額であれば、それが市場価値を下回ることがあっても是認されるとする説である。そして、完全補償原則説は、「正当な補償」には、完全な補償と相当補償の双方がありうるとしたうえで、前者を損失補償の原則とし、例外的に相当補償でもよい場合を認めるとする説である。

ジェンダー問題

① 売買春と性的自己決定権

1 フェミニズムと売春に関する自己決定

第11章で、ポルノグラフィーをめぐるリベラリズムとフェミニズムの対立、並びにフェミニズム内での対立についてふれてきたように、ポルノグラフィーの出演女優の職業選択の自由と関連して、売買春についての性的自己決定（権）をめぐってもフェミニズムのなかで同様の対立がある。それは、売買春の規制と、それに対する性業女性の自己決定権（職業選択の自由）という対立である。

第一波フェミニズムは、人身売買禁止や売買規制を基本的に支持するが、性病などによる一方的な規制を禁止する立場をとった。

これに対して、第二波フェミニズムの異なる２つの立場がある。

１つ目は、新しい女性運動としてのセックスワーカー運動を展開した立場である。これは、性業女性を労働者であると積極的に評価して彼女たちの権利を要求したものである。すなわち、性業に従事する女性の自己決定権や職業選択の自由を基礎として、セックスワーカーの地位を社会的に承認していくことを主張したものであった。２つ目は、売春制度自体の廃止を主張する立場である。これは、売春を不平等な性的虐待と位置づけ、強制売春だけではなく売春そのものの廃止を訴える立場である。この立場は、女性の性業従事が、経済的困窮等に基づく強制をともなうものであるとして、女性の真の自由意志による職業選択によるものではなく、実は、女性が性産業に搾取されているということを理由にあげる[*13]。

2 諸外国の売買春をめぐる法制度

このフェミニズムの拮抗構造は、次の各国の法制度の構図にもアナロジカルに通じるものがあると思われる。

たとえば、スウェーデンでは、1999年に世界で初めてとなる買春処罰法が導入された。この法は、売春を提供する側ではなく、売買春業者に加えて、買春する側を処罰するものである。2016年には、フランスでも買春禁止法が施行された[*14]。同様の法律は、現在、ノルウェー、アイスランド、北アイルランドでも施行されている[*15]。

これらの買春側を処罰する法を導入する国に対して、性売買を合法化している国としてニュージーランド、オーストラリアの一部の州、ドイツ、オランダなどがあげられる。たとえば、ドイツでは、2001年に、売春を合法化する売春法が制定され、2002年に施行された。同法は、民事法であり、売春側と買春側との契約に法的効力が認められるとした。さらに、売春事業者に対して売春者のための社会保険加入手続が義務づけられた*16。また、ニュージーランドでは、2003年に売買春を非犯罪化した売買春改革法が成立し、売春をする側だけではなく買春側もすべて合法化された*17。

このように、売買春をめぐる法整備は諸外国によって異なる。買春を処罰の対象とすべきか、あるいは、売買春を合法化して是認すべきなのか、また、女性の職業選択の自由として売買春を認めるべきか、あるいは、主に女性が売春業に従事せざるをえない社会構造を国家は是正していくべきなのか。解決すべき課題は多い。

② 日本の売春防止法

1 売春規制と売春防止法

戦後の日本では、連合軍最高司令官の覚書として1946年に公娼制廃止が指示された。それを受けて、日本政府は「婦女に売淫をさせた者等の処罰に関する勅令」(1947年1月14日)を発し、それとともに、特定の地域での性業者の営業を認める「集娼政策」を実施した。

その後、1956年に売春防止法が公布され、1957年に施行された。同法の1条に規定されているように、本法では、人間の尊厳・性道徳・善良な風俗の維持という3つの目的を明らかにしている*18。

そもそも同法による売春の定義として、2条に規定されているように直接的または間接的な経済的利益(対償)を受けて、性交をおこなう行為が禁止されている*19。また、本法では、売春をおこなう者は、女性のみならずに男性も含むものであると位置づけられ、売春目的の勧誘(5条)・斡旋(あっせん)(6条)・売春契約(10条)・売春させる業(12条)・資金等の提供(13条)などについて懲役または罰金の刑罰刑も科されている*20。

2 売買春の是非のさまざまな立場

売買春の是非をめぐっては、主に①禁止主義、②規制主義、③廃止主義*21、④新廃止主義と類型化される。

①禁止主義は、売春そのものを禁止処罰するという立場である。しかし、それに対して、買春行為を犯罪とすることは少ないとされている。②規制主義は、性病検査等の衛生管理をおこないつつ、売春営業を許可するという立場である。③廃止主

義は、売買春を否定しつつも、犯罪とするものを売春業者の営業行為と明らかな勧誘行為に限定して、単純売買春行為そのものは処罰しないという立場である。④新廃止主義は、売春を禁止処罰するという廃止主義の潮流に基づきながら、売る側（特に女性）は処罰せずに買う側（特に男性）や場所等を提供する側らを犯罪化して、売買春をなくそうとする立場である*22。

1956年に制定された「売春防止法」は、③廃止主義に分類される。日本では、この廃止主義に基づいて、売買春の廃止をめざして、売春業者の営業行為や明らかな勧誘行為が処罰されている。その一方で日本では、②規制主義に基づいて、風俗営業等適正化法（正式名称「風俗営業等の規制及び業務の適正化等に関する法律」、1948年）により、性交類似行為をおこなわせる営業は公認されている*23。

③ 困難女性支援法

2024年4月1日、日本で困難女性支援法（困難な問題を抱える女性への支援に関する法律）が施行された。

この法律は、新たに女性の福祉増進、人権尊重、男女平等を掲げ、支援の実施を国と自治体の責務と規定するものである*24。たとえば、都道府県に対して女性相談支援センターの設置を義務づけ、緊急時の一時保護もおこなうなど、売春防止法（1956年制定）で定められていた婦人相談所を転換して発足させている*25。

国の基本方針を受け都道府県は施策の内容を盛り込んだ基本計画を作成する。都道府県は、民間団体と協働して、女性の住まいなどへの訪問支援や居場所の提供、手続時の関連関係への動向などの業務もおこなう。このような業務をとおして、都道府県は、問題を抱える女性を早期発見、相談対応や支援につなげる*26。

これまでの女性支援は、「売春を行うおそれのある女子」への補導や更生により、売春を防ぐことを目的とした売春防止法が根拠となってきた。しかし、女性の支援活動の現場からは、DV、ストーカー、性暴力・性犯罪、人身取引、家庭関係破綻、生活困窮等女性をめぐる課題が多様化するなかで、実態とそぐわないとして、新たな法律を求める声があがっていた*27。今回の本法施行は、時代の変化にともなう困難な女性をとりまく環境や問題に対応するべき法の1つとして注目されるであろう。

注

＊1 芦部信喜（高橋和之補訂）『憲法（第８版）』（岩波書店、2023年）101頁以下、安西文雄＝巻美矢紀＝宍戸常寿『憲法学読本　第3版』（有斐閣、2018年）187頁、毛利透＝小泉良幸＝淺野博宣＝松本哲治『憲法Ⅱ 人権（第3版）LEGAL QUEST』（有斐閣、2022年）9-11頁など参照。
＊2 芦部・前掲注（1）245頁、安西ほか・前掲注（1）180-181頁、毛利ほか・前掲注（1）276頁など参照。
＊3 芦部・前掲注（1）245頁、安西ほか・前掲注（1）181-182頁、毛利ほか・前掲注（1）282-283頁など参照。
＊4 芦部・前掲注（1）246-247頁、毛利ほか・前掲注（1）290-295頁など参照。
＊5 芦部・前掲注（1）247-249頁、安西ほか・前掲注（1）182頁以下、毛利ほか・前掲注（1）283-289頁など参照。
＊6 芦部・前掲注（1）253頁以下、安西ほか・前掲注（1）202-203頁、毛利ほか・前掲注（1）277-280頁など参照。
＊7 芦部・前掲注（1）240頁、毛利ほか・前掲注（1）276-277頁など参照。
＊8 芦部・前掲注（1）253-254頁、安西ほか・前掲注（1）190頁など参照。
＊9 芦部・前掲注（1）255-256頁、毛利ほか・前掲注（1）300-301頁など参照。
＊10 芦部・前掲注（1）256-259頁、安西ほか・前掲注（1）194-197頁など参照。
＊11 芦部・前掲注（1）259頁、安西ほか・前掲注（1）194頁など参照。
＊12 芦部・前掲注（1）260-263頁、安西ほか・前掲注（1）198-202頁、毛利他・前掲注（1）310頁以下など参照。
＊13 これらのフェミニズムの分類は、辻村みよ子＝糠塚康江＝谷田川知恵『概説　ジェンダーと人権』（信山社、2021年）272頁に基づく。
＊14「フランス議会、買春禁止法案を可決」（BBC News Japan 2016年４月７日）。https://www.bbc.com/japanese/35983920（最終閲覧2024年6月2日）
＊15 ミレン・ギッダ「売春婦ではなく客を処罰する買春禁止法がフランスで可決」（ニューズウィーク日本版2016年４月８日）など参照。https://www.newsweekjapan.jp/stories/world/2016/04/post-4865.php（最終閲覧2024年６月２日）
＊16 渡辺富久子「【ドイツ】売春に従事する者の権利を保護するための法律」国立国会図書館調査及び立法考査局『外国の立法』（2016年11月）。https://dl.ndl.go.jp/view/download/digidepo_10212557_po_02690206.pdf?contentNo=1（最終閲覧2024年6月2日）
＊17「ニュージーランド売買春改革法20年――明らかになった真実」（ポルノ・買春問題研究会国際情報サイト）。https://appinternational.org/2023/06/28/new-zealand-prostitution-reform-act-20-years/（最終閲覧2024年6月2日）
＊18 辻村ほか・前掲注（13）274頁など参照。
＊19 三成美保＝笹沼朋子＝立石直子＝谷田川知恵『ジェンダー法学入門〔第３版〕』（法律文化社、2019年）120頁など参照。
＊20 辻村ほか・前掲注（13）274頁など参照。
＊21 売買春の是非についての①禁止主義、②規制主義、③廃止主義については、三成ほか・前掲注（19）116頁など参照。
＊22 特に、④新廃止主義については菊地夏野「コロナで注目の『セックスワーカー差別』、フェミニズムとの複雑な関係」（現代ビジネスホームページ）など参照。https://gendai.media/articles/-/72080（最終閲覧2024年６月２日）
＊23 三成ほか・前掲注（19）116頁など参照。
＊24 厚生労働省子ども家庭局家庭福祉課「『困難な問題を抱える女性への支援に関する法律』について」（2022年10月27日）など参照。https://www.mhlw.go.jp/content/11920000/001056014.pdf （最終閲覧2024年6月4日）
＊25 厚生労働省子ども家庭局家庭福祉課・前掲注（24）など参照。
＊26 厚生労働省子ども家庭局家庭福祉課・前掲注（24）など参照。
＊27 たとえば「売春防止法違反の女性を『処罰』…婦人補導院に廃止求める声」（東京新聞Web 2020年4月20日２時00分）など参照。https://www.tokyo-np.co.jp/article/17110（最終閲覧2024年6月4日）

※本章における注以外の参考文献

佐藤幸治『日本国憲法論［第２版］』（成文堂、2020年）
渡辺康行＝宍戸常寿＝松本和彦＝工藤達朗『憲法Ⅰ　基本権（第２版）』（日本評論社、2023年）

第13章 社会権

▶日本国憲法の概説

日本国憲法25条

① すべて国民は、健康で文化的な最低限度の生活を営む権利を有する。

② 国は、すべての生活部面について、社会福祉、社会保障及び公衆衛生の向上及び増進に努めなければならない。

26条

① すべて国民は、法律の定めるところにより、その能力に応じて、ひとしく教育を受ける権利を有する。

② すべて国民は、法律の定めるところにより、その保護する子女に普通教育を受けさせる義務を負ふ。義務教育は、これを無償とする。

27条

① すべて国民は、勤労の権利を有し、義務を負ふ。

② 賃金、就業時間、休息その他の勤労条件に関する基準は、法律でこれを定める。

③ 児童は、これを酷使してはならない。

28条

勤労者の団結する権利及び団体交渉その他の団体行動をする権利は、これを保障する。

① 社会権の内容と性質

日本国憲法は、生存権（25条）、教育を受ける権利（26条）、勤労の権利（27条）、労働基本権（28条）を保障している。これらは一括して社会権と総称される。

社会権は、20世紀になって社会国家（福祉国家）の思想に基づき、特に社会的・経済的弱者を保護し、実質的平等を実現するために保障されるに至った人権である。

歴史的に簡単にふり返れば次のようになる。

19世紀:自由権（特に経済的自由権）が重視される→資本主義の発展。
⬇
19世紀末～20世紀初頭:資本主義の弊害が露呈→社会的経済的弱者の発生。
⬇
20世紀初頭～半ば（特に第二次世界大戦後）:社会的・経済的弱者を救済する必要性。 ➡ **社会権の成立**

たとえば、世界で初めて社会権を規定したワイマール憲法（1919年）の151条1項では、次のように規定されている。

「経済生活の秩序は、すべての者に人間たるに値する生存を保障する目的を持つ正義の原則に適合しなければならい。」

このように、伝統的な経済的自由が「人間たるに値する生存」によって制限されうることを宣言した。

社会権は、人間に値する生活を営むことを保障するものである。それは、法的に見ると、国に対して一定の作為を要求する権利（＝作為請求権。つまり、国に対して国民のためにアクションを要求する）としての側面が強い。この点において、不作為請求権的な側面（国は国民の生活への介入を排除しようとする）の強い自由権とは性質を異にする。

② 生存権

社会権の総則的規定が、日本国憲法25条の生存権である。

その規定の構造を見ていくと、憲法25条1項は、すべての国民は、健康で文化的な最低限の生活を営む権利を有するとして、生存権を保障した規定である。これは、社会権のなかの原則的規定とされている。同2項は、国は、すべての生活部分について、社会福祉、社会保障および公衆衛生の向上および増進に努めなければならないと規定し、国に生存権の具体化について努力する義務を課した規定である。この規定を受けて、生活保護法、児童福祉法、国民年金法などの各種の社会法が制定され、社会保障制度を形成しているのである。

この憲法25条1項が定める生存権（＝健康で文化的な最低限度の生活を営む権利）の法的性格をめぐっては、憲法制定当初から議論がある*[1]。

学説

A　プログラム規定説

この説によれば、憲法25条1項の規定は、権利の具体的内容とその実現方法が明確ではなく、加えて、権利の具体化に必要な予算が、国の財政政策の問題として政府の裁量に委ねられている。また、資本主義体制の下では、個人の生活については自助の原則が妥当するべきである。
よって、憲法25条1項は単なるプログラム規定であり、国に対して国民の生存を確保すべき政治的義務を課しているにすぎず、個々の国民に法的権利としての生存権を保障したわけではない。ちなみに、この説は、憲法制定初期の有力説であった。

B　具体的権利説

この説によれば、憲法25条1項の生存権の規定は、行政権を拘束するほどには明確でないが、立法権を拘束できる程度には明確である。
したがって、憲法25条1項は具体的な権利を定めたものと解することができ、これを実現する立法が存在しない場合には、国の立法不作為の違憲性を確認する訴訟などを提起することができる。ただし、生存権規定を根拠として、直接的に国に対して給付を請求することはできない。

C　抽象的権利説（通説）

この説によれば、生存権の規定は抽象的で不明確であるから、直接、憲法25条を根拠として立法や行政の不作為の違憲性を裁判で争うことはない。
しかし、この規定の具体化する法律が制定されたのちは、その法律に基づく訴訟において、憲法25条1項違反を主張することは許される。

ここで、生存権に関する2つの重要な判例を見ていこう。

判例　朝日訴訟最高裁判決［最大判1967年5月24日民集21巻5号1043頁］

【事件の概要】

本件は、原告の朝日茂氏が、生活保護法に基づいて受けていた月額600円という生活扶助費が、健康で文化的な最低限度の生活水準を維持するに足りるかどうかが争われた事件である。

【判旨】

第一審の東京地裁は、抽象的権利説に立ち、「健康で文化的な最低限度の水準」の具体的内容は、理論的には特定の国における特定の時点において一応客観的に決定しうるとして、月額600円ではその水準に満たないと判示し、原告の訴えを認めた。
最高裁では、憲法25条1項の規定は、国政運営上の国の責務を宣言したにとどまり、直接国民に具体的権利は個別立法によって生じると判示した。
そのうえで、何が「健康で文化的な最低限度の生活」であるものかの判断は、行政の裁量に委ねられており、著しい裁量権の逸脱・濫用がないかぎり、司法対象の原理とはならないとした（第二審判決も同旨）。

ちなみに、朝日訴訟最高裁判決がプログラム規定説に立ったものか、あるいは一種の裁量論に立ったものなのかについては、学説に争いがある。

■朝日茂さんの手記

「人間の、最も病状の悪い、生死の境をさまようとるもんに、600円であれ、それ以上は 使わせん――。それも、せっかく一人しかいない弟に、せめてうまいものの一つも食べさせてやろうと兄が送金した分までもとりあげ、600円しか使わせん。あんまりむごいこと じゃないですか。兄から送ってきたうちから、栄養費として400円を使うのを認めてくれというのがわかりませんか。わたしのいうことがまちごうとりますか。」（『人間裁判――生と死をかけた抗議／朝日茂の手記』草土文化、1965年）

判例 堀木訴訟最高裁判決［最大判1982年7月7日民集36巻7号1235頁］

【事件の概要】

夫と離婚して子どもを養育していた全盲の堀木フミ子氏は、障害福祉年金を受けていた。同時に児童扶養手当の受給を求めたところ、年金と手当の併給禁止規定に基づいて受給申請が却下された。本件は、堀木氏が、障害福祉年金と児童扶養手続の併給禁止規定の憲法違反（14条・25条違反）を訴えて争った事件である。

【判旨】

最高裁は、「健康で文化的な最低限度の生活」とはきわめて抽象的・相対的な概念であって立法による具体化が必要であるとし、かつどのような立法措置を講ずるかは立法府の広い裁量（**立法裁量**）に委ねられているとして、堀木氏の訴えを退けた。

③ 環境権

1960年代の高度経済成長の時期に、大気汚染、水質汚染、騒音、振動などの公害が大量に発生し、環境が著しく悪化した。それにともなって、環境を保全し良好な環境のなかで生活することを主張する新しい人権として「環境権」が提唱されるようになった。

語句

立法裁量論…憲法25条１項が想定する「健康で文化的な最低限度の生活」というような抽象的・相対的な概念を、個々の立法のなかでどのように具体化していくかは、立法府の広い裁量に委ねられており、立法府が著しく合理性を欠き、明らかに裁量権の逸脱・濫用と見られるような立法をおこなわないかぎりは、裁判所の審査権は及ばないとする理論のことである。

一般に環境権は、「人間の生活にふさわしい良好な環境を享受し、それを支配する権利」と定義される*2。

1 環境権の権利性

環境権が憲法上の法的権利として認められるか否かに関しては、学説に争いがある。

権利性肯定説（有力説）によれば、環境権は所有権や人格権とならぶ具体的権利であり、裁判において損害賠償差止めを求める根拠となる。これに対して、権利性否定説（判例）によれば、環境権の概念はいまだ不明瞭なので、裁判において具体的権利として主張することはできない。

2 環境権の憲法上の根拠

環境権は、良好な環境の享受を妨げられないという側面では、自由権としての性格を有するため、憲法13条の幸福追求権の一内容をなすと考えることができる。

しかし、他方で公権力による積極的な環境保全ないし、環境保全のための施策を求めるという側面では、社会権としての性格を有するため、憲法25条の生存権に根拠づけられる。

学説上は、環境権の憲法上の根拠について、①25条根拠説、②13条根拠説、③13条・25条競合説（13条・25条併用説）に分かれている。

3 環境権の内容

環境権によって保障される「人間の生活にふさわしい良好な環境」のなかにどのようなものが含まれるのかが問題となっている。これについても学説を見ていこう。

学説

A　狭義説（多数説）

この説によれば、環境権に言う「環境」とは、大気、水、日照などの自然的な環境に限定されるべきである。

B　広義説

この説によれば、環境権によって保障される「環境」のなかには、自然環境のほか、遺跡、寺院、または公園、学校などの文化的・社会的環境まで含まれる。

環境権に関する判例として、**大阪空港騒音公害訴訟最高裁判決（1981年）**があげられる。

判例 大阪空港騒音公害訴訟最高裁判決［最大判1981年12月16日民集35巻10号1369頁］

【事件の概要】

本件は、航空機の騒音に悩まされていた空港周辺住民が、国に対して人格権ないし環境権を根拠に、損害賠償と午後9時以降の航空機の発着の差止めを求めた事件である。

【判旨】

第一審の**大阪地裁判決（1974年）**は、賠償請求とともに人格権に基づく差止め請求を認めて、第二審の**大阪高裁判決（1975年）**も、環境権そのものは否定したものの、環境的利益の侵害を人格権に対する侵害とみなして、住民の訴えを認めた。

しかし、最高裁判決では、航空機の飛行差止めは民事訴訟では争えないとして原告の請求を却下し、損害賠償のみを認容した。

なお、この判決後に和解交渉が進められ、1984年3月に和解が成立した。

④ 教育を受ける権利

憲法26条は「すべての国民は、法律の定めるところにより、その能力に応じて、ひとしく教育を受ける権利を有する」と定めている。

憲法26条が定めるこの「教育を受ける権利」は、自由権的側面と社会権的側面を併有した複合的性格の人権である。前者の自由権的側面は、教育に対する国家の干渉を排除するという意味であり、後者の社会権的側面は、教育に関する国家の配慮を要求するという意味である。

教育を受ける権利は、今日では子どもの学習権という観念を中心に把握されるようになってきている。ちなみに、子どもの学習権とは、子どもが教育を受けて学習し、人間的に発達・成長していく権利である。

1 教育を受けさせる義務

子どもの教育を受ける権利（学習権）に対応して、子どもに教育を受けさせる義務を負うのは、第一次的には親ないしは親権者である（憲法26条2項を参照）。

しかし、教育を受ける権利の社会的側面として、国は教育制度を維持し、教育条件を調整するべき義務を負う*3。

したがって、教育を受ける権利は、国民が国家に対して合理的な教育制度と施設を整え、適切な教育の場を提供することを要求する権利であるとも言える。しかし、具体的にどのような制度・施設を整えるかは、「法律の定めるところ」によるのであるから、そこではかなりの程度の立法裁量が働くことが認められる。

2 教育権の所在

誰が子どもに対する教育権を有するのか、すなわち具体的な教育内容の決定を誰がおこなうのかに関しては学説に争いがある。特に、重要な学説の争いなので理解しよう*4。

学説

A　国家教育権説

この説によれば、教育の主体は国家であり、国家は公教育を実施する教師の教育の自由に制約を加えることが原則として許される。

教育内容は議会制民主主義の下では国会の法律制定によって具体化されるので、法律は公教育の内容および方法について全国一律に包括的に定めることができる。

B　国民教育権説

この説によれば、教育権の主体は親を中心とする国民全体であり、公権力のなすべきことは国民の義務教育の遂行を側面から助成するための諸条件の整備に限られ、公教育の内容および方法については原則として介入することはできない。

教育内容は普通教育の現場で個別的に決定されるべきであり、教育の実施に当たる教師は、国民全体に対して教育的・文化的責任を負う形で、教育内容・方法を決定すべきである。

C　折衷説（有力説・判例）

この説は、国家教育権説と国民教育権説を折衷するというものである。この説によれば、教育の本質からして、教師に一定の範囲で教育の内容は保障されるが、国の側も一定の範囲で教育内容について決定する機能を有する。

ここで、教育権の所在をめぐる重要な判例の**旭川学テ事件最高裁判決（1976年）**を学習しよう。

判例　旭川学テ事件最高裁判決［最大判1976年5月21日刑集30巻5号615頁］

【事件の概要】

本件は、全国の中学生を対象として旧文部省が実施した全国一斉学力テストに反対する教師が、学テの実施を阻止しようとして公務執行妨害罪等で起訴された事件である。裁判の過程で、教育権の所在が争われた。

【判旨】

最高裁は、国家教育権説も国民教育権説も「極端かつ一方的」であるとして否定し、教師に一定の教育の自由があることを肯定しながら、その自由を完全に認めることは、①児童生徒には教育内容を批判する能力がなく、②子どもの側に学校・教師を選択する余地が乏しい、③全国的に一定の水準を確保すべき要請が強いことなどから許されないとした。

結論としては、教育内容について「必要かつ相当と認められる範囲において」決定するという、広範な国の介入権を肯定し、学力テストを適法とした。

3 義務教育の無償制

憲法26条2項は、「義務教育は、これを無償とする」として義務教育の無償を定めている。ここで言う「無償」の意味をどのように理解するかをめぐって学説が対立している*5。

授業料無償説（通説・判例）によれば、憲法26条に規定された義務教育の無償とは、教育の対価たる授業料の無償を意味する。ただし、授業料のほか、教育費一般の無償が政策的には望ましい。これに対して、就学費用無償説（必要経費無償説、有力説）によれば、憲法26条に言う義務教育の無償とは、授業料のみならず、教科書代や学用品費など、就学に必要な一切の費用を無償とすべきであるという意味である。

ちなみに、現実には、1963年以降、教科書が無償で配布されており、授業料と教科書の無償が義務教育の無償の実体として定着している。

⑤ 労働基本権

伝統的な私的自治の原則にしたがえば、労働者は使用者とのあいだで労働契約を結び、賃金を得て生活をすることになる。しかし、労働者が使用者と比べて劣位にあるときは、不利な契約を押し付けられる危険性がある。

そこで第二次世界大戦後、社会国家の理念を背景として、各国の憲法で労働者の勤労権（労働権）や労働基本権が保障されるようになった。

勤労権とは、労働の意思と能力を持つ者が、私企業等で就業しえないときに、国家に対して労働の機会の提供を要求し、それが不可能なときには、相当の生活費の支払いを請求する権利である。労働基本権とは、労働者の地位や権利を確保するために、労働者が団結し、団体的に行動する権利（＝労働三権）である。

1 労働基本権の内容

上記のとおり、労働三権は、①団結権、②団体交渉権、③団体行動権（争議権）を指す。

①団結権は、労働者の団結を組織する権利（労働組合結成権）であり、②団体交渉権は、労働者の団体が使用者と労働条件について交渉する権利であり、そして、③団体行動権（争議権）は、労働者の団体が労働条件の実現を図るために団体行動をおこなう権利（その中心は争議行為〔ストライキなど〕）である。

また、労働基本権の性格として、①社会権的側面、②自由権的側面、③使用者に対する権利としての側面があげられる*6。

①社会権的側面は、国に対して労働者の労働基本権を保障する措置を要求し、国はその施策を実施すべき義務を負うことである。②自由権的側面は、労働基本権を制限するような立法などを国に対して禁止することである。③使用者に対する権利としての側面は、使用者は労働者の労働基本権の行使を尊重すべき義務を負い、労働基本権の保障は私人間にも直接適用されるとするものである。ちなみに、労働基本権は、その主体が労働者に限定されている点において、厳密な意味での人権とは異なる。

2 公務員の労働基本権

労働基本権について最も問題となるのが、公務員の労働基本権である。

現行法上、公務員の労働基本権に対しては次のような制限が存在する。

①警察・消防・自衛隊・海上保安庁・監獄の職員は、三権すべてが否認されている。②非現業の一般公務員は、団体交渉権が制限、団体行動権が否認されている。③現業（林野・印刷・造幣）公務員は、団体行動権が否認されている*7。

ここで、公務員の労働基本権に関する3つの判例を見ていこう。

判例 政令201号事件最高裁判決［最二小判1953年4月8日刑集7巻4号775頁］

【事件の概要】

本件は、公務員の争議行為を禁止した政令201号の合憲性が争われた事件である。

【判旨】

最高裁は、憲法13条の「公共の福祉」と憲法15条の「全体の奉仕者」を根拠に、公務員の労働基本権の一律を合憲とした。

判例　全逓東京中郵事件最高裁判決［最大判1966年10月26日刑集20巻8号901頁］

【事件の概要】

本件は、全逓（全逓信労働組合）の役員が、東京中央郵便局の職員に対して争議行為をそそのかしたとして起訴された事件である。

【判旨】

最高裁は、公務員の労働基本権の制限は、職務の性質が公共性の強いものについて、必要最小限度のものにとどめなければならないとし、特に刑事制裁は、政治スト、暴力をともなうスト、不当に長期にわたるストの場合に限られるべきであると判示した。

判例　全農林警職法事件最高裁判決［最大判1973年4月25日刑集27巻4号547頁］

【事件の概要】

本件は、全農林労働組合の役員が、警職法改正法案に反対する農林省職員の組合員に対して、争議行為をあおったとして起訴された事件である。

【判旨】

最高裁は、上記の全逓東京中郵事件最高裁判決以降の基本的立場を変更し、公務員の職務内容の罰なく、公務員であること自体、つまり公務員の地位の特殊性と職務の公共性一般を強調して、国民全体の利益への影響を重視し、一律かつ全面的な争議権の制限を合憲とした。

上記政令201号事件最高裁判決から全逓東京中郵事件最高裁判決に至る時期まで、最高裁は前者の判決と同旨の論拠に基づいて、公務員の労働基本権の制限を安易に合憲と判断していた。ところが最高裁は、全逓東京中郵事件最高裁判決のほかにも、同時期の都教組事件判決（1969年）などにおいて、公務員の労働基本権の制約は必要最小限のものでなければならないという基本姿勢をとった。このような全逓東京中郵事件最高裁判決から全農林警職法事件最高裁判決へと最高裁の判例理論が変更された背景には、1969年の都教組事件最高裁判決後の最高裁人事によって、最高裁を構成する判事の多数派が入れ替わったという事情がある。最高裁は、全農林警職法事件の時期以降、「国民全体の共同利益」論などを論拠として、公務員の労働基本権の制約を合憲と解しており、この考え方が判例上定着しているとされる[*8]。

なお、公務員の労働基本権の制限については、国際機関からも批判が加えられており、たとえば、2018年6月にILO（国際労働機関）は、日本政府に対して、公務員の労働基本権の制限の再検討などを求めて11回目の勧告を出した[*9]。

3 公務員の政治活動の自由

公務員の労働基本権の制限と並んで、現行法上、国家公務員、地方公務員ともに一定の政治的行為が禁止されているが、この公務員の政治活動の自由の制限が憲法学上問題となる。

これに関する学説は、公務員の労働基本権の制限に関する学説（公務員の職務の性質に制限の根拠を求める説、憲法15条2項の「全体の奉仕者」が制限の一般的根拠となりうるとする説、憲法構成要素説）と同様に分類され、いずれの学説とも、その根拠は異なるものの、公務員の政治活動の自由に対する制限は、行政の中立性という目的を達成するために必要最小限のものでなくてはならないと解している。

それに関連する**猿払事件最高裁判決**（1974年）を見ていこう。

判例 猿払事件最高裁判決［最大判1974年11月6日刑集28巻9号393頁］

【事件の概要】

本件は、郵便局員が勤務時間外に衆議院選挙用ポスターを掲示したり配布したりした行為が、公務員の政治活動を禁止した国家公務員法に違反するとして起訴された事件である。

【判旨】

第一審の旭川地裁は、**LRAの基準**を適用して、刑事罰を定めた国家公務員法の規定は必要最小限度の制限とは言えないとして適用違憲と判示し、続く第二審も第一審判決を支持した。

しかし、最高裁は、**合理的関連性の基準**を違憲審査基準として採用し、当該法規の立法目的の正当性を認めたうえで、目的と規制手段の間には合理的関連性があるとして合憲判断を下した。

語句

LRAの基準…政治活動の自由などの表現の自由を規制する法令について、立法目的は正当であっても、それを達成するために、規制の程度がより少ない他の手段が存在する場合には、当該規制立法を違憲とするという違憲審査基準である。

合理的関連性の基準…公務員の政治活動の自由などに対する規制立法の合理性審査において、最高裁が用いる違憲審査基準である。本審査基準は、①規制目的の正当性を審査し、②目的と規制手段との合理的関連性を審査し、③規制により得られる利益と失われる利益との均衡を審査し、当該規制立法を合憲か否かを判断する。

ジェンダー問題

① 配偶者控除制度

日本の所得税は、個人の所得に対して課税されるものであり、原則として個人単位で課税されるものである[*10]。所得控除は、納税者個人の生活状況を考慮して税金の減免をおこなうものであり、本章で扱う配偶者控除もその1つである。

日本では、1961年に配偶者控除が導入され、1987年に配偶者特別控除が導入された。これらの制度は、性別役割分業下で主に専業主婦である妻が「内助の功」として、夫の経済活動を支えることを評価するために導入されたものである[*11]。

これらの制度は、導入から何度か改正を得たが、現在においては次のように機能している。

まず、配偶者控除は、配偶者（主に妻）の所得金額が48万円（給与収入のみでは103万円）以下で、納税者（主に夫）の合計所得金額が1000万円（給与所得収入1195万円）以下の場合に、夫が38万円の所得控除を受け、妻は課税されないことになる。これが、「103万円の壁」と呼ばれるものである。

次に、配偶者特別控除は、配偶者（主に妻）の所得金額が48万円から133万円（給与収入のみでは103万円を超えて201万円）以下で、納税者（主に夫）の合計所得金額が1000万円（給与所得収入1195万円）以下の場合に、段階的に所得控除が受けられるものである。この控除は、上記配偶者の収入の範囲内で、配偶者収入増に合わせて、38万円を限度として、納税者の控除額が減るように設けられており、配偶者が201万円以上の収入を得た場合は、控除額がゼロとなり、配偶者特別控除が適用されなくなる。ちなみに、これは「201万円の壁」とも言われている。

このような配偶者控除制度、配偶者特別控除制度は、確かに、性別役割分業下における専業主婦の「内助の功」を評価して、税制上の優遇措置として位置づけられるものである。

しかし、これらの制度は、妻が上記の金額以上の収入を得た場合は、配偶者控除の適用はなくなり、税制上の優遇が受けられなくなることから、多くの妻が、就労を自ら制限するようになるのである。つまり、これらの制度は、妻の経済的自立を阻害するように機能していったとも指摘されている[*12]。

配偶者控除制度は現在、ホットトピックの1つである。2024年12月20日に決定した与党の税制大綱によれば、2025年から配偶者控除の控除額が103万円から123

万円に引き上げられる。

現在の所得税では、上記のとおり、基礎控除が48万円と給与所得控除が55万円の合計103万円の年収を超えると所得税が発生する。

今回の改正では、所得税の基礎控除を48万円から58万円に引き上げ、給与所得控除は年収が低い層に適用される最低保障額を55万円から65万円に引き上げる。そして、年収190万円までは最低保障額として65万円が控除され、190万円を超えてからの控除額は、従来と変更はない。しかし、控除額は、195万円を上限に、年収が850万円を超えるまでは徐々に増加していく仕組みになる。

与党によれば、103万円の控除額となった1995年当時から比較して、食料や光熱費など生活必需品の物価の上昇が123万円への引き上げの根拠である。

ちなみに、配偶者特別控除については、配偶者の年収要件が現在の150万円から160万円に引き上げられる[*13]。

② 第3号被保険者制度

日本の公的年金制度は、国民年金を基礎年金として、被用者年金（厚生年金、共済年金等）がその上に積み上がっている「二階建て方式」が採用されている。国民は次の被保険者に分けられて年金に加入する仕組みがとられ、第1号被保険者（自営業者等）、第2号被保険者（被用者）、第3号被保険者（第2号被保険者の配偶者）と分類されている[*14]。

第3号被保険者とは、国民年金の加入者のうち、厚生年金に加入している第2号被保険者に扶養されている20歳以上60歳未満の配偶者（年収が130万円未満であり、かつ配偶者の年収の2分の1未満の者、主に専業主婦）を言い、保険料は、第2号被保険者全体で負担するので、個別に納める必要はないとされている[*15]。第1号・第3号被保険者は国民年金加入であり、第2号被保険者（被用者）は、民間サラリーマンの場合は厚生年金、公務員は共済年金に加入である。

1985年に年金制度を将来にわたり安定した制度とするために、制度を再編成する大規模な改正がおこなわれた。その改正により、基礎年金制度が導入され、国民年金を共通の基礎年金を支給する制度に発展させるとともに、厚生年金や共済年金は、原則として報酬比例の年金を支給する基礎年金の上乗せ制度として、二階建ての年金制度に再編成する改革がおこなわれた[*16]。その改革の1つとして、第3号被保険者制度が創設され、被用者（第2号被保険者）の被扶養配偶者も第3号被保険者として国民年金の強制適用の対象になった。これによって、被扶養配偶者は、障害者となったときは自分の障害基礎年金が、離婚した場合には老後に自分の老齢基礎年金が支給されることになったのである*17。

つまり、実際には、被用者の妻はこれによって保険料の負担をしないで、第3号被保険者として国民年金が適用されるのである。しかし、年収130万円を超えたときには、彼女たちは第1号被保険者または第2号被保険者（被用者）として保険料を納めなければならなくなる。

この制度も、先ほど見てきた配偶者控除制度、配偶者特別控除制度と同様に、専業主婦である女性を優遇する措置として機能してきたと言える。妻が税制上、優遇されるのであれば、妻の労働を制限して配偶者としての恩恵を受けるほうが合理的であると考えられる。そのため、配偶者控除、配偶者特別控除、第3号被保険者などの制度は、特に既婚女性が経済的に自立するための働く意欲を削ぐものである。つまり、配偶者の控除に関する税制度は、既婚女性が市場で労働する足かせとなり、課税の公平性、男女の中立性を損なってきたのである*18。

現在、第3号被保険者制度の廃止を求める声もあがっている。労働組合の中央組織・連合の芳野友子会長は、2024年10月18日の中央執行委員会で、「女性がどんな生き方を選択しても、社会保障制度は公正平等であるべきだ……」と廃止提起の意義を語っていた*19。

③ 女性労働の権利とその課題

本章で学習したように、日本国憲法27条1項はすべての人に労働の権利を保障しており、同2項は、労働条件に関する基準を法律で定めるとしている。すべての人は、自らが選択した労働によって、経済的に自立する権利が保障されている。

1 労働の権利の保障主体——国際条約についても確認

この労働の権利が保障された人は、男性だけではなくもちろん女性や性的少数者の人々も含んでいる。

国際条約に目を転じてもすべての人が労働の権利が保障されていることがわかる。たとえば、女性差別撤廃条約（1979年採択、1981年発効、日本は1985年に批准）は、11条でも「雇用の分野における差別の撤廃」が謳われ、その1項では「締約国は、男女の平等を基礎として同一の権利」の確保を目的として、たとえば「(a) すべての人間の奪い得ない権利としての労働の権利」、「(b) 同一の雇用機会（雇用に関する同一の選考基準の適用を含む。）についての権利」、「(c) 職業を自由に選択する権利、昇進、雇用の保障並びに労働に係るすべての給付及び条件についての権利並びに職業訓練及び再訓練（見習、上級職業訓練及び継続的訓練を含む。）を受ける権利」など、雇用分野において男女平等の基礎を確保する旨を規定している。

女性差別撤廃条約は、「職業を自由に選択する権利」を保障しているが、国際人権規約A規約（1966年採択、日本は1979年に批准）では、6条1項で「すべての者が自由に選択し又は承諾する労働によって生計を立てる機会を得る権利を含む」と規定し、権利の内容を具体的に表している。

はたして、日本の女性の労働の実態は日本国憲法や国際条約で規定された、自由に職業を選択し、それによって経済的自立が可能になっているのであろうか。以下で見るように、現状は、それが可能にはなっていない。

2 現状

近年、子どもができても就労の継続を支持する声が増加している。内閣府「男女共同参画社会に関する世論調査」によれば、女性の就業継続に対する意識も「子供ができても、ずっと職業を続ける方がよい」と考える男女の割合は増加傾向にあり、特に女性のほうがそのように考える割合が大きいとされる。また、女性のなかでも年齢階級が高いほうがそのように考える傾向があり、2019年では、20～29歳の57.7％、30～39歳の68.4％、40～49歳の73.7％が「子供ができても、ずっと職業を続ける方がよい」と回答している。2000年の同調査の同回答数は、20～29歳の30.3％で30～39歳の47.0％、2019年で40～49歳の73.7％であり、増加傾向が見られる。2022年においても、「子供ができても、ずっと職業を続ける方がよい」と回答したのが、20～29歳の女性の約6割、30～49歳の女性の約7割であったとされる*[20]。

しかしながら、現実においては多くの場合、妻が夫よりも家事労働に時間を費やしている。総務省の「社会基本調査」によれば、男女別の1日の時間の使い方において、現在でも有償労働（仕事）時間が男性、無償労働（家事関連）時間が女性に大きく偏っていると言われている。たとえば、2021年では、6歳未満の子どもを持つ妻・夫の家事関連時間の妻の分担割合を見ると、妻が無業（専業主婦）の場合は家事関連時間の84.0％、有業（共働き）であっても77.4％を妻が担っている状況がある*[21]。

この家事労働時間の夫婦間での不均等は、雇用形態の選択にも影響を及ぼしている。女性は、特に、次の調査結果が示すように、正規雇用労働者として働くことと家事・育児等を両立させることに課題を感じ、非正規雇用労働者として働くことを選択している場合が多いことが明らかである。

■無償労働時間の国際比較

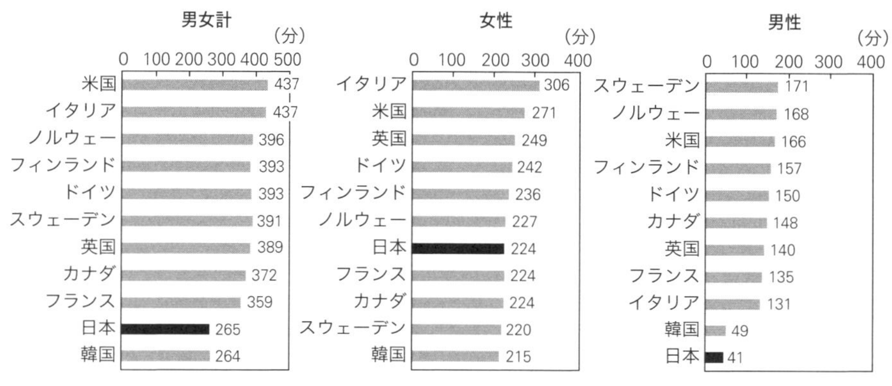

(備考) 1 OECD 'Balancing paid work, unpaid work and leisure (2021)' より作成。
2 無償労働は「unpaid work」に該当する生活時間。「日常の家事」、「買い物」、「世帯員のケア」、「非世帯員のケア」、「ボランティア活動」、「家事関連活動のための移動」、「その他の無償労働」の時間の合計。
3 日本は平成28(2016)年、韓国は平成26(2014)年、英国は平成26(2014)年、フランスは平成21(2009)年、米国は令和元(2019)年、ドイツは平成24(2012)年、ノルウェーは平成22(2010)年、スウェー デンは平成22(2010)年、カナダは平成27(2015)年、フィンランドは平成21(2009)年、イタリア は平成25(2013)年の数値。
(出所) 内閣府男女共同参画局「男女共同参画白書 令和5年度版」(2023年)。

■女性の年齢階級別正規雇用比率(2023年)=L字カーブ

○女性の年齢階級別正規雇用比率は25～29歳の59.1%をピークに低下(L字カーブ)

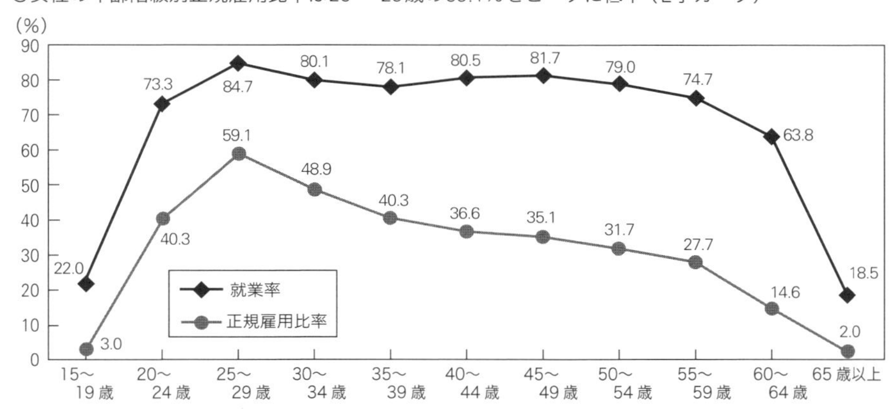

(備考) 1 総務省「労働力調査(基本集計)」より作成。
2 就業率は、「就業者」/「15歳以上人口」×100。
3 正規雇用比率は、「正規の職員・従業員」/「15歳以上人口」×100。
(出所) 内閣府男女共同参画局「男女共同参画白書 令和6年度版」(2024年)。

総務省「労働力調査(基本集計)」によれば、正規雇用比率に関して、2022年非正規雇用労働者全体の男女比を見ると、男性よりも女性の割合が大きい。また、年齢階級別の正規雇用(「役員」と「正規の職員・従業員」の合計)比率を見ると、男性は20代後半から50代までは７割を超えているものの、女性は25 ～ 29歳の60.0％をピークに低下し、年齢の上昇とともに下がり、Ｌ字カーブを描いている。このことから、出産を契機に働き方を変える、もしくはいったん退職し、子どもが大きくなったら非正規雇用労働者として再就職する場合が多いと考えられる*22。

非正規雇用労働者の現在の雇用形態に就いている理由を見ると、男女ともに「自分の都合のよい時間に働きたいから」が一番多い（女性34.5％、男性31.2％）。女性の場合は「家計の補助・学費等を得たいから」（22.1％）、「家事・育児・介護等と両立しやすいから」（15.4％）が続き、上記３つの理由の合計が約７割となっている。年齢階級別に見ると、35 ～ 44歳の女性の約３割、25 ～ 34歳、45 ～ 54歳の女性の約２割が「家事・育児・介護等と両立しやすいから」としている*23。

厚生労働省がおこなった調査*24でも、女性は、パートタイムを選んだ理由として、「家庭の事情（育児・介護等）で正社員として働けないから」と回答する割合が男性と比べて大きい（女性18.0％、男性４.３％）*25。

これらの状況から、非正規雇用労働者として働くことを選択する理由が男女間で異なり、女性は非正規の雇用形態を選択せざるをえない状況が見てとれる。

これまで見てきたように、女性が主に家事や育児の負担を引き受けていることや、特に男性の長時間労働の慣行が変わらないことにより、日本女性の社会での活躍の遅れが生じているとされる。

実際、内閣府の実施した「男女共同参画社会に関する世論調査」（2022年）において、「育児や介護、家事などに女性の方がより多くの時間を費やしていることが、職業生活における女性の活躍が進まない要因の一つだという意見がありますが、あなたはこの意見について、どう思いますか」という質問に対して、女性の場合は、すべての年齢階級で「そう思う」「どちらかといえばそう思う」の合計が８割を超えている。特に有配偶女性ではその割合が大きくなる傾向にあり、18 ～ 29歳の有配偶女性では、95.2％となっている。男性も、どの年齢階級でも７ ～ ８割が「そう思う」「どちらかといえばそう思う」と回答している*26。

そして、そのような家事や育児に長時間費やすことによって、女性の職業生活における活躍が遅れ、それによって指導的地位に就く女性がいまだに少数にとどまったままなのである。指導的地位に就く女性の少ない割合の是正についても日本においては長年の課題である。たとえば、常用労働者100人以上を雇用する企業の労働者のうち役職者に占める女性の割合を役職別に見ると、上位の役職ほど女性の割合が小さい。たとえば、2022年は、係長級24.1％、課長級13.9％、部長級８.２％となっている。

日本の就業者に占める女性の割合は、2022年は45.0％であり、諸外国と比較して大きな差はない。しかし、管理的職業従事者に占める女性の割合は、諸外国ではおおむね30％以上となっているところ、日本は、2022年は12.9％であり、国際的に見て低い水準である[*27]。このような現状を注視して、日本は、職業や家事・育児の役割におけるジェンダー格差の是正のためのとりくみをおこなっていくべきである。

3 女性労働の権利実現のために

日本の現状は、上記のとおり、性別役割分業の構造下で、女性の多くは主に家事や育児の役割を担っている。そのために、社会で労働に従事するとしても非正規雇用としての形態での勤務となる傾向がある。その影響もあり、現在においても女性の管理職の割合は低いままである。

第一子出産後も就労の継続を望む人々の意識の上昇から、その就労継続を可能とする国からの整備も必要であるが、この就労を保障するための権利は、日本国憲法や国際条約で保障されている。

実際に、女性差別撤廃条約では性別役割分業の変革をめざし、その理念を「男女ともに職業と家庭を調和させ、差別されることなく働く権利」としている。家族的責任を有する労働者のニーズに対応した措置や状況の改善の必要性から、ILO（国際労働機関）は、1981年に156号条約（正式名称「家族的責任を有する男女労働者の機会及び待遇の均等に関する条約」）、並びに165号勧告を採択した。

日本は、1995年にこのILO156号条約を批准した。本条約は、家族的責任を有する男女労働者間の機会や待遇に性別役割分業に基づく差別が生じないように均等をめざしたものである。また、勧告は、本条約に関わり家庭責任を遂行するためのガイドライン（たとえば、男女が仕事だけではなく家庭責任も果たせるような環境整備、法的整備をおこなうことなど）を示している。

このような国際条約の性別役割分業の変革をめざす動きに日本も真正面から向き合い、性別役割分業に基づく男女の働き方や就労構造を実効的に是正していくことで、日本国憲法27条1項における男女問わずすべての労働者の権利の保障が実現されるのではないかと思われる。

注

＊1 芦部信喜（高橋和之補訂）『憲法（第8版）』（岩波書店、2023年）292-294頁、渡辺康行＝宍戸常寿＝松本和彦＝工藤達朗『憲法Ⅰ　基本権（第2版）』（日本評論社、2023年）390頁、毛利透＝小泉良幸＝淺野博宣＝松本哲治『憲法Ⅱ　人権（第3版）LEGAL QUEST』（有斐閣、2022年）357頁など参照。
＊2 芦部・前掲注（1）294-296頁参照。
＊3 芦部・前掲注（1）296-298頁、渡辺ほか・前掲注（1）408頁、毛利ほか・前掲注（1）370頁など参照。
＊4 芦部・前掲注（1）285頁、渡辺ほか・前掲注（1）411頁、毛利ほか・前掲注（1）373頁など参照。
＊5 芦部・前掲注（1）299頁、渡辺ほか・前掲注（1）417頁、毛利ほか・前掲注（1）373頁など参照。
＊6 芦部・前掲注（1）299-301頁、渡辺ほか・前掲注（1）426頁、毛利ほか・前掲注（1）383頁など参照。
＊7 芦部・前掲注（1）301-302頁、渡辺ほか・前掲注（1）426頁、毛利ほか・前掲注（1）383頁など参照。
＊8 芦部・前掲注（1）303-304頁など参照。
＊9 日本労働組合総連合会（連合）ホームページ参照。https://www.jtuc-rengo.or.jp/news/article_detail.php?id=980（最終閲覧2024年6月2日）
＊10 辻村みよ子＝糠塚康江＝谷田川知恵『概説　ジェンダーと人権』（信山社、2021年）157-158頁参照。
＊11 以下、本節と次節については、拙稿「憲法24条の解釈について――『差異のジレンマ』の観点から再考した『両性の本質的平等』原理」『早稲田政治公法研究』104号（2017年）も参照。
＊12 辻村ほか・前掲注（10）158頁など参照。
＊13 NHKニュース「『年収103万円の壁』の見直しは」参照。https://www3.nhk.or.jp/news/special/zeisei2025/tax_wall/（最終閲覧2025年1月8日）
＊14 辻村ほか・前掲注（10）159頁など参照。
＊15 日本年金機構ホームページ参照。https://www.nenkin.go.jp/（最終閲覧2024年6月3日）
＊16 厚生労働統計協会『保険と年金の動向2023/2024 厚生の指標　権利』70巻14号（2023年）148-149頁など参照。
＊17 厚生労働統計協会・前掲注（16）149頁など参照。
＊18 遠藤みち『両性の平等をめぐる家族法・税・社会保障――戦後70年の軌跡を踏まえて』（日本評論社、2016年）25頁など参照。
＊19「連合、年金の3号廃止を正式提起『年収の壁』で働き控え招くと批判」（「毎日新聞」2024年10月18日19:19）。https://mainichi.jp/articles/20241018/k00/00m/040/259000c（最終閲覧2024年11月6日）
＊20 男女共同参画局「男女共同参画白書 令和5年版」（2023年）「第1節　働き方や就業に関する意識の変遷、家事・育児等・働き方の現状と課題」。https://www.gender.go.jp/about_danjo/whitepaper/r05/zentai/html/honpen/b1_s00_01.html（最終閲覧2024年6月3日）
＊21 内閣府男女共同参画局・前掲注（20）。
＊22 内閣府男女共同参画局・前掲注（20）。
＊23 内閣府男女共同参画局・前掲注（20）。
＊24 厚生労働省「令和3年パートタイム・有期雇用労働者総合実態調査の概況」（2021年）参照。https://www.mhlw.go.jp/toukei/list/170-1/2021/dl/gaikyo.pdf（最終閲覧2025年1月21日）
＊25 内閣府男女共同参画局・前掲注（20）。
＊26 内閣府男女共同参画局・前掲注（20）。
＊27 内閣府男女共同参画局・前掲注（20）。

第14章 身体的自由権と手続的権利

日本国憲法の概説

日本国憲法18条

何人も、いかなる奴隷的拘束も受けない。又、犯罪に因る処罰の場合を除いては、その意に反する苦役に服させられない。

31条

何人も、法律の定める手続によらなければ、その生命若しくは自由を奪はれ、又はその他の刑罰を科せられない。

39条

何人も、実行の時に適法であつた行為又は既に無罪とされた行為については、刑事上の責任を問はれない。又、同一の犯罪について、重ねて刑事上の責任を問はれない。

① 人身の自由と刑事上の諸権利

歴史的に見て、専制主義の下では、不法な逮捕・監禁・拷問および刑罰権の濫用がおこなわれ、人身の自由（身体の自由）が不当に侵害されていた。

しかし、人身の自由なくしてはいかなる自由も成立しないのであり、その意味で人身の自由はすべての自由の根源であるとも言える。たとえば、自分の心のなかでケーキが食べたいと思ったとしても、洋菓子屋さんなどのお店にケーキを買いに行くか、あるいは、自分でケーキを作るという行動を起こさなければ、実際にケーキを食べることはできないのである。

話を戻すと、近代憲法は過去の歴史をふまえて、人身の自由を保障する規定を設けており、日本国憲法も人身の自由の基本原則として、18条で「奴隷的拘束からの自由」を定め、31条以下において、刑事手続上の諸権利に関する詳細な規定を置いている。

本章で学ぶ日本国憲法上における人身の自由は、次の図のような構造になっている。

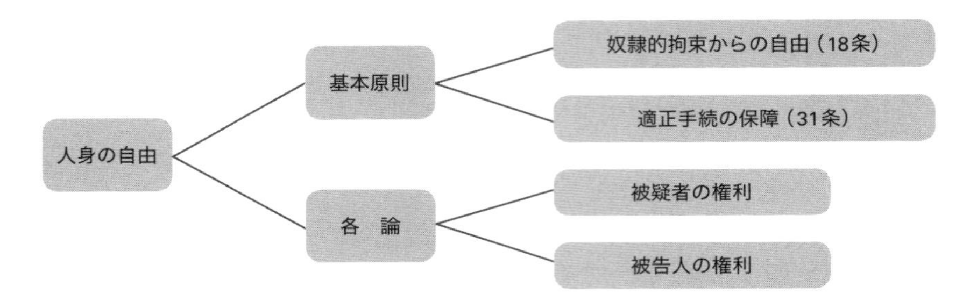

図のなかにある「被疑者」や「被告人」の言葉であるが、みなさんもニュースなどで聞いたことがあるだろう。これらの言葉の意味を説明する。被疑者とは、犯罪の嫌疑を受け、捜査の対象とされているが、まだ公訴を提起されていない者を指し、被告人とは、犯罪を犯して公訴を提起された者を指す。

②奴隷的拘束からの自由

日本国憲法18条は、人間の尊厳に服する非人道的な自由の拘束の廃絶を謳っている*1。本条は私人間にも直接効力を有するので注意が必要である。

この条文上の奴隷的拘束とは、自由な人格者であることと両立しない程度の身体の拘束状態のことであり、18条によって絶対的に禁止されている。たとえば、女性や子どもを売買したり、鉱山採掘労働者を監獄部屋に押し込めて無理やり働かせたりすることがこれに当たる。

また、条文上の苦役とは、広く本人の意思に反して（本人が嫌だと拒否しているにもかかわらずに）強制される労役のことであり、18条によって原則として禁止されている。たとえば、強制的な土木作業への従事などがこれにあたる。

奴隷的拘束からの自由に関しては、徴兵制が「苦役」にあたるかという、いわゆる徴兵制の合憲性が問題となっていた。

欧米では兵役は国民の義務であって、「苦役」とは異なると考えられており、憲法に兵役義務を定める国も多い。

しかし、日本の通説では、憲法が兵役義務を規定していないことから、兵役の強制は18条に反すると解されており、政府も同様の見解をとっている（徴兵制は18条によってではなく、9条によって禁止されると説く見解も有力とされている）。

③ 適正手続の保障

日本国憲法31条は、人身の自由についての基本原則を定めたものであり、アメリカ合衆国憲法の「法の適正な手続（due process of law）」条項（修正５条・修正14条）に由来すると言われている。

刑罰権の行使を適正な法定手続のもとで法的に拘束しようとする考え方は、イギリスのマグナ・カルタ（1215年）以来の英米法の伝統である。アメリカでは適正手続の保障（手続的デュー・プロセス）が、実体の適正の手続（実体的デュー・プロセス）に発展した。

手続的デュー・プロセスとは、個人の生命・自由・財産を剥奪ないし制限するには、法の適正な手続によらなければならないとする原則のことである。法の適正な手続（due process of law）は、本来この手続的デュー・プロセスを意味する。これは、19世紀の中葉から末にかけてのアメリカで生成・発展した考え方である。

たとえば、デパートで2000円の子猫のぬいぐるみがかわいかったので万引きをしたとする。万引きには刑法の窃盗罪が適用される。その刑法235条には次のように規定されている。「他人の財物を窃取した者は、窃盗の罪とし、10年以下の懲役又は50万円以下の罰金に処する」。このように、窃盗罪は、刑罰として10年以下の懲役または50万円以下の罰金が科せられることになっている（ちなみに、2022年６月17日公布の改正刑法により、懲役と禁錮を一体化した「拘禁刑」が創設され、2025年６月１日施行の改正刑法で「懲役」から「拘禁刑」と変更される）。

しかし、たとえば、刑法のなかに窃盗罪についての刑罰に関して何も規定がなされていない場合はどうなるだろうか。規定がないからといって、そのときの裁判官の気分で機嫌がよいときは刑罰が軽く、反対に機嫌が悪いときには刑罰が重くなったとしたらどうだろうか。

その万引きをした人は納得できないだろう。つまり、刑罰を科すことは、犯人の人権を制限することであるから、どのような手続がなされて刑罰が科せられるのかを法律で明らかに定められていなければならないということである。

これに対して、実体的デュー・プロセスは、手続だけではなく、どのような行動が犯罪となり、どのような刑罰が科されるのかについて、適正に定めるものである。たとえば、刑法に万引きをした者には、死刑を処すと規定されていたとする。先ほどの例から言えば、確かにぬいぐるみを万引きすることはよくないことである。しかし、2000円のぬいぐるみを盗んだだけで死刑が科されることは、刑罰が重すぎないかと思うだろう。ちなみに、現行刑法下で死刑が科せられる犯罪は、複数の殺人（刑法

199条)、強盗強姦殺人(同241条)など重大な犯罪である。

つまり、実体的デュー・プロセスは、犯した犯罪と課される刑罰が相応なものでなければならないというものである。

1 適正手続の保障の範囲

憲法31条は法律が定められることを要求するにとどまっているようにも読むことができる。したがって、法律で手続を定めさえすれば、その内容の当否は問わないのか、また手続だけ定めればよく、実体(=犯罪や刑罰の内容や要件)を法律で定めること(罪刑法定主義)は要求されていないのかが問題となる*2。これに関する学説を学習しよう。

学説

A 手続法定説

この説によれば、憲法31条の条文は「手続」としているので、手続の法定を要求するのみである。

B 適正手続説(有力説)

この説によれば、手続が適正でなければ、実質的な人権保障は確保されないので、31条は手続の法定とし、その適正さを要求していると解される。しかし、31条の文言上、それは実体の法定(=罪刑法定主義)までは要求しておらず、罪刑法定主義は憲法上の当然の前提として黙秘的に定められていると考えられる。

C 適正手続・適正実体説(通説)

この説によれば、憲法31条は手続と実体の決定、および両者の適切さを要求している。

この説の論拠として、憲法31条は、アメリカ合衆国憲法の適正手続条項をモデルとしたものであるので、その解釈もアメリカ的な実体的デュー・プロセスを基礎とすべきであることや、実体の適正を要求するほうが、人権の手続的保障の強化に資するということがあげられている。

2 適正手続の保障の内容

憲法31条が要求する適正手続の具体的な保障内容として、とりわけ重要なのが「告知と聴聞」である。告知と聴聞とは、公権力が国民に刑罰その他の不利益を科す場合には、当事者にあらかじめその内容を告知し、弁解と防禦(ぼうぎょ)の機会を与えなければならないということである。

決定手続が適正であるためには、告知と聴聞の手続が保障されなければならないことは、判例でも認められている。それに関連する**第三者所有物没収事件最高裁判決**（1962年）を見ていこう。

判例 第三者所有物没収事件最高裁判決［最大判1962年11月28日刑集16巻11号1593頁］

【事件の概要】

本件は、貨物の密輸入で逮捕・起訴された被告人に対して、付加刑として貨物の没収が命じられたが、貨物には被告人以外の第三者の所有する貨物が混じっていたので、第三者の貨物を事前の適正な手続をふまずに没収することは憲法に反すると被告人が主張した事件である。

【判旨】

最高裁は被告人の訴えを認め、所有物を没収される第三者についても、告知・弁解・防禦の機会を与えることが憲法31条によって要請されると判示した。

3 行政手続における適正手続の保障

憲法31条は、文言上は刑事手続に対象が限定されているように見えるが、これを行政手続（たとえば、過料や反則金の賦課徴収、精神病患者の**措置入院**、行政上の立入調査など）にも適用できるかどうかが問題になる*3。これについての学説も見ていこう。

学説

A 適用説

この説によれば、31条は行政手続にも適用され、行政手続も適正手続に基づいておこなわれなければならない。ただし、行政は円滑・迅速な運営が求められているので、行政のそうした性質に応じた修正は許される。

B 準用説（多数説）

この説によれば、行政手続には憲法31条が適用されるのではなく、必要に応じて準用されると解すべきである。

語句

措置入院…精神障害により自傷他害（自分を傷つけたり他者に害を及ぼす）のおそれがある場合に、本人や家族の意思に関わりなく都道府県知事の権限でおこなわれる入院。措置入院の多くは、次の経緯でおこなわれる。まず、警察官から精神障害のために自傷他害のおそれがある者の通報を受けて、都道府県の職員が事実関係などの調査をおこなう。次に、その人に診察が必要であると認められれば、精神保健指定医が診察をおこない、２名以上の精神保健指定医が精神障害による自傷他害のおそれがあるという判断が一致した場合に措置入院になる*4。

C　憲法13条説

この説によれば、憲法31条は刑事手続に関する規定であり、行政手続の適正性の根拠は13条に求めるべきである。

行政手続における適正手続保障に関する判例である**成田新法事件最高裁判決**（1992年）も学習しよう。

判例　成田新法事件最高裁判決［最大判1992年7月1日民集46巻5号437頁］

【事件の概要】

本件は、いわゆる成田新法に基づいて発せられた運輸大臣の工作物等使用禁止命令の取消を求めた事件である。行政手続に憲法31条が適用されるか否かが争点の1つとなった。

【判旨】

最高裁は、行政手続が31条の適用範囲外にあるとは言えないとしつつ、その一方で、事前の告知・弁解・防禦の機会を与えるかどうかは、行政処分によって制限を受ける権利の内容や性質、行政処分によって達成しようとする公益の内容などを総合較量して決定されると判示し、行政手続への31条の適用を限定した。

なお、現在では1993年に制定された行政手続法によって、行政処分においても告知・聴聞を受ける機会が保障されるようになった。

④ 被疑者の権利

憲法は被疑者の権利として、次のものを定めている*5。

① 不法な身柄拘束からの自由（日本国憲法33条）

犯罪による逮捕には、原則として司法官憲（＝裁判官）の発する令状（たとえば、逮捕状）が必要とされる（＝令状主義）。

② 抑留・拘禁の際の権利（34条）

抑留・拘禁の際には（a）理由の告知を受ける権利、（b）弁護人を依頼する権利が保障されなければならない。

拘禁の場合には、公開法廷でその理由を示すべきことを要求できる。

ちなみに、抑留とは一時的な身体拘束のことであり、拘禁とは継続的な身体拘束のことである。

③ 住居等の不可侵（35条）

住居・書類・所持品についての侵入・捜索・押収は令状がなくてはおこなえない。

ただし、逮捕にともなう合理的な範囲内であれば、令状を必要とせずに住居等への侵入が許される。

④ 拷問の禁止（36条）

捜査や取調べの過程における、警察官や検察官の拷問は絶対的に禁止される。

⑤ 自己負罪の拒否（38条１項）

自己に不利益な供述を強要されない（＝自己負罪の拒否）。また、自己に不利益なことを含む一切の供述を拒否することもできる（＝黙秘権）。

⑤ 被告人の権利

1 憲法が定める被告人の権利

憲法は被告人の権利として、次のものを定めている*6。

① 残虐刑の禁止（36条）

残虐な刑罰は絶対的に禁止される。ここで言う残虐な刑罰とは、不必要な精神的・肉体的苦痛を内容とする人道上残虐と認められる刑罰を言う。

残虐な刑罰については、死刑が「残虐な刑罰」にあたらないかが問題となる。それについての学説を見ていこう。

学説

A　合憲説（通説・判例）

この説によれば、憲法13条や31条は、死刑の存在を前提としていると解されるので、その方法が残虐なものでないかぎり、死刑そのものは憲法上許されている。

B　違憲説

この説によれば、憲法13条や31条は死刑の存在を積極的に肯定した規定ではない。したがって、死刑は残虐な刑罰に当たり違憲である。

なお、学界でも死刑廃止論が有力であり、世界的に見ても死刑廃止が国際的な潮流となっている（先進国のなかで死刑制度を存置している国はアメリカの一部の州と日本だけしかない）。

② 公平・迅速な公開の裁判を受ける権利（37条１項）

公平な裁判とは、構成その他の面において偏向のない裁判のことであり、公開裁判とは、対審と判決が公開の法廷でおこなわれる裁判のことである。

「迅速な裁判」という点に関して、通説・判例は審理の著しい遅延の結果、被告人の権利が侵害されたと認められる場合には、憲法37条を根拠に免訴判決によって審理を打ち切ることが許されると解している。免訴とは、刑事裁判において、公訴権の消滅を理由に有罪・無罪の判断をせずに裁判を打ち切ることである。

その公平・迅速な裁判を受ける権利に関する**高田事件最高裁判決（1972年）**を学んでいこう。

判例 高田事件最高裁判決［最大判1972年12月20日刑集26巻10号631頁］

【事件の概要】

本件は、1952年に発生した高田事件（愛知県派出所〔警察の下部組織〕が集団で襲撃された事件）の審理が、15年以上にわたって中断したため、被告人側が憲法37条1項で保障された迅速な裁判を受ける権利を侵害されたとして、控訴棄却あるいは免訴による審理打ち切りを求めた事件である。

【判旨】

最高裁は、憲法が保障する迅速な裁判を受ける権利は、個々の刑事事件についても保障されるべきであるとし、「異常な事態」と言えるほどの審理の遅延があったときは、迅速な裁判を受ける権利の侵害となる場合があることを認め、免訴を言い渡した。

③ 証人尋問権・喚問権（37条2項）

被告人は証人を尋問し、また公費で証人を喚問する権利を有する。

④ 弁護人依頼権（37条3項）

被告人は、いかなる場合でも、弁護士資格を有する弁護人を依頼することができる。

被告人が自費で弁護人を依頼することができない場合は、国が国選弁護人を付する。ただし、国選弁護人の依頼権は、被告人段階での権利であり、被疑者段階では保障されない。

なお、刑事訴訟法上は、法定刑として死刑、無期懲役、3年を超える懲役・禁錮が定められている事件を審理する場合には、被告人に弁護人が付いていなければ裁判をおこなうことができない（＝必要的弁護）。

⑤ 自己負罪の拒否（38条1項）

被告人は、自己に不利益な供述を強制される（＝自己負罪の拒否）、また自己に不利益なことを含む一切の供述を拒否することができる（＝黙秘権）。

⑥ 自白の証拠能力・証明力の制限（38条2項、3項）

強制・拷問・脅迫などによる任意性のない自白には証拠能力を認めない（＝自白排除の法則）。さらに、任意性のある自白でも、それを補強する証拠が別にないかぎり、有罪の証拠とすることはできない（＝補強証拠の法則）。

⑦ 刑罰不遡及と二重の危険の禁止（39条）

何人も、それをおこなったときには適法であった行為について、後から刑罰を科されることはなく、すでに無罪とされた行為または同一の犯罪について、重ねて刑事責任を問われることはない。

2 憲法39条の構造

憲法39条の構造について見れば、39条の前段前半「何人も、実行の時に適法であつた行為……については、刑事上の責任を問はれない」の部分は、事後法の禁止（遡及処罰の禁止）を定めたものである。

同条の前段後半「何人も、……既に無罪とされた行為については、刑事上の責任を問はれない」と後段「同一の犯罪について、重ねて刑事上の責任を問はれない」の部分は、二重の危険の禁止と一事不再理の双方の考え方を含んでいる。

ちなみに、事後法の禁止（遡及処罰の禁止）とは、ある行為がおこなわれたあとに、その行為を罰するための法律を制定して、処罰してはならないという原則である。

一事不再理とは、ある事件について、いったん審理がおわり判決が確定した場合には、再度、同一事件を審理し直して確定判決を変更することはできないという原則のことである。

ただし、有罪判決が確定したあとに、無罪を認めるべき明らかな証拠が新たに発見されたときは、同一事件について審理をやり直し（＝再審）、無罪判決を下すことができる。実際、これまでの日本において死刑判決が確定したあと、無罪と認める新たな証拠が出てきて、再審理のあとに無罪判決が出て冤罪が認められた事件がある。たとえば、免田事件（1983年無罪）、財田川事件（1984年無罪）、松山事件（1984年無罪）、島田事件（1989年無罪）、袴田事件（2024年無罪）があげられる。

二重の危険の禁止とは、国家による訴追は一度だけしか認められず、被告人は再度同じ負担を負わされない権利を有するという原則である。

憲法39条の前段後半と後段は、何を定めた規定であるかについて、学説が分かれているので、これに関しても確認しておこう。ただし、いずれの説をとっても結論に大きな相違は生じない。

まず、前段後半と後段が全体として一事不再理を定めたものであると解する一事不再理説、次に、前段後半は一事不再理を、後段は二重処罰の禁止を定めたものであると解する一事不審理・二重処罰の禁止説、そして、前段後半と後段が全体として二重の危険の禁止を定めたものであると解する二重の危険の禁止説、である。

‣ジェンダー問題

① 冤罪事件とジェンダー問題

1 密室での取調べと冤罪

既存の刑法や刑事司法制度は、男性モデルを前提として構築されており、女性のリアリティが法や制度に反映されていない構造になっている。家父長制に基づく社会制度や、ステレオタイプによる固定観念が、ジェンダー・バイアスを生じさせているとされる*7。

本章で学習したように、憲法で被疑者や被告人の権利が保障されているにもかかわらず、現在の日本社会では冤罪が起きている。冤罪とは、無実の罪、無実であるのに犯罪者として扱われることを言う。本来、国民の権利を守り、正当な法秩序の維持を目的とする司法において、無罪、無実の人に対して刑罰を課そうとする行為は、その目的とは正反対の行為をなすことになる。

冤罪が起こる原因として、逮捕・勾留された被疑者を長時間、密室で不当に取り調べることによる自白の強要があげられる。密室での取調べに関しては、逮捕された被疑者は、原則として拘置所に拘禁して取調べをおこなうものであるが、現実には約90%以上の者が警察の拘置所に収容されて取調べを受けている。また、自白の強要に関しては、たとえば、自白調書の作成過程で、捜査の結果を突き付けて認めさせていき、あたかも被告人が自発的に述べたかのように作成されたり、身替わりや精神が異常の状態などから、被疑者が虚偽の供述をしたりすることがあげられる。

その密室での不当な取調べによって引き起こされてきた冤罪の反省をふまえ、2016年の刑事訴訟法等の一部改正により、裁判員裁判対象事件など一部の事件で、被疑者の取調べの可視化（全過程の録音・録画）が義務づけられ、2019年6月に施行された*8。

2 冤罪とジェンダー・バイアス

弁護士の鴨志田祐美氏によれば、その冤罪についてもジェンダー・バイアスがあるとされる[*9]。

たとえば、2003年に起きた滋賀県の湖東記念病院での患者死亡をめぐり、滋賀県警に逮捕された西山美香さんは、実刑判決が確定したのち、2017年8月までの12年間、和歌山刑務所に服役した。

西山さんは、当時同病院に看護助手として勤務しており、患者に装着されていた人工呼吸器のチューブを引き抜いて酸素の供給を遮断して呼吸停止状態に陥らせて、急性低酸素状態により殺害したとする殺人罪で起訴され[*10]、2005年に懲役12年の判決が下された。

その後、控訴審、上告審、第一次再審請求審、同即時抗告審、同特別抗告審、第二次再審請求審に至るまで、西山さんが担当刑事に誘導された自白は、信用性があるとしたのである。

第二次再審の即時抗告審でやっと西山さんの自白の信用性が否定され、死亡した患者は自然死であるとする合理的な疑いがあるとして、再審開始が認められた[*11]。2020年3月に西山さんは再審無罪が確定し、刑事補償法に基づき補償金約5997万円を支払う決定がされた[*12]。

西山さんは軽度の知的障害と発達障害を抱えた「供述弱者」であった。この事件は「供述弱者」の自白についても広く社会に知らしめたものである[*13]。

西山さんの取調べをおこなった刑事は、西山さんに好意を持たれていることを知りながら、西山さんの自白調書を作成していったとされる。西山さんには、優秀な2人の兄がおり、幼少時から親や先生に兄たちと比べられていたことがコンプレックスであった。そのような経験もあり、彼女にとって担当刑事は特別な存在になっていった[*14]。担当刑事は、西山さんに対して、「西山さんはむしろ賢い子だ」などと言い、西山さんにとって自分を「認めてくれた」存在であった。そのこともあり、西山さんは担当刑事に好意を抱くようになっていったのである。

一方、その担当刑事は、西山さんのその好意をむしろ利用するために、彼女に飲食物の差し入れを毎日のようにするようになった[*15]。本来であれば、飲食物の提供は利益供与に当たり、不正行為になる[*16]。また、取調室で男性刑事が女性容疑者を取り調べる場合に、2人だけにならないように、規則では女性警察官も立ち会うことになっていた。しかし、実際には、担当刑事は女性警察官を取調室の外で椅子に座らせて、取調室では西山さんと2人きりの状況を作っていたのである[*17]。その際に、西山さんが刑事の手をなでたり、抱き着いたりしても、刑事は拒絶しなかった。

このような刑事の態度は、2020年の再審無罪判決では、「恋愛感情に乗じて強い影響力を独占し」、「その供述をコントロールしようとする意図」だと認定し、「不当不適切な捜査方法」であるとされた[*18]。

この刑事の操作方法は非常に悪質なものであり、刑事という公権力が無罪である西山さんを救うのではなく、むしろ彼女の権利を侵害したと言えるだろう。

② 不同意わいせつ罪・不同意性交等罪

2023年7月13日から、性犯罪に関する改正刑法および刑事訴訟法が施行された。今回の改正では、「わいせつ目的面会要求罪」「映像送信要求罪」等が新たに創設されたが本節では取り上げない。

強制わいせつ罪（旧法176条）・準強制わいせつ罪（旧法178条1項）は、不同意わいせつ罪（新法176条）に、強制性交等罪（旧法177条）・準強制性交等罪（旧法178条2項）が不同意性交等罪（新法177条）として改正された。

改正のポイントは次のとおりである。

1 構成要件の改正

旧法においては、「暴行」または「脅迫」を用いてわいせつ行為や性交等をおこなった場合に、強制わいせつ罪や強制性交等罪が成立され、「心神喪失」または「抗拒不能」に乗じてわいせつ行為や性交等をおこなった場合に準強制わいせつ罪や準強制性交等罪が成立していた。

法務省によれば、今回の改正により、改正前の強制性交等罪と準強制性交等罪の構成要件が統合されて、不同意性交等罪の構成要件に変更になり、性犯罪の成立する範囲が明確化された[*19]。改正前の強制わいせつ罪や強制性交等罪などにおいてもそれらの構成要件は定められてはいたが、今回の改正によって、性犯罪の構成要件が内容的にも手続的にもより明らかになったと言われている。

不同意性交等が成立する要件は「同意しない意思を形成、表明、全うすることが困難な状態」における性交等である。その原因となりうる行為や事由としては、次の8つの類型が新法に規定された（新法176条1項各号）。①暴行もしくは脅迫を用いること、またはそれらを受けたこと、②心身の障害を生じさせること、またはそれがあること、③アルコールもしくは薬物を摂取させること、またはそれらの影響があること、④睡眠その他の意識が明瞭でない状態にさせること、またはその状態であること、⑤同意しない意思を形成し、表明または全うするいとまがないこと、⑥予想と異なる事態に直面させて恐怖させ、もしくは驚愕させること、またはその事態に直面して恐怖し、もしくは驚愕していること、⑦虐待に関する心理的反応を生じさせること、またはそれがあること、⑧経済的または社会的関係上の地位に基づく影響力によって受ける不利益を憂慮させること又はそれを憂慮していること、である。

2 性交同意年齢の引き上げ

旧法においては、13歳未満の者に対してわいせつ行為や性交等をおこなった場合には、仮に同意があっても、強制わいせつ罪や強制性交等罪が成立されることにされていた。

しかし、改正法は、原則として性交同意年齢を16歳以上に引き上げた。それは、「16歳未満の者に対し、わいせつな行為をした者」(新法176条3項)、「性交等をした者」(新法177条3項)を同意の有無を問わずに処罰することにしているためである。もっとも、13歳から16歳未満の者については、対象者との年齢差が5歳以上である場合に限られている。たとえば、性行為同意年齢になっていない13歳の者に対して、18歳の者がわいせつ行為等をした場合には、そのこと自体をもって不同意わいせつ罪が成立する。

3 身体の一部または物を挿入する行為の取扱いの見直し

旧法においては、「性交等」とは、性交、肛門性交、口腔性交のことを指し、いずれも男性器の挿入が前提となっていた。すなわち、従来は、女性器等に指やその他の異物を挿入したとしても強制性交等罪ではなくて、強制わいせつ罪が成立するにとどまっていた。

改正法では、177条1項で、男性器の挿入だけではなく、膣または肛門に男性器以外の身体の一部又は物を挿入する行為についても「性交等」に含むことにされた。

4 配偶者間にも不同意性交等罪などが成立することの明確化

旧法においては、確かに性犯罪は、婚姻関係のある夫婦間においても成立すると考えられてきたが、このような理解は、条文上明らかではなかった。

改正法では、「婚姻関係の有無にかかわらず」という文言を入れて、不同意わいせつ罪や不同意性交等罪が明らかに配偶者間でも成立することを規定した。

注

＊1 芦部信喜（高橋和之補訂）『憲法（第８版）』（岩波書店、2023年）264-265頁、渡辺康行＝宍戸常寿＝松本和彦＝工藤達朗『憲法Ⅰ　基本権（第２版）』（日本評論社、2023年）337頁、毛利透＝小泉良幸＝淺野博宣＝松本哲治『憲法Ⅱ　人権（第３版）LEGALQUEST』（有斐閣、2022年）321頁など参照。

＊2 芦部・前掲注（1）265-266頁、渡辺ほか・前掲注（1）300頁、332頁、毛利ほか・前掲注（1）322頁など参照。

＊3 芦部・前掲注（1）267-268頁、渡辺ほか・前掲注（1）304頁、毛利ほか・前掲注（1）344頁など参照。

＊4 厚生労働省ホームページ「『措置入院の運用に関するガイドライン』について」（2018年）など参照。https://www.mhlw.go.jp/content/001172530.pdf（最終閲覧2025年1月21日）

＊5 芦部・前掲注（1）268頁以下、渡辺ほか・前掲注（1）306頁以下、毛利ほか・前掲注（1）328頁以下など参照。

＊6 芦部・前掲注（1）271頁以下、渡辺ほか・前掲注（1）306頁以下、毛利ほか・前掲注（1）328頁以下など参照。

＊7 後藤弘子「刑事法とジェンダー――なぜ刑事司法は女性の正義の実現を妨げるのか」『法と心理』23巻1号（2023年）3頁参照。

＊8 日本弁護士連合会ホームページ参照。実際に、改正刑事訴訟法による録画義務づけの対象事件は全事件の３％未満であり批判が出されている。https://www.nichibenren.or.jp/activity/criminal/recordings.html（最終閲覧2024年7月15日）

＊9 鴨志田祐美「冤罪とジェンダー――女性の冤罪被害の背景にみるジェンダー・バイアス」『法と心理』23巻1号（2023年）19頁参照。

＊10 日本弁護士連合会ホームページ「湖東記念病院事件」参照。https://www.nichibenren.or.jp/activity/criminal/visualisation/falseaccusation/case10.html（最終閲覧2024年7月15日）

＊11 鴨志田・前掲注（9）19頁参照。

＊12 たとえば、「元看護助手に補償6千万円　再審無罪、滋賀の患者死亡」（日本経済新聞デジタル2020年10月27日）。https://www.nikkei.com/article/DGXMZO65528230X21C20A0AC8Z00/（最終閲覧2024年7月15日）

＊13 鴨志田・前掲注（9）19頁など参照。

＊14 秦融「【独自】冤罪の新事実をグルーミング視点で炙り出す　取調官に恋した過去とトラウマ」（Forbes Japan）参照。https://forbesjapan.com/articles/detail/67084（最終閲覧2024年7月15日）

＊15 秦・前掲注（14）。

＊16 秦融「冤罪を生み出す不正捜査　警察・検察の『ジェンダー・バイアス』が背景に」（Forbes Japan）参照。https://forbesjapan.com/articles/detail/67583/page2（最終閲覧2024年7月15日）

＊17 秦・前掲注（16）。

＊18 秦・前掲注（16）。

＊19 本節については主に、法務省ホームページ「性犯罪関係の法改正等　Q＆A」（2023年）など参照。https://www.moj.go.jp/keiji1/keiji12_00200.html（最終閲覧2024年8月21日）

第15章 国務請求権と参政権

日本国憲法の概説

日本国憲法15条

① 公務員を選定し、及びこれを罷免することは、国民固有の権利である。
② すべて公務員は、全体の奉仕者であつて、一部の奉仕者ではない。
③ 公務員の選挙については、成年者による普通選挙を保障する。
④ すべて選挙における投票の秘密は、これを侵してはならない。選挙人は、その選択に関し公的にも私的にも責任を問はれない。

16条

何人も、損害の救済、公務員の罷免、法律、命令又は規則の制定、廃止又は改正その他の事項に関し、平穏に請願する権利を有し、何人も、かかる請願をしたためにいかなる差別待遇も受けない。

17条

何人も、公務員の不法行為により、損害を受けたときは、法律の定めるところにより、国又は公共団体に、その賠償を求めることができる。

32条

何人も、裁判所において裁判を受ける権利を奪はれない。

40条

何人も、抑留又は拘禁された後、無罪の裁判を受けたときは、法律の定めるところにより、国にその補償を求めることができる。

1 国務請求権（受益権）の内容

国務請求権（受益権）とは、人権の実質的な補償を確保するための基本権である*1。

国務請求権は、人権の保障をより確実なものとするために、国家に対して一定の内容の請求をおこなう権利である。その点では「国家による自由」としての社会権と類似している。

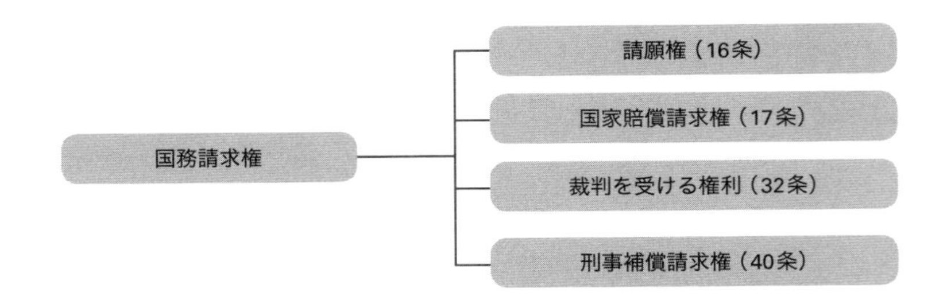

しかし、国家賠償請求権は、社会権のように特定の時代背景に基づいて生まれたものではない。国務請求権のうち、裁判を受ける権利や請願権は古くから自由権とあいともなって保障されてきたものであるのに対して、国家賠償請求権や刑事補償請求権は戦後になって保障されるに至ったものであり、これらは、前国家的な意味での基本的人権には含まれないと解されている。

② 請願権

日本国憲法16条は、請願権を保障しており、また、そのような請願をしたことを理由として、差別待遇を受けることはないと規定している。

請願権とは、国もしくは自治体に対し請願をおこなう権利である。ここで言う「請願」とは、国または地方自治体の機関に対してその職務権限に属するあらゆる事項について要望を述べる行為のことを指す。請願の具体的手続については、請願法に定めがある*2。

請願権の保障は、請願を受けた機関にそれを誠実に処理する義務を課すにとどまり、請願の内容を審理・判定する法的拘束力を生じさせることはないと解されている。

請願は「誠実に処理しなければならない」（請願法5条）とされている。しかしながら、請願権の保障の実態については、請願の採択、事後処理等は各機関の運用においても、どの程度「誠実に処理」されているかは不明確であると言われている。

請願権の行使に実質的効果を与えるために、請願内容についての審査や審査結果の報告などをある程度義務づける制度を設けるべきとの意見は強い。日本でも、請願権の保障を実質的なものとするために、オンブズマン（オンブズパーソン）制度を設置すべきとの指摘も有力である。このオンブズマン制度とは、政府から独立した委員（オンブズマン）による苦情処理制度のことであり、一般の人からの苦情に基づいて、行政に対する調査や勧告などをおこなう。

③ 裁判を受ける権利

日本国憲法32条は、国民の裁判を受ける権利を保障している*3。

ここで言う裁判を受ける権利とは、政治権力から独立した公平な司法機関に対して、すべての個人が平等に権利・自由の救済を求めるために裁判を提起し、かつ、そのような公平な裁判所以外の機関から裁判されることのない権利のことである。

裁判を受ける権利は、それが刑事裁判であるか民事・行政裁判であるかによって、異なる性格を持つ。刑事裁判においては、被告人が公正な裁判を受ける権利を意味する（たとえば、憲法37条1項）。民事・行政裁判においては、各人が裁判所に訴える権利（＝裁判請求権・訴権）を意味し、国家にとっては「裁判の拒絶」の禁止を意味する。

裁判を受ける権利は、人権保障と法の支配の実現となる裁判と言える。なぜなら、人権が憲法によって保障されていても、その侵害に対する救済を裁判所に訴えることができなければ、人権保障の意味がないからである。

1 裁判を受ける権利の保障範囲

裁判を受ける権利の保障範囲に関しては、裁判を受ける権利に言うところの「裁判」のなかに非訟事件の裁判が含まれるかどうかが問題になる。

裁判を受ける権利の「裁判」は、適正な手続を備えたものでなければならない。この適正な手続として、日本国憲法82条が規定する公開・対審・判決という原則が重要になる。

一方、福祉国家思想の進展にともない、裁判所が後見的な立場から当事者の権利や義務の内容を形成できるようにするため、かつては訴訟手続として処理されてきた事件を非訟事件として扱う「訴訟の非訟化」という現象が増加している。

訴訟事件の裁判は、裁判所が一定の権利・義務に関する紛争について事実を確定し、法令に照らして当事者の権利・義務関係の存否を確定する裁判のことである。たとえば、売買代金の支払いや、商品の引渡しを求めるケースなどがある。この意味における裁判は、憲法82条の規定により原則として公開されなければならない。また、対審の訴訟手続（＝当事者主義に基づく訴訟手続）でおこなわれなければならず、裁判所の判断は判決という形で下される。

これに対して、非訟事件の裁判は、非紛争的な民事関係について、紛争を予防するため裁判所が後見的な立場から裁量権を行使して、権利・義務関係の具体的内容を形成する裁判のことである。たとえば、借地上の建物の譲渡、借地条件の変更に関する借地・借家事件や後見開始の審判、養子縁組の許可、未成年後見人の選任に関する家事事件などがある。この意味における裁判には、憲法82条が規定する公開・対審の手続は要求されず、裁判所の判断は決定という形で示される。

裁判を受ける権利に言う「裁判」に、訴訟事件の裁判が含まれる点では学説・判例は一致する。しかし、非訟事件の裁判がこれに含まれるか否かについては見解が分かれている。

肯定説（通説）によれば、「訴訟の非訟化」という現象が増加した現在においては、憲法32条の裁判を受ける権利に言う「裁判」には、非訟事件の裁判も含まれると解すべきである。否定説（判例）によれば、憲法32条の裁判を受ける権利に言う「裁判」は、訴訟事件の裁判のみを意味する。したがって、非訟事件の裁判には裁判を受ける権利の保障は及ばない。

2 訴訟費用の扶助と裁判を受ける権利の保障

憲法32条は訴訟費用の扶助（法律扶助）までを保障するものではないと解されており、憲法上は刑事事件について国選弁護人の制度（憲法37条3項）が定められているにすぎない。

民事・行政訴訟の提起のためには、決定の訴訟費用のほか、弁護士費用などかなりの経済的負担をともなう。その費用を用意できない人たちにとっては、裁判を受ける権利が憲法上で規定されていても、その権利が保障されない状況に陥る。裁判を受ける権利の実質的な保障のためには、法律扶助制度の充実が欠かせない*4。

これに関連して、2000年に民事法律扶助法が成立し、民事裁判を起こす資力のない者に裁判費用や弁護士費用を援助する民事法律扶助制度が確立した。さらに、2004年に成立した総合法律支援法により、2006年に、民事法律扶助業務が法律扶助協会から日本司法支援センター（法テラス）に移管された。そこでは、従来の業務に加えて支援センターの契約弁護士等が直接に法律サービスを提供することになった。

④ 国家賠償請求権

日本国憲法17条は、国家賠償請求権を保障している*5。

そもそも、国家賠償請求権とは、公権力の不法な行使に対して、国家の賠償を請求する権利のことである。

国家賠償のための具体的手続を定めるのが国家賠償法である。国家賠償法の1条責任〔公権力責任〕は過失責任、2条責任〔営造物責任〕は無過失責任である。

国家賠償請求制度が各国で確立したのは20世紀に入ってからのことであり、この制度は、近代立憲史上で比較的新しいものである。日本においても、明治憲法下では、「国家無答責の原則」によって、国の不法行為について国の責任を問うことは一般的に否定されていた。

国家賠償請求権に関連して、国会のおこなった不法な立法行為によって、あるいは国会が当然おこなうべき立法を怠ったことによって損害を被った者が、国に対し損害賠償を請求できるか否かが問題になる。

学説は、立法行為、または立法不作為も国家賠償請求の対象となると主張する積極説と、国会の立法行為による不法行為の成立は、観念的にはありうるとしても、それが実際的に国家賠償請求の対象となるかは疑問であると主張する消極説に分かれている。

ここで国の不作為に対する国家賠償請求の可否に関する判例を2つ見ていこう。

判例 ハンセン病家族訴訟熊本地裁判決［熊本地判2019年6月28日判時2439号7頁］

【事件の概要】

本件は、らい予防法にもとづくハンセン病患者の隔離政策によって、その家族差別などの被害を受けたとして、元患者の家族らが国に損害賠償等を求めた訴訟である。

【判旨】

熊本地裁は、隔離政策によって患者家族に就学・就労の拒否、結婚差別などの被害が生じたなどと判断した。「大多数の国民らによる偏見・差別を受ける社会構造をつくり、被害を発生させ、家族関係の形成を阻害した」と指摘し、元患者家族の被害に対する国の賠償責任を認めた。また、国のハンセン病患者への隔離政策は、遅くとも1960年の時点で必要性を失っており、国は隔離政策を廃止する義務があったのにそれを怠ったとして、熊本地裁は国の立法不作為を認定した。

判例 旧優生保護法国賠訴訟最高裁判決［最大判2024年7月3日裁判所ウェブサイト］

【事件の概要】

本件は、「不良な子孫の出生を防止する」などとの目的で1948年に施行された旧優生保護法の下で、精神障害や知的障害などを理由に本人の同意がなく不妊手術を強制されたことが憲法違反であるとして争われた訴訟である。

【判旨】

最高裁は、旧優生保護法の立法目的は当時の社会状況を考えても正当ではないのは明らかであり、生殖能力の喪失という重大な犠牲を求め、個人の尊厳と人格の尊重に著しく反するとして、同法が成立した当時から憲法違反だったと判示した。また、最高裁は、**除斥期間**について、国が請求権消滅を理由に損害賠償を免れることは、正義・公平の理念に反するとして容認しなかった。

⑤ 刑事補償請求権

日本国憲法40条は、刑事補償請求権を保障している*6。

刑事補償請求権とは、裁判で無罪の判決を受けた者などが、本来必要のなかった抑留・拘禁等によって被った損失に対する補償を請求する権利である。

刑事補償請求の詳細は刑事補償法に規定されている。刑事補償は、国の違法行為や故意・過失に関わりなく、結果に対する補償請求を認めるものであり、その点では29条3項の損失補償と同じである。憲法29条の損失補償と40条の刑事補償は、国家の合法的な行為によって結果として発生した損失に対する補償である。それに対して、17条の国家賠償は国家による違法行為に対する賠償を指している。

⑥ 参政権

参政権とは、国民が主権者として、直接または代表者を通じて、国の政治に関わる権利である*7。「国家への自由」とも言われる。

国民が自由であるためには、国政に参加していくことが望ましいので、参政権は自由権に仕える権利であるとされる。憲法上において、参政権は次の図のような構造をとっている。

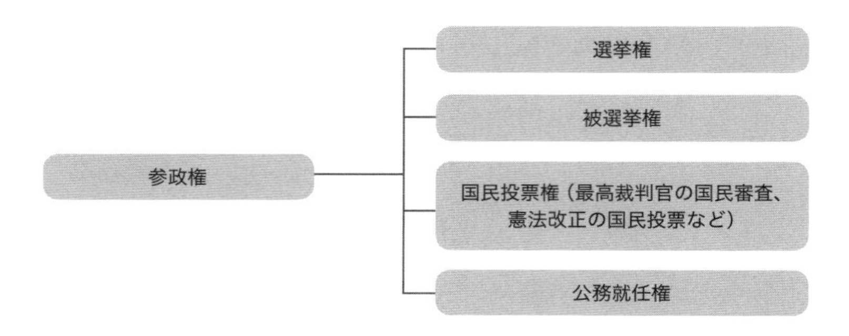

語句

除斥期間…不法行為から20年が経過すると賠償が請求できなくなるというもの。

公務就任権は権利というよりも、公務員となる資格または能力のことであり、憲法上の根拠についても諸説ある。参政権のうち、特に重要なものが選挙権・被選挙権である。

1 選挙権

日本国憲法15条1項は、国民に選挙権があることを明らかにしている＊8。

ここで言う選挙権とは、選挙人として、選挙に参加することのできる資格または地位のことである。選挙権の法的性格をどのように理解するかは、学説に争いがある。

憲法15条1項は、すべての公務員について、選定および罷免が主権者たる国民の意思に基づくように手続が定められなければならないという意味であるとされる。

2 選挙の原則

近代選挙は、次の5つの原則を基本とする＊9。

① **普通選挙**：狭義には財力（財産または納税額）を選挙権の要件としない選挙制度のこと。広義には、財力、教育、性別などを選挙権の要件としない制度のこと。

② **平等選挙**：選挙権の価値を平等にする選挙制度のこと（＝1人1票の原則）。

③ **秘密選挙（秘密投票）**：投票内容を秘密にする選挙制度のこと（⇔公開選挙）。

④ **直接選挙**：選挙人が公務員を直接に選挙する選挙制度のこと（⇔間接選挙）。

⑤ **自由選挙**：広義には、投票を強制されない選挙制度や、棄権しても罰金、市民権（公民権）の停止、氏名の公表などの制裁を受けない選挙制度のこと（＝任意投票制⇔公開投票制）。狭義には、どの候補者（または政党）に投票するかを自由に選ぶことができる選挙制度のこと。

3 選挙権の法的性格

選挙権をめぐっては、学説に争いがある＊10。

まず、二元説（多数説）によれば、選挙権は、参政の権利であると同時に、公務の執行という二重の性格を持つ。したがって、受刑者などの選挙権を制限することは、選挙権の公務としての特殊な性格に基づく最小限度の制限である。

これに対して、権利説（権利一元説）によれば、選挙権は主権者の個人的権利である。選挙権は公務としての性格を持つものではなく、その制限は権利の内在的権利によってのみ正当化されうるので、受刑者の選挙権の制限や選挙運動に関する立法府の裁量は認められない。

4 強制投票制の是非

強制投票制、すなわち棄権に対してなんらかの制裁を科すことで、投票を間接的に強制する選挙制度を導入することの是非をめぐって、学説に争いがある。

まず、肯定説によれば、選挙は国家権力の民主的正当化という作用を果たすという重要な意義を持つものであり、また白票を投ずる自由は認められているのであるから、強制投票制も認められる。

これに対して、否定説(多数説)説によれば、投票はあくまで個々の有権者の自由な意思に基づくべきであって、強制投票制は認められない。

5 被選挙権

被選挙権とは、選挙されうる資格ないし地位のことである*11。

したがって、それは選挙されうることを主張しうる権利ではないと解されている。しかし、その場合でも、国民が選挙に立候補する権利という意味での被選挙権は、憲法15条によって保障されているとされる。判例も同旨の解釈をとっている。

6 選挙制度

選挙制度には、次のような類型がある。

① **小選挙区制**:各選挙区ごとに1人の議員を選出する制度。

② **大選挙区制**:各選挙区ごとに2人以上の議員を選出する制度。

③ **比例代表制**:各政党の得票数に比例して議席を配分する制度。

かつては衆議院選挙で採用されていた中選挙区制(=各選挙区の定数を3人から5人とする制度)は、大選挙区制の一種である。

現在、衆議院選挙では小選挙区制とブロック単位の比例代表制を並立的に使う小選挙区比例代表並立制が採用されており、参議院選挙では都道府県単位の選挙区制と全国単位の比例代表が用いられている。

7 政党

国会を基軸とした代表民主制を機能させるうえで、現代では政党が重要な役割を果たしている。

日本国憲法は政党に関する規定を置いていない。しかし憲法は結社の自由を保障(21条1項)し、議院内閣制を採用しているので、政党の存在を当然のこととして想定していると解される。また、選挙制度上も比例代表が用いられるなど、政党中心の選挙となっている。

ジェンダー問題

① 日本の政治参画におけるジェンダー差別の実態

日本の現在の国会議員の女性割合は、衆議院15.7%（73人）、参議院が25.4%（61人）であり、全体で19.0%（134人）である[*12]。

世界経済フォーラムが2024年6月に発表した「ジェンダーギャップ指数」[*13]によれば、政治分野の順位が146か国中で118位である。また、列国議会同盟（IPU）によれば、女性議員の国際平均は26.9%（2023年）であり[*14]、これと照らしてみても、上記の日本の女性議員の割合は低いものであることが明らかである。

政治分野でのジェンダー平等を実現するために、女性議員の増加が課題としてしばしばあげられる。その増加のために、そもそも女性議員はなぜ必要とされるのか。それは、女性の関心のある問題を政治争点化して、議会全体でより広い視野から政治課題を追求できるようにするからである[*15]。従来、主に男性中心であって政治の場では、男性の関心が政治争点化しやすく、女性の関心事は議論の俎上にのらなかった。そのような実態もあり、女性にとって同じ経験をしている女性議員のほうが、よりよく自分たちの意見を反映できると想定されるのである[*16]。

実際に、女性議員が中心となって整備したわが国の法律には、「配偶者からの暴力の防止及び被害者の保護等に関する法律（DV防止法）」（2001年施行）、「刑法の性犯罪に関する規定の大幅な改正」（2017年）、「税制改正」（2019年）などがある。これらの法律は、いずれも女性議員が集まって推進したことによる実績であり、裏を返せば、女性議員一人では成しえなかった功績ともされる[*17]。

このように見ていくと、やはり女性議員の増員は求められるのではなかろうか。では、具体的にどのような対策があるだろうか。

日本では、候補者均等法が超党派の議員立法として2018年5月衆参両院全会一致で可決成立し、同改正法が2021年6月16日に公布・施行された。本法律の目的として、「政治分野における男女共同参画を効果的かつ積極的に推進し、もって男女が共同して参画する民主政治の発展に寄与すること」（1条）があげられている。ここで言う「民主主義」とは、単なる多数決を意味する数合わせではなく、男女が共同して参画するものである[*18]。

また、本法の基本原則として3つあげられている。①「衆議院議員、参議院議員及び地方公共団体の議会の議員の選挙において、……男女の候補者の数ができる限り均等となることを目指して行われる」こと（2条1項）から、「男女同数」ということから、候補者均等法は「日本版パリテ法」と言われている*19。②「男女が、……その個性と能力を十分に発揮できるようにすること」（同条2項）から、議員の人的司法の活用を想定していることである*20。③「男女が、その性別にかかわりなく、相互の協力と社会の支援の下に、公選による公職等としての活動と家庭生活との円滑かつ継続的な両立が可能となること」（同条3項）から、議員活動をおこなうために、家庭生活との両立のための環境整備も重視することである*21。

② 政治参画におけるジェンダー平等のための課題

政治参画におけるジェンダー平等を達成するために暫定的特別措置（アファーマティブ・アクション〔積極的差別是正措置〕、ポジティブ・アクションなどとも言う）やパリテなどがあげられるので、いっしょに学習しよう。

1 暫定的特別措置

以上のように、日本の政治分野においては、これまで圧倒的に男性議員が占めていたことから、そのルールや慣習も男性中心に構造化されていった。そのために、女性の政治分野に参加するハードルが高いままで、それを乗り越えることを困難にさせていた。このハードルを乗り越えて、女性を政治決定の場に参加させる強力な手段として、暫定的特別措置（女性差別撤廃条約4条1項）があげられる*22。

暫定的特別措置は、構造化された差別を解消する目的としている。その目的を達成させるために、暫定的特別措置は、客観的に見て、男女で異なる取扱いをおこなっても、これを差別とみなさないのである。ただし、目標が達成されれば、そのような特別措置は解消されなければならないことになっている*23。

上記のように、暫定的に「一方の性」に対して特別な措置をおこなうことから、日本国憲法の解釈上、平等原則との整合性が問題となる。というのは、日本国憲法14条1項は、形式的平等を原則としており、個々人の現実の差異に注目して、その差別是正をおこなうことよりも法律上の均一な取扱いを要請しているからである*24。

暫定的特別措置は大きく3類型あるとされている。それは、①育児と仕事の両立支援や女性応募の推奨などの穏健な女性支援策、②委員会における女性委員の割合の設定などの中庸なタイム・ゴール方式、③議員や委員の女性への割当制、北欧の男女交互名簿方式、フランスのパリテ法などの厳格なクオータ制である*25。

日本の政治分野へのジェンダー平等を達成させる手段としては、③の厳格なクオータ制の実施が望まれるだろう。そこで次に、厳格なクオータ制に位置づけられるフランスのパリテ法について見ていこう。

2 パリテ

フランス政治において、パリテは女性議員を増員するのに大きな役割を担っている[*26]。

フランスでは、1982年に地方議会選挙の25％クオータ制を憲法違反であるとする憲法院判決が出され、1999年に憲法が改正された。その3条5項に「法律は、選挙によって選出される議員職と公職への男女の平等なアクセスを促進する」、4条2項に「政党および政治団体は、法律の定める条件にしたがって、3条最終項（＝5項、2008年の憲法改正後は「1条2項」）で表明された原則の実施に貢献する」という項目が追加された[*27]。

これを受けて、2000年に「公職における男女平等参画促進法」（通称、パリテ法）が制定された。パリテ法は、その後法改正を重ねて、現在では次のことが定められた。①比例代表（1回投票）制選挙に適用される順位を男女交互方式の候補者名簿、②比例代表（2回投票）制選挙に適用される登録名簿筆頭者から順に6人ごとに男女同数の義務づけ、③小選挙区制選挙に適用される候補者数の男女差が2％を超えた政党・政治団体への公的助成金の減額である[*28]。

また、2013年の法改正では「男女ペア立候補制（パリテ2人組小選挙区2回投票制）」が導入された。この制度は男女ペアで立候補し、それに有権者が投票することで当選も男女のペアになるとするものである[*29]。

フランスで実施されているパリテは、女性のための優遇策でも、男女を競合関係に置くものでもない。それは、男女それぞれの候補者枠として「50％／50％」を基準点に設定する、男女双方にとっての「機会の平等」であるとされる[*30]。

フランスでは、1996年の女性議員比率が5.9％であったが、2023年には37.8％[*31]と女性議員の比率を伸ばしている。日本においても女性議員を増加させるために、候補者均等法の施行も重要な動きであるが、さらに同法の実効性を確かにするためにフランスのように助成金配分の減額や男女ペア立候補制度などの実施を検討すべきかもしれない。

注

＊1　芦部信喜(高橋和之補訂)『憲法(第8版)』(岩波書店、2023年)279頁など参照。

＊2　芦部・前掲注(1)279-280、渡辺康行＝宍戸常寿＝松本和彦＝工藤達朗『憲法I　基本権(第2版)』(日本評論社、2023年)460頁、毛利透＝小泉良幸＝淺野博宣＝松本哲治『憲法II　人権(第3版) LEGALQUEST』(有斐閣、2022年)419頁など参照。

＊3　芦部・前掲注(1)280-281頁、渡辺ほか・前掲注(2)463頁、毛利ほか・前掲注(2)422-423頁など参照。

＊4　毛利ほか・前掲注(2)422-423頁など参照。

＊5　芦部・前掲注(1)282頁、渡辺ほか・前掲注(2)471頁、毛利ほか・前掲注(2)423頁以下など参照。

＊6　芦部・前掲注(1)282頁、渡辺ほか・前掲注(2)477頁、毛利ほか・前掲注(2)428頁以下など参照。

＊7　芦部・前掲注(1)283頁、渡辺ほか・前掲注(2)440頁、毛利ほか・前掲注(2)397頁以下など参照。

＊8　芦部・前掲注(1)283頁、渡辺ほか・前掲注(2)441頁、毛利ほか・前掲注(2)400頁以下など参照。

＊9　芦部・前掲注(1)285-289頁、毛利ほか・前掲注(2)402頁以下など参照。

＊10　芦部・前掲注(1)284頁、毛利ほか・前掲注(2)400-401頁など参照。

＊11　芦部・前掲注(1)286頁、毛利ほか・前掲注(2)414頁など参照。

＊12　内閣府男女共同参画局「政治分野における男女共同参画の状況」参照。https://www.gender.go.jp/kaigi/senmon/6th/shidai/pdf/01/6-1.pdf(最終閲覧2025年1月21日)

＊13　World Economic Forum, “Global Gender Gap 2024.” https://www3.weforum.org/docs/WEF_GGGR_2024.pdf(最終閲覧2024年7月30日)

＊14　IPU, “Women in Parliament 2023,” 参照。https://www.ipu.org/resources/publications/reports/2024-03/women-in-parliament-2023(最終閲覧2025年1月21日)

＊15　辻村みよ子＝糠塚康江＝谷田川知恵『概説　ジェンダーと人権』(信山社、2021年)120-121頁参照。

＊16　辻村ほか・前掲注(15)120-121頁参照。

＊17　「政治分野における女性のさらなる活躍に向けて～日本の社会がより強く、優しく、しなやかであるように～」(PwC Japanホームページ)。https://www.pwc.com/jp/ja/knowledge/thoughtleadership/women-in-politics.html (最終閲覧2024年7月30日)

＊18　辻村ほか・前掲注(15)127頁参照。

＊19　辻村ほか・前掲注(15)127-128頁参照。

＊20　辻村ほか・前掲注(15)128頁参照。

＊21　辻村ほか・前掲注(15)128頁参照。

＊22　辻村ほか・前掲注(15)122-126頁参照。

＊23　辻村ほか・前掲注(15)123頁参照。

＊24　辻村ほか・前掲注(15)123-124頁参照。

＊25　三成美保＝笹沼朋子＝立石直子＝谷田川知恵『ジェンダー法学入門〔第3版〕』(法律文化社、2019年)34-35頁など参照。

＊26　辻村ほか・前掲注(15)124頁など参照。

＊27　辻村ほか・前掲注(15)127頁など参照。

＊28　辻村ほか・前掲注(15)125-127頁など参照。

＊29　糠塚康江『パリテの論理――男女共同参画の技法』(信山社、2005年)114-116頁など参照。ちなみに女性県議会議員の割合は2011年に約14%であった。2013年のペア立候補制度の導入後の2015年には約50%になったと言われている。詳しくは有限責任監査法人トーマツ(内閣府男女共同参画局委託事業)「平成30年度　諸外国における政治分野への女性の参画に関する調査研究報告書［フランス］」『諸外国における政治分野への女性の参画に関する調査研究報告書』(2019年)。https://www.gender.go.jp/research/kenkyu/pdf/gaikou_research/2019/01_all.pdf (最終閲覧2024年8月20日)

＊30　糠塚康江「フランスからの示唆――政治による男女平等の推進」『学術の動向』28巻2号(2023年)45頁参照。

＊31　UN Women, Women in Politics: 2023. https://www.unwomen.org/sites/default/files/2023-03/Women-in-politics-2023-en.pdf(最終閲覧2024年8月20日)

※本章における注以外の参考文献

佐藤幸治『日本国憲法論［第2版］』（成文堂、2020年）
糠塚康江「フランスにおけるパリテ――女性の政治参画推進の技法」『国際女性』27巻1号（2013年）
安西文雄＝巻美矢紀＝宍戸常寿『憲法学読本　第4版』（有斐閣、2024年）

判例索引

最高裁判所

高等裁判所

地方裁判所

外国

事項索引

は

ま

や

ら

わ

著者
川口かしみ（かわぐち・かしみ）
宮城学院女子大学一般教育部特任准教授。専門は憲法、ジェンダー法。
2018年、早稲田大学大学院政治学研究科博士後期課程単位取得満期退学。青山学院大学、國學院大學非常勤講師などを経て現職。憲法理論研究会運営委員、ジェンダー法学会理事。
主な著作に、「最高裁夫婦同氏訴訟と憲法24条：司法の課題」『法と民主主義』590号（2024年）、「ジェンダー構造とヤングケアラー——憲法24条からの検討」『帝京法学』37巻1号（2023年）、「性役割とジェンダー——社会状況の変化と判例の変更」『映画で学ぶ憲法Ⅱ』（法律文化社、2021年）などがある。

装幀・本文デザイン　Boogie Design
DTP　編集工房一生社

ジェンダーの視点で学ぶ憲法入門

2025年2月25日　第1刷発行

定価はカバーに
表示してあります

著　者　川口かしみ
発行者　中 川　進

〒113-0033　東京都文京区本郷 2-27-16
発行所　株式会社　大　月　書　店
印刷　太平印刷社
製本　中 永 製 本

電話（代表）03-3813-4651　FAX 03-3813-4656　振替00130-7-16387
https://www.otsukishoten.co.jp/

ISBN978-4-272-24016-6　C0032　Printed in Japan